에듀윌이
너를
지지할게

ENERGY

KB100307

세상을 움직이려면
먼저 나 자신을 움직여야 한다.

– 소크라테스(Socrates)

에듀윌 중졸 검정고시
기본서 과학

eduwill

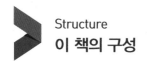

누구나 한 번에 합격할 수 있다!
이론부터 문제까지 해답은 기본서!

단원별로 이론을 학습하고 ▶ 문제로 개념을 점검하고 ▶ 모의고사로 과학을 완벽 정복!

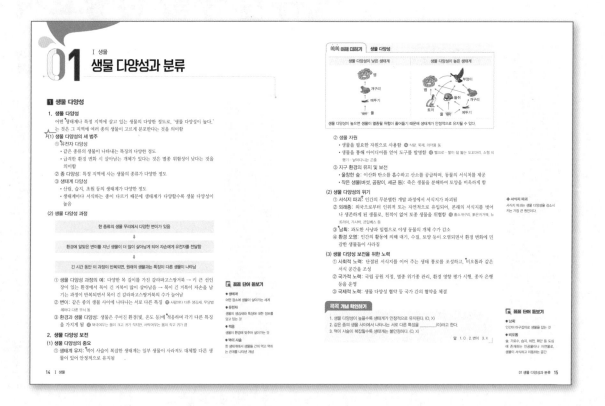

믿고 보는 단원별 이론

- 출제 범위에 해당하는 2015 개정 교육과정을 철저하게 반영하였습니다.
- 기초가 부족해도 충분히 이해할 수 있도록 내용을 쉽게 서술하였습니다.

이해를 돕는 보충 설명과 단어장

- 이론과 연관된 보충 개념을 보조단에 수록하여 바로바로 확인할 수 있습니다.
- 단어 설명을 교재 하단에 수록하여 정확한 개념의 이해를 돕습니다.

BOOK
GUIDE

이론의 상세함 정도 ■■■■■■■□

문제의 수록 정도 ■■■■■■□□

교재의 난도 ■■■□□□□□

기초부터 차근차근 학습할 수 있는 기본서

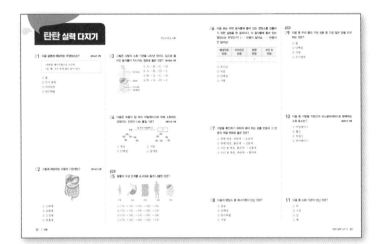

앞선 시험에 나온, 앞으로 시험에 나올!

탄탄 실력 다지기

기출문제 및 예상문제를 통해 이론을 효율적으로 복습할 수 있습니다.

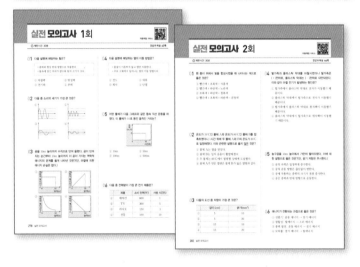

실전은 연습한 만큼 노련해지는 것!

최종 실력점검

그동안의 학습을 마무리하며 모의고사 2회분을 풀어 봄으로써 자신의 실력을 가늠하고 실전 감각을 향상시킬 수 있습니다.

BONUS STAGE

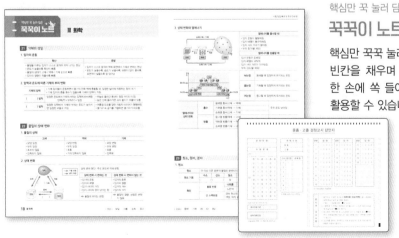

핵심만 꾹 눌러 담은!

꾹꾹이 노트

핵심만 꾹꾹 눌러 담아 완벽하게 정리하였습니다. 빈칸을 채우며 중요 내용을 다시 한 번 확인하고, 한 손에 쏙 들어오는 크기로 이동 시 들고 다니며 활용할 수 있습니다.

함께 수록한 OMR 답안카드를 활용하여 실제 시험처럼 답안지 작성 연습을 할 수 있습니다.

▎중졸 검정고시란

부득이한 이유로 정규 중학교 과정을 마치지 못한 사람들을 대상으로 실시하는 국가 자격 시험입니다.
중졸 검정고시에 합격한 사람은 중학교를 졸업한 사람과 동등한 자격을 인정받습니다.

시험 주관 기관
• 시·도 교육청: 시행 공고, 원서 교부 및 접수, 시험 실시, 채점, 합격자 발표를 담당합니다.
• 한국교육과정평가원: 문제 출제, 인쇄 및 배포를 담당합니다.

출제 범위
• 2015 개정 교육과정에서 출제됩니다.
• 2013년 1회부터 문제은행 출제 방식이 도입됨에 따라 과거 기출문제가 30% 내외 출제될 수 있습니다.

🖐 본서는 출제 범위를 철저하게 반영하였으니 안심하고 학습하세요!

시험 일정

구분	공고일	접수일	시험일	합격자 발표일	공고 방법
제 1 회	2월 초순	2월 중순	4월 초·중순	5월 초·중순	시·도 교육청 홈페이지
제 2 회	6월 초순	6월 중순	8월 초·중순	8월 하순	

🖐 시험 일정은 시·도 교육청 협의에 따라 변경될 수 있어요.

출제 방향
중학교 졸업 정도의 지식과 그 응용 능력을 측정할 수 있는 수준으로 출제됩니다.

응시 자격
• 초등학교 졸업자 및 이와 동등 이상의 학력이 있는 사람
• 초·중등교육법 시행령 제29조의 규정에 의하여 학적이 정원 외로 관리되는 사람
• 3년제 고등공민학교 졸업자 및 졸업예정자
• 중학교에 준하는 각종 학교의 졸업자 또는 졸업예정자
• 보호소년 등의 처우에 관한 법률 시행령 제69조 제2호에 해당하는 사람

🖐 상기 자료는 2024년 서울시 교육청 공고문 기준이에요. 2025년 시험 응시 예정자는 최신 공고문을 꼭 확인하세요.

▌시험 접수부터 합격까지

시험 접수 방법
각 시·도 교육청 공고를 참조하여 접수 기간 내에 현장 혹은 온라인으로 접수합니다.
👆 접수 기간 내에 접수하지 못하면 시험을 응시할 수 없으니 주의가 필요해요!

시험 당일 준비물
- 수험표 및 신분증(만 17세 미만의 응시자는 청소년증, 주민등록번호가 포함된 여권 혹은 여권정보증명서)
- 샤프 또는 연필, 펜, 지우개와 같은 필기도구와 답안지 작성을 위한 컴퓨터용 수성사인펜,
  답안 수정을 위한 수정테이프, 아날로그 손목시계 👉 디지털 손목시계는 금지되어 있어요!
- 소화가 잘 되는 점심 도시락

입실 시간
- 1교시 응시자는 시험 당일 오전 8시 40분까지 지정 시험실에 입실합니다.
- 2~6교시 응시자는 해당 과목의 시험 시간 10분 전까지 시험실에 입실합니다.

시험 진행

🚩 이제부터 실력 발휘를 할 시간!

구분	1교시	2교시	3교시	4교시	점심	5교시	6교시
시간	09:00 ~ 09:40 (40분)	10:00 ~ 10:40 (40분)	11:00 ~ 11:40 (40분)	12:00 ~ 12:30 (30분)	12:30 ~ 13:30	13:40 ~ 14:10 (30분)	14:30 ~ 15:00 (30분)
과목	국어	수학	영어	사회		과학	선택 *

* 선택 과목에는 도덕, 기술·가정, 정보, 체육, 음악, 미술이 있습니다.

유의 사항
- 수험생은 시험 시간에 휴대 전화 등의 통신기기를 일절 소지할 수 없습니다. 만약 소지할 경우 사용 여부를 불문하고 부정행위로 간주됩니다.
- 수험생은 시험 종료 시간이 될 때까지 퇴실할 수 없습니다. 다만, 불가피한 사유로 퇴실할 경우 퇴실 후 재입실이 불가능하며 별도의 지정 장소에서 시험 종료 시까지 대기하여야 합니다.

합격자 발표
- 시·도 교육청 홈페이지에서 발표합니다.
- 100점 만점 기준으로 전 과목 평균 60점 이상을 취득해야 합니다.
- 평균 60점을 넘지 못했을 경우 60점 이상 취득한 과목은 과목 합격으로 간주되어, 이후 시험에서 본인이 원한다면 치르지 않을 수 있습니다.

How to study
선생님이 알려 주는 합격 전략

Q 2015 개정 교육과정이 적용된 출제 범위를 알고 싶어요.

2015 개정 교육과정에서는 실상과 허상의 개념, 지진파의 특성, 행성의 시운동 등이 완전히 빠졌습니다. 또한 남아 있는 내용 중에도 축소된 부분이 많아 전체적으로 주요 개념의 분량이 다소 감소하였어요. 생물의 다양성, 화학 변화에서의 열출입 등이 새로 추가되었지만 기존 개념과 연관된 것들이므로 크게 낯설지 않습니다. 큰 부담 없이 기본서와 함께 차근차근 준비해 봅시다.

검정고시는 정상적으로 학교를 다니기 어려운 분들에게 추가적인 교육의 기회를 제공하기 위하여 실시하는 시험입니다. 따라서 가능하면 쉽게 출제하여 어려운 여건에서 공부하시는 분들이 학업의 기회를 가질 수 있도록 하며, 이러한 출제방침은 앞으로도 계속될 거예요.

Q 출제 난이도가 궁금해요. 공부를 놓은 지 오래되었는데 합격할 수 있을까요?

Q 지난 시험에서는 어떻게 출제되었나요?

2024년 1회 과학 시험은 이렇게 출제되었는데요.

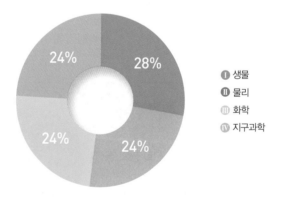

- 24%
- 28%
- 24%
- 24%

❶ 생물
❷ 물리
❸ 화학
❹ 지구과학

생물에서 총 7문제가 출제되었으며 물리, 화학, 지구과학에서는 6문제씩 출제되었습니다. 물리는 전반적인 내용이 모두 출제되었습니다. 화학은 물질의 상태, 이온, 분자, 증류, 화학 반응식 문제가 출제되었습니다. 이온, 분자, 원자, 화학 반응식은 최근 매 회 출제되고 있으므로 꼭 알고 있어야 합니다. 생물에서는 최근 1문제씩 자주 출제되고 있는 생물 분류 문제가 이번에도 출제되었습니다. 지구과학은 전반적인 내용이 골고루 출제되었습니다.

Q 합격하기 위해서는
어떻게 공부해야 할까요?

중졸 검정고시 과학은 매년 유사한 문제가 출제되고 있습니다. 문제의 난이
도도 높지 않은 편이지만, 최근 단답식 묻고 답하기가 아닌 주어진 자료를
해석할 줄 알아야 정답을 찾을 수 있는 문제들이 출제되고 있습니다.

Tip 이렇게 공부해요!

• 최근 시험에서는 기존 기출문제에서 보지 못했던 문제들을 종종 볼 수
있습니다. 그러나 문제 유형이 변형되었을 뿐 교과과정 안의 내용을 묻
고 있습니다. 처음 보는 문제라고 당황할 필요가 없습니다. 이에 대비하
기 위하여 그래프와 그림에 익숙해질 필요가 있습니다.

• 최근 새롭게 추가된 개념이 있지만 여전히 중졸 검정고시 과학은 이전
기출문제와 유사한 문항이 대부분입니다. 따라서 기출문제를 정확하게
분석하고 여러 번 반복하는 것이 매우 중요합니다. 또한 자신의 실력을
높이겠다고 어려운 계산 문제를 오래 붙잡고 시간을 보내는 것보다는,
개념을 익힐 수 있는 쉬운 문제를 여러 번 반복해서 풀어보는 것이 합격
에 큰 도움이 될 것입니다.

Q 기본서 학습이 끝나면
어떻게 공부해야 할까요?

기본서 학습이 끝난 후에는 자신의 현재 수준과 고민에 맞는 방법을
선택하여 진행해 주세요. 합격에 한층 더 가까워질 거예요.

Tip 이렇게 공부해요!

이론을 한 번 더 정리하고 싶다면?

에듀윌 핵심총정리로 공부해 보세요. 핵심총정리는 6과목의 주요 이론을
압축 정리하여 단 한 권으로 구성하였어요. 자주 출제되고 앞으로 출제될
중요 개념만을 모아 효율적으로 학습할 수 있답니다.

문제 푸는 연습을 더 하고 싶다면?

에듀윌 기출문제집을 풀어 보세요. 기출문제집은 최신 5개년 기출문제와
상세한 해설을 수록하였어요. 2015 개정 교육과정에 해당하지 않는 문제
는 별도로 표시하여 학습의 편의를 높였답니다.

실전 감각을 높이고 싶다면?

에듀윌 모의고사를 풀어 보세요. 모의고사는 실제 시험과 동일한 난이도
와 형식으로 문제를 구성하였어요. 시험 직전에 실전을 완벽하게 대비할
수 있도록 제작되었답니다.

Contents
이 책의 차례

- 이 책의 구성
- 시험 정보
- 선생님이 알려 주는 합격 전략

I 생물

01 생물 다양성과 분류   14
02 광합성과 호흡   20
03 소화   28
04 순환   35
05 호흡과 배설   41
06 감각 기관   49
07 신경계   57
08 염색체와 체세포 분열   66
09 생식 세포 분열과 발생   71
10 유전   78

II 물리

11 힘   88
12 운동   93
13 열과 우리 생활   98
14 빛   104
15 파동   111
16 일과 에너지   117
17 에너지 전환과 보존   122
18 전기   127
19 전류, 전압, 전기 저항   133
20 전기 에너지, 전류의 자기 작용   140

Ⅲ 화학

21 기체의 성질 150
22 물질의 상태 변화 156
23 원소, 원자, 분자 163
24 이온 169
25 물질의 특성 174
26 혼합물 분리 181
27 물질의 변화와 화학 반응식 189
28 질량 보존 법칙 193
29 일정 성분비 법칙 197
30 기체 반응 법칙 200

Ⅳ 지구과학

31 지구계와 지권 208
32 암석 213
33 지권의 운동 220
34 수권의 구성과 순환 226
35 기권 233
36 기압과 날씨 242
37 지구와 달 249
38 태양계 258
39 별 265
40 은하와 우주 268

최종 실력점검

실전 모의고사 1회 278
실전 모의고사 2회 282
OMR 답안카드

생 물

01 생물 다양성과 분류

02 광합성과 호흡

03 소화

04 순환

05 호흡과 배설

06 감각 기관

07 신경계

08 염색체와 체세포 분열

09 생식 세포 분열과 발생

10 유전

01 생물 다양성과 분류

1 생물 다양성

1. 생물 다양성

어떤 ˙생태계나 특정 지역에 살고 있는 생물의 다양한 정도로, '생물 다양성이 높다.'는 것은 그 지역에 여러 종의 생물이 고르게 분포한다는 것을 의미함

☆ **(1) 생물 다양성의 세 범주**

① ˙유전자 다양성
  - 같은 종류의 생물이 나타내는 특징의 다양한 정도
  - 급격한 환경 변화 시 살아남는 개체가 있다는 것은 멸종 위험성이 낮다는 것을 의미함

② 종 다양성: 특정 지역에 사는 생물의 종류가 다양한 정도

③ 생태계 다양성
  - 산림, 습지, 초원 등의 생태계가 다양한 정도
  - 생태계마다 서식하는 종이 다르기 때문에 생태계가 다양할수록 생물 다양성이 높음

(2) 생물 다양성 과정

한 종류의 생물 무리에서 다양한 변이가 있음

↓

환경에 알맞은 변이를 지닌 생물이 더 많이 살아남게 되어 자손에게 유전자를 전달함

↓

긴 시간 동안 이 과정이 반복되면, 원래의 생물과는 특징이 다른 생물이 나타남

① 생물 다양성 과정의 예: 다양한 목 길이를 가진 갈라파고스땅거북 → 키 큰 선인장이 있는 환경에서 목이 긴 거북이 많이 살아남음 → 목이 긴 거북이 자손을 남기는 과정이 반복되면서 목이 긴 갈라파고스땅거북의 수가 늘어남

② 변이: 같은 종의 생물 사이에 나타나는 서로 다른 특징 **예** 사람마다 다른 생김새, 무당벌레마다 다른 무늬 등

③ 환경과 생물 다양성: 생물은 주어진 환경(빛, 온도 등)에 ˙적응하며 각기 다른 특징을 가지게 됨 **예** 북극여우는 몸이 크고 귀가 작지만, 사막여우는 몸이 작고 귀가 큼

2. 생물 다양성 보전

(1) 생물 다양성의 중요

① 생태계 유지: ˙먹이 사슬이 복잡한 생태계는 일부 생물이 사라져도 대체할 다른 생물이 있어 안정적으로 유지됨

🔍 꼼꼼 단어 돋보기

● **생태계**
어떤 장소에 생물이 살아가는 세계

● **유전자**
생물의 생김새와 특징에 대한 정보를 담고 있는 것

● **적응**
생물이 환경에 맞추어 살아가는 것

● **먹이 사슬**
한 생태계에서 생물들 간의 먹고 먹히는 관계를 나타낸 개념

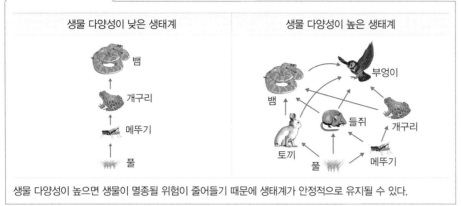

생물 다양성이 낮은 생태계	생물 다양성이 높은 생태계

생물 다양성이 높으면 생물이 멸종될 위험이 줄어들기 때문에 생태계가 안정적으로 유지될 수 있다.

② 생물 자원
- 생물을 필요한 자원으로 사용함 **예** 식량, 목재, 의약품 등
- 생물을 통해 아이디어를 얻어 도구를 발명함 **예** 벨크로 – 털이 잘 붙는 도꼬마리, 소형 비행기 – 날아다니는 곤충

③ 지구 환경의 유지 및 보전
- 울창한 숲: 이산화 탄소를 흡수하고 산소를 공급하며, 동물의 서식처를 제공
- 작은 생물(버섯, 곰팡이, 세균 등): 죽은 생물을 분해하여 토양을 비옥하게 함

(2) 생물 다양성의 위기
① **서식지 파괴**: 인간의 무분별한 개발 과정에서 서식지가 파괴됨

② **외래종**: 외국으로부터 인위적 또는 자연적으로 유입되어, 본래의 서식지를 벗어나 생존하게 된 생물로, 천적이 없어 토종 생물을 위협함 **예** 황소개구리, 붉은귀거북, 뉴트리아, 가시박, 큰입배스 등

③ **남획**: 과도한 사냥과 밀렵으로 야생 동물의 개체 수가 감소

④ **환경 오염**: 인간의 활동에 의해 대기, 수질, 토양 등이 오염되면서 환경 변화에 민감한 생물들이 사라짐

✚ 서식지 파괴
서식지 파괴는 생물 다양성을 감소시키는 가장 큰 원인이다.

(3) 생물 다양성 보전을 위한 노력
① **사회적 노력**: 단절된 서식지를 이어 주는 생태 통로를 조성하고, 비오톱과 같은 서식 공간을 조성

② **국가적 노력**: 국립 공원 지정, 멸종 위기종 관리, 환경 영향 평가 시행, 종자 은행 등을 운영

③ **국제적 노력**: 생물 다양성 협약 등 국가 간의 협약을 체결

1. 생물 다양성이 높을수록 생태계가 안정적으로 유지된다. (O, X)
2. 같은 종의 생물 사이에서 나타나는 서로 다른 특징을 _____(이)라고 한다.
3. 먹이 사슬이 복잡할수록 생태계는 불안정하다. (O, X)

답 1. O 2. 변이 3. X

🔍 꼼꼼 단어 돋보기

● **남획**
인간이 마구잡이로 생물을 잡는 것

● **비오톱**
숲, 가로수, 습지, 하천, 화단 등 도심에 존재하는 인공물이나 자연물로, 생물이 서식하고 이동하는 공간

2 생물 분류

1. 생물 분류

분류 기준에 따라 생물을 비슷한 무리끼리 나누는 것

(1) 생물 분류 기준

① 인간의 편의에 따른 분류(인위 분류): 생물의 기본적인 특징이나 다른 생물과의 연관성을 고려하지 않고, 인간의 이용 목적이나 편의를 기준으로 분류하는 방법
- 쓰임새에 따른 분류: 약용 식물과 식용 식물
- 서식지에 따른 분류: 육상 동물과 수중 동물
- 식성에 따른 분류: 육식 동물과 초식 동물

② 자연적인 특징에 따른 분류(자연 분류): 생물이 가진 고유한 특징을 기준으로 생물 간의 유연 관계나 계통에 따라 분류하는 방법
- 번식 방법에 따른 분류: 종자 식물과 포자 식물
- 구조에 따른 분류: 척추동물과 무척추동물

(2) 생물 분류 단계

① 생물 분류의 목적
- 생물의 진화 과정과 생물 간의 멀고 가까운 관계(유연 관계)를 밝히기 위함
- 같은 무리에 속하는 생물의 특징 예상 가능

② 생물 분류 단계
- 생물을 가장 작은 범주인 종에서부터 점차 큰 범주로 묶어 단계적으로 나타낸 것
- 비슷한 특징을 지닌 종을 묶어 속으로 분류, 비슷한 속을 묶어 과로 분류, 이러한 방법으로 목, 강, 문, 계를 이룸
- 하위 단계에 함께 속할수록 가까운 관계의 생물임

> **종 < 속 < 과 < 목 < 강 < 문 < 계**
> 예 호랑이: 호랑이(종) < 표범속 < 고양잇과 < 식육목 < 포유강 < 척삭동물문 < 동물계

2. 5계 분류 체계

(1) 원핵생물계

① 세포에 막으로 둘러싸인 핵이 없음 ➡ 원핵 세포

② 단세포 생물로 대부분 광합성을 하지 않지만, 남세균과 같이 광합성을 하는 생물도 있음

③ 여러 개의 세포가 하나의 덩어리를 이루어 살아감

④ 주로 분열법으로 번식

⑤ 편모를 가지고 운동을 하는 생물도 있음

> 예 포도상구균, 대장균, 젖산균, 남세균, 헬리코박터 파일로리균 등

(2) 원생생물계

① 세포에 막으로 둘러싸인 핵이 있음 ➡ 진핵 세포

② 대부분 물속에서 생활

③ 대부분 단세포 생물이지만, 다세포 생물도 존재

> 예 • 단세포 생물: 아메바, 짚신벌레, 유글레나, 반달말
> • 다세포 생물: 김, 미역, 다시마, 해캄

➕ 유연 관계

생물 사이의 멀고 가까운 관계

➕ 종
- 생물 분류 시 가장 기본이 되는 단위
- 교배하여 생식 능력이 있는 자손을 얻을 수 있는 생물 무리

참고 생물학적 종 구분의 예
- 암호랑이와 수사자가 짝짓기하여 낳은 라이거는 생식 능력이 없으므로, 호랑이와 사자는 서로 다른 종이다.
- 불테리어와 불도그가 짝짓기하여 낳은 보스턴테리어는 생식 능력이 있으므로, 불테리어와 불도그는 같은 종이다.

🔍 꼼꼼 단어 돋보기

● 종자 식물
꽃을 피워 씨로 번식하는 식물

● 포자 식물
꽃을 피우지 않고 포자로 번식하는 식물

(3) 식물계

① 세포에 막으로 둘러싸인 핵이 있는(진핵 세포) 다세포 생물

② 세포벽이 있음

③ 세포에 엽록체가 있음 ➡ 광합성을 하여 스스로 양분을 만듦

④ 포자나 종자로 번식

⑤ 육상 환경에 잘 적응하기 위한 구조 발달

　　📖 우산이끼(선태 식물), 고사리(양치 식물), 소나무(겉씨 식물), 장미(속씨 식물)

➕포자

꽃이 피지 않는 민꽃 식물의 생식 세포

(4) 균계

① 대부분 세포에 막으로 둘러싸인, 핵이 있는(진핵 세포) 다세포 생물로, 운동성이 없음

② 세포벽이 있음

③ 엽록체가 없어 광합성을 하지 못하므로 스스로 양분을 만들지 못함

④ 균사를 이용하여 다른 생물이나 사체를 분해하여 영양분을 얻음

⑤ 대부분 실 모양의 균사로 이루어진 다세포 생물이지만, 효모와 같은 단세포 생물도 있음

⑥ 주로 포자로 번식

　　📖 표고버섯, 광대버섯, 검은빵곰팡이, 누룩곰팡이, 푸른곰팡이, 효모 등

➕균사

곰팡이를 비롯한 균계의 몸을 이루는 가느다란 실 모양의 구조

(5) 동물계

① 세포에 막으로 둘러싸인, 핵이 있는(진핵 세포) 다세포 생물로, 세포벽은 없음

② 세포에 엽록체가 없어 광합성을 하지 못함

③ 운동 기관이 있어 이동할 수 있으며, 먹이를 섭취하여 양분을 얻음

　　📖 새, 호랑이, 해파리, 지렁이, 메뚜기 등

쏙쏙 이해 더하기　　여러 가지 생물 분류

구분	원핵생물계	원생생물계	식물계	균계	동물계
핵	×	○	○	○	○
세포벽	○	⨉	○	○	×
운동성	⨉	⨉	×	×	○
광합성	⨉	⨉	○	×	×

※ '⨉' 표시된 곳은 명확하게 정의되지 않는다.

콕콕 개념 확인하기

1. _____ < 속 < 과 < 목 < 강 < 문 < 계

2. 원생생물계는 막으로 둘러싸인 핵이 있다. (O, X)

3. 균계와 동물계는 모두 광합성을 하지 않는다. (O, X)

답　1. 종　2. ○　3. ○

탄탄 실력 다지기

01 그림은 지구상의 생물을 5가지 계로 구분하여 나타낸 것이다. 버섯과 곰팡이가 속하는 계는?   2017년 2회

① 균계
② 동물계
③ 원생생물계
④ 원핵생물계

주목

02 생물 다양성을 감소시키는 원인이 아닌 것은?

① 외래종
② 서식지 파괴
③ 국립 공원 지정
④ 남획

03 변이의 예로 옳지 않은 것은?

① 호랑이와 사슴의 생김새가 다르다.
② 얼룩말마다 털의 무늬가 다르다.
③ 껍데기에 뿔이 발달한 소라도 있고, 뿔이 없는 소라도 있다.
④ 무당벌레마다 무늬가 다르다.

04 서식지 파괴에 대한 대책으로 옳은 것은?

① 생태 통로 설치
② 멸종 위기종 지정
③ 쓰레기 줄이기
④ 환경 정화 시설 설치

05 식물을 종자 식물과 포자 식물로 나눌 때 사용된 생물 분류 기준은?

① 서식지에 따른 분류
② 쓰임새에 따른 분류
③ 먹이에 따른 분류
④ 번식 방법에 따른 분류

06 다음 중 생물 분류 단계가 옳은 것은?

① 종<속<과<목<강<문<계
② 목<강<문<계<종<속<과
③ 종<계<속<과<목<강<문
④ 강<문<계<종<속<과<목

주목
07 다음 중 교배하여 생식 능력이 있는 자손을 얻을 수 있는 생물 분류 단계는?

① 계
② 강
③ 과
④ 종

08 다음 중 핵이 없는 생물의 계는?

① 원핵생물계
② 원생생물계
③ 식물계
④ 동물계

09 다음에서 설명하는 것과 가장 관계 깊은 것은?

> • 포자로 번식한다.
> • 버섯, 곰팡이, 효모

① 원핵생물계
② 원생생물계
③ 식물계
④ 균계

10 각 계에 속하는 생물의 예로 잘못된 것은?

① 원핵생물계: 남세균
② 원생생물계: 유글레나
③ 식물계: 미역
④ 동물계: 참새

02 I 생물
광합성과 호흡

1 광합성

1. 광합성
(1) 광합성
식물이 빛에너지를 이용하여 이산화 탄소와 물을 재료로 포도당과 산소를 만드는 작용

$$\text{이산화 탄소} + \text{물} \xrightarrow{\text{빛에너지}} \text{포도당} + \text{산소}$$

(2) 광합성이 일어나는 시기와 장소
① 시기: 빛이 있는 낮
② 장소: 식물 세포의 엽록체

2. 광합성에 필요한 요소와 생성되는 물질
(1) 광합성에 필요한 요소
① 빛에너지: 엽록체 속 초록색 색소인 엽록소⁺에서 흡수
② 이산화 탄소: 잎의 기공을 통해 공기 중에서 흡수
③ 물: 뿌리에서 흡수되어 물관을 통해 잎까지 운반됨

＋ 엽록소
엽록체 안에 들어 있는 초록색 색소로, 빛에너지를 흡수한다.

광합성에 필요한 물질 확인 실험

• 과정
1. 초록색 BTB 용액⁺에 입김을 불어 넣어 노란색으로 만든다.
2. 3개의 시험관 Ⓐ, Ⓑ, Ⓒ에 노란색 BTB 용액을 나누어 넣는다.
3. 시험관 Ⓑ와 Ⓒ에는 물풀을 넣고, 시험관 Ⓒ는 알루미늄박을 감싼다.
4. BTB 용액의 색깔 변화를 관찰한다.

＋ BTB 용액의 색깔 변화
• 산성: 노란색
• 중성: 초록색
• 염기성: 파란색

• 결과

시험관 Ⓐ	시험관 Ⓑ	시험관 Ⓒ
변화 없음(노란색)	파란색으로 변함 ➡ 빛을 받은 물풀이 광합성을 하면서 이산화 탄소를 사용함	변화 없음(노란색) ➡ 빛이 차단되어 광합성을 하지 못하고, 호흡만 일어남

• 결론
이산화 탄소와 빛은 광합성에 꼭 필요하다.

🔍 꼼꼼 단어 돋보기

● 물관
뿌리에서 흡수된 물이 이동하는 통로

(2) 광합성 결과 생성되는 물질

① 포도당
- 광합성 결과 만들어진 최초의 양분
- 곧바로 녹말로 전환되어 엽록체에 저장
  ➡ 포도당이 잎에 축적되는 것을 방지하고, 계속 광합성을 하기 위해서임

② 산소: 식물체 자신의 호흡에 이용되거나 기공을 통해 공기 중으로 나감

쏙쏙 이해 더하기 | **광합성 결과 생성되는 물질 확인 실험**

에탄올 / 물 / 알루미늄박 / 아이오딘-아이오딘화 칼륨 용액

- 과정
1. 식물을 하루 동안 어둠상자에 넣어 둔다. ➡ 잎에 이미 만들어져 있던 양분을 다른 곳으로 이동시킨다.
2. 잎의 일부분을 알루미늄박으로 감싼 후, 햇빛에 일정 시간 동안 놓아 둔다. ➡ 알루미늄박으로 감싼 부분은 빛을 받지 못한다.
3. 잎을 에탄올에 넣어 물중탕한다. ➡ 잎 세포 속의 엽록소를 제거하기 위이다.
4. 잎에 아이오딘 – 아이오딘화 칼륨 용액을 떨어뜨린다.

- 결과
빛을 받은 잎 부분만 청람색으로 변한다.

- 결론
광합성 결과 생성되는 유기 양분은 녹말임을 알 수 있다.

✚ 아이오딘–아이오딘화 칼륨 용액
아이오딘–아이오딘화 칼륨 용액은
녹말과 반응하여 청람색을 나타낸다.

---

3. 광합성에 영향을 미치는 환경 요인

광합성은 빛의 세기, 이산화 탄소 농도, 온도가 적당하게 유지될 때 가장 활발하게 일어남

빛의 세기	• 빛의 세기가 증가할수록 광합성량은 증가함 • 일정 세기 이상에서는 더 이상 증가하지 않고 일정해짐
이산화 탄소의 농도	• 이산화 탄소의 농도가 증가할수록 광합성량은 증가함 • 일정 농도 이상에서는 더 이상 증가하지 않고 일정해짐
온도	• 온도가 올라갈수록 광합성량은 증가함 • 40℃ 이상에서는 오히려 급격히 감소함

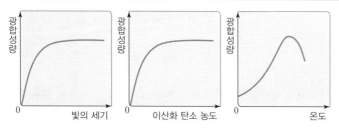

---

4. 광합성 결과 생성된 양분의 이동과 이용

(1) 양분의 이동과 이용
① 이동 시간: 주로 밤

🔍 꼼꼼 단어 돋보기

● 녹말
당이 여러 개 연결되어 만들어진 물질

② 이동 통로: 체관
③ 이동 형태: 설탕(포도당이 2개 붙은 형태)
④ 양분의 이용
  • 식물의 생장이나 생활에 필요한 에너지원
  • 식물체의 구성 성분 ➡ 식물의 생장에 이용
  • 사용하고 남은 양분은 저장 기관(뿌리, 줄기, 열매 등)에 저장함

(2) **양분의 저장**: 식물은 사용하고 남은 양분을 여러 다양한 형태로 저장함(대부분의 식물은 녹말의 형태로 저장)

녹말	감자, 고구마, 벼, 보리 등
설탕	사탕수수, 사탕무 등
포도당	양파, 붓꽃, 과일류 등
단백질	콩, 밀 등
지방	해바라기씨, 땅콩, 깨 등

콕콕 개념 확인하기

1. 식물이 빛에너지를 이용하여 물과 이산화 탄소를 원료로 포도당과 같은 양분을 만드는 작용을 _____(이)라고 한다.
2. 식물이 광합성을 하기 위해 필요한 3가지 요소는 _____, _____, _____이다.
3. 광합성에 영향을 미치는 환경 요인 3가지는 빛의 _____, _____의 농도, _____이다.

답 1. 광합성 2. 물, 이산화 탄소, 빛 3. 세기, 이산화 탄소, 온도

---

2 증산 작용

1. 잎

(1) **잎**: 뿌리에서 흡수한 물을 이용하여 광합성을 비롯한 다양한 생명 활동을 하는 기관

(2) **잎의 구조**

① 표피
  • 식물 잎의 가장 바깥 층으로, 한 겹의 얇은 세포 층임
  • 안쪽의 여러 세포 층을 보호함
② 잎맥
  • 물의 이동 통로인 물관과 양분의 이동 통로인 체관으로 구성된 관다발
  • 잎몸을 지탱
③ 공변세포: 주로 잎 뒷면 표피에 있으며, 공변세포의 안쪽(기공 쪽) 세포벽은 바깥쪽(표피세포 쪽) 세포벽보다 두꺼움
④ 기공
  • 표피에 있는 공변세포 2개가 둘러싼 작은 구멍
  • 이산화 탄소와 산소, 수증기 등 기체가 드나드는 통로
  • 공변세포의 모양에 따라 기공이 열리고 닫힘

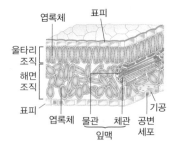

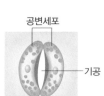

2. 증산 작용

(1) 증산 작용: 잎의 기공을 통해 식물체 내의 물이 수증기 형태로 배출되는 현상

① 증산 작용의 조절
- 공변세포에 의해 기공이 열리고 닫힘으로써 조절됨
- 기공은 주로 낮에 열리고 밤에 닫힘 ➡ 증산 작용은 낮에 활발하게 일어남

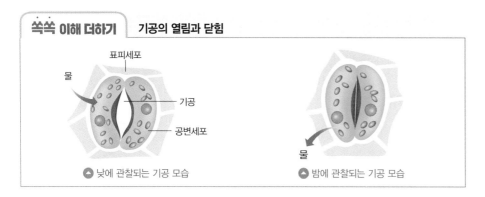

🔺 낮에 관찰되는 기공 모습   🔺 밤에 관찰되는 기공 모습

② 증산 작용의 역할
- 물 상승의 원동력: 물을 내보낸 후 부족한 물을 보충하기 위해 물을 끌어올림
- 식물체의 온도 조절: 물이 증발할 때 주변의 열을 빼앗아 온도가 높아지지 않게 유지함
- 수분량 조절: 수분량에 따라 기공을 열고 닫아 수분 배출을 조절함
- 체내의 무기 양분 농축: 여분의 물의 배출로 식물체 내 농도를 유지함

(2) 증산 작용이 잘 일어나는 조건: 일반적으로 증산 작용은 빛이 강할 때, 온도가 높을 때, 습도가 낮을 때, 바람이 잘 불 때, 식물체 내의 수분량이 많을 때 잘 일어남

참고 증산 작용과 광합성

빛이 강하다. → 기공이 많이 열린다. → 증산 작용이 활발하다. → 물이 잎까지 상승하고 기공을 통해 공기 중에서 이산화 탄소도 많이 흡수된다. → 광합성이 활발해진다.

- 과정
같은 양의 물을 각각 넣고 그림과 같이 장치한 다음, 빛이 잘 드는 곳에 두고 줄어든 물의 양을 비교한다.

- 결과
줄어든 물의 양은 (나)>(다)>(가)이다.

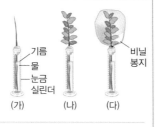

(가)	잎이 없어 증산 작용이 안 일어남
(나)	증산 작용이 활발히 일어남
(다)	증산 작용이 일어나지만, 빠져나간 물이 비닐봉지 안에 계속 존재하므로 습도가 높아져 (나)보다 증산 작용이 적게 일어남

콕콕 개념 확인하기

1. 기공은 2개의 _____(으)로 둘러싸인 기체 통로이다.
2. 잎의 기공을 통해 식물체 내의 물이 수증기 형태로 배출되는 현상은?

답 1. 공변세포 2. 증산 작용

3 식물의 호흡

1. 식물의 호흡

(1) **호흡**: 세포에서 양분(포도당)을 분해하여 생명 활동에 필요한 에너지를 얻는 과정

$$포도당 + 산소 \longrightarrow 물 + 이산화 탄소 + 에너지$$

① 호흡 장소: 살아있는 모든 세포(미토콘드리아)
② 호흡이 일어나는 시기: 밤낮 구분 없이 항상 일어남
③ 싹이 틀 때, 꽃이 필 때, 식물이 생장할 때 호흡이 왕성하게 일어남 ➡ 에너지가 많이 필요한 시기

(2) **호흡에 필요한 물질과 호흡으로 생성되는 요소**
① 호흡에 필요한 물질
  • 포도당: 광합성 결과 생성된 양분
  • 산소: 광합성 결과 생성된 산소나 잎의 기공을 통해 들어온 산소를 이용함
② 호흡으로 생성되는 요소
  • 물
  • 이산화 탄소: 식물 자신의 광합성에 이용하거나 기공을 통해 배출됨
  • 에너지: 거의 열에너지로 전환되며, 나머지는 생장, 번식 등 생명 활동에 이용됨

2. 식물의 기체 교환

식물에서 낮과 밤의 기체 출입이 반대로 일어남

낮(광합성량>호흡량)	밤(호흡만)
이산화 탄소 흡수, 산소 방출	산소 흡수, 이산화 탄소 방출

참고 아침과 저녁의 기체 교환
• 아침과 저녁에는 빛이 약하여 광합성량과 호흡량이 같다.
• 광합성 결과 생성된 산소는 모두 호흡에 이용되고, 호흡 결과 생성된 이산화 탄소는 모두 광합성에 이용되므로 겉으로 보기에는 기체 교환이 없는 것처럼 보인다.

3. 광합성과 호흡의 비교

구분	광합성	호흡
장소	엽록체	살아 있는 모든 세포
시간	낮	항상
기체 출입	이산화 탄소 흡수, 산소 방출	산소 흡수, 이산화 탄소 방출
물질 변화	무기물 → 유기물	유기물 → 무기물
에너지 관계	에너지 저장(흡수)	에너지 방출(발생)

콕콕 개념 확인하기

1. 호흡이란 양분을 분해하여 생명 활동에 필요한 _____(을)를 얻는 과정이다.
2. 낮에는 식물의 광합성량이 호흡량보다 (많다, 적다).
3. 호흡 장소는 세포의 _____(이)다.

답 1. 에너지 2. 많다 3. 미토콘드리아

꼼꼼 단어 돋보기

● 미토콘드리아
세포의 생명 활동에 필요한 에너지를 만드는 세포 소기관

01 그림은 녹색 식물 잎의 표피이다. 기공에서 주로 일어나는 작용은? 2013년 1회

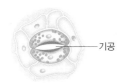

① 지지 작용
② 증산 작용
③ 저장 작용
④ 광합성 작용

02 다음은 식물 세포에서 일어나는 광합성 과정을 나타낸 것이다. (가)와 (나)에 해당하는 것은? 2016년 1회

$$물 + (\ 가\ ) \xrightarrow[\text{엽록체}]{\text{빛에너지}} 포도당 + (\ 나\ )$$

	(가)	(나)
①	산소	질소
②	산소	탄소
③	이산화 탄소	산소
④	이산화 탄소	질소

03 다음 설명에 해당하는 물질은? 2016년 2회

• 식물의 광합성에 필요한 물질이다.
• 식물의 뿌리에서 흡수되어 물관을 통해 이동한다.

① 물
② 지방
③ 메테인
④ 글리코젠

04 다음 설명에 해당하는 것은? 2017년 1회

• 식물체 내의 물이 기공을 통해 증발하는 현상이다.
• 뿌리털에서 흡수한 물이 잎까지 올라갈 수 있게 하는 원인 중 하나이다.

① 면역 작용
② 저장 작용
③ 증산 작용
④ 풍화 작용

05 다음 중 빛의 세기에 따른 광합성량을 나타낸 그래프는? (단, 이산화 탄소 농도는 충분하고, 온도는 25°C로 일정하다.) 2017년 2회

06 그림은 잎의 단면 구조를 나타낸 것이다. A~D 중 물과 양분이 이동하는 통로는? 2018년 2회

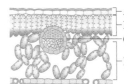

① A
② B
③ C
④ D

07 그림은 낮과 밤에 식물에서 일어나는 작용과 기체의 출입을 나타낸 것이다. 다음 중 A에 해당하는 것은?

2018년 2회

① 면역   ② 여과

③ 응결   ④ 호흡

08 다음은 광합성에 필요한 물질을 확인하는 실험 과정의 일부이다. 이를 통해 알 수 있는 사실은?

> • 입김을 불어 넣어 노란색으로 변한 BTB 용액을 시험관에 넣는다.
> • 시험관 안에 검정말을 넣은 후, 햇빛이 잘 드는 곳에 둔다.
> • BTB 용액이 노란색에서 파란색으로 변하였다.

① 광합성이 일어날 때 햇빛이 필요하다.

② 광합성이 일어날 때 이산화 탄소가 필요하다.

③ 광합성이 일어날 때 산소가 필요하다.

④ 광합성이 일어날 때 물이 필요하다.

주목

09 다음에서 설명하는 과정과 ( ) 안에 들어갈 말을 순서 대로 옳게 나열한 것은?

$$이산화 탄소 + 물 \xrightarrow{\text{빛에너지}} (\quad) + 산소$$

① 광합성, 포도당

② 광합성, 단백질

③ 호흡, 포도당

④ 호흡, 지방

주목

10 다음 그래프는 어떤 환경 요인에 따라 달라지는 광합성량을 나타낸 것인가?

① 온도

② 빛의 세기

③ 이산화 탄소 농도

④ 산소 농도

11 광합성에 필요하지 않은 것은?

① 산소   ② 이산화 탄소

③ 빛   ④ 물

12 광합성의 결과 만들어진 양분이 이동하는 통로는?

① 물관   ② 체관

③ 형성층   ④ 관다발

13 광합성에 대한 설명 중 옳지 않은 것은?

① 엽록체에서 일어난다.

② 낮과 밤에 모두 일어난다.

③ 포도당을 만든다.

④ 산소를 생성한다.

14 표피 세포가 변한 세포로, 엽록체를 가지고 있으며 기공을 만드는 세포의 이름은?

① 공변세포
② 뿌리털세포
③ 해면세포
④ 울타리세포

15 증산 작용의 의의로 가장 옳지 <u>않은</u> 것은?

① 물 상승의 원동력
② 식물체의 수분량 조절
③ 식물체의 온도 조절
④ 물 흡수의 원리

16 증산 작용이 잘 일어나는 조건은?

① 햇빛이 강할 때
② 온도가 낮을 때
③ 습도가 높을 때
④ 바람이 불지 않을 때

17 다음은 호흡의 과정이다. ( ) 안에 들어갈 알맞은 물질을 순서대로 옳게 나열한 것은?

포도당 + (　　　) ⟶ 물 + (　　　) + 에너지

① 산소, 산소
② 산소, 이산화 탄소
③ 이산화 탄소, 산소
④ 이산화 탄소, 이산화 탄소

18 식물의 호흡에 대한 설명으로 옳지 <u>않은</u> 것은?

① 미토콘드리아에서 일어난다.
② 낮에만 일어난다.
③ 에너지를 생성한다.
④ 싹이 트거나 꽃이 필 때 호흡이 많이 일어난다.

19 다음 중 식물의 광합성과 호흡에 대한 설명으로 옳지 <u>않은</u> 것은?

	구분	광합성	호흡
①	일어나는 시기	낮	밤
②	장소	엽록체	미토콘드리아
③	재료	이산화 탄소, 물	산소, 포도당
④	에너지	흡수	방출

20 식물의 기체 교환에 대한 설명으로 옳은 것은?

① 낮에는 광합성량보다 호흡량이 많다.
② 밤에는 광합성량과 호흡량이 같다.
③ 낮에는 전체적으로 봤을 때 기체 교환이 없는 것처럼 보인다.
④ 밤에는 전체적으로 봤을 때 이산화 탄소가 방출된다.

03 소화
I 생물

1 동물체의 구성과 영양소

1. 동물체의 구성 단계

동물체는 다양한 세포가 종류별로 모여 체계적으로 이뤄짐

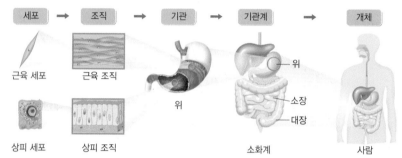

세포	근육 세포		근육 조직		위		위, 소장, 대장	사람

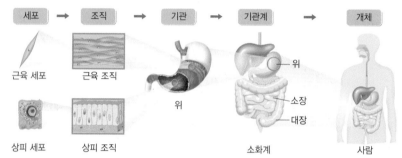

세포	생물체를 구성하는 기본 단위 **예** 상피 세포, 근육 세포 등
조직	모양과 기능이 비슷한 세포끼리 모인 단계 **예** 상피 조직, 근육 조직, 신경 조직 등
기관	조직들이 모여 일정한 형태와 특정한 기능을 수행하는 단계 **예** 위, 간 등
기관계	서로 연관된 기능을 수행하는 기관끼리 모여 구성하는 단계 동물체에만 있는 구성 단계로, 여러 기관계가 작용하여 몸 전체의 기능을 유지함 **예** 소화계, 순환계, 호흡계, 배설계 등
개체	각 기관계가 연결되어 이루어진 생물체 **예** 사람, 고양이 등

> **참고** 생물의 구성 단계
> • 동물체의 구성 단계
>   세포 → 조직 → 기관 → 기관계 → 개체
> • 식물체의 구성 단계
>   세포 → 조직 → 조직계 → 기관 → 개체

2. 영양소

생명 활동에 필요한 에너지를 내거나 몸을 구성하는 물질

☆**(1) 3대 영양소**: 에너지원이며, 몸을 구성하는 물질

① 탄수화물
  • 대부분 에너지원으로 사용되고, 남은 것은 지방으로 전환되어 간이나 근육에 저장됨
  • **함유 식품**: 빵, 감자, 밥, 국수 등

② 단백질
  • 에너지원으로 이용되며, 몸의 주요 성분(근육, 털 등)을 구성
  • **함유 식품**: 육류, 유제품, 콩 등

③ 지방
  • 에너지원으로 이용되며, 세포막·핵막·성호르몬 등의 구성 성분
  • 남은 것은 피부 밑에 저장됨 ➡ 지나치게 많으면 비만이 됨
  • **함유 식품**: 식용유, 버터, 견과류 등

> 🔍 **꼼꼼 단어 돋보기**
>
> ● **에너지원**
> 에너지를 공급하는 물질

(2) **부영양소**: 에너지원은 아니지만 몸을 구성하거나 생명 활동을 조절하는 물질
- ① 물
  - 몸의 약 60~70%를 차지
  - 영양소와 노폐물을 운반하며, 체온 조절에 중요한 역할을 함
- ② 바이타민
  - 몸의 구성 성분은 아니지만, 적은 양으로 생명 활동을 조절
  - 음식물로 섭취해야 하며, 부족하면 결핍증이 나타남
- ③ 무기 염류
  - 뼈, 이, 혈액 등을 구성하며, 몸의 기능을 조절 예 칼슘, 인 등
  - 반드시 섭취해야 하며, 해조류, 채소 등에 많이 들어 있음

➕ **바이타민 종류와 결핍증**

A	야맹증
B	각기병, 피부염
C	괴혈병
D	구루병, 불면증
E	불임증, 빈혈
K	혈액 응고 억제

쏙쏙 이해 더하기 | **우리 몸을 구성하는 영양소의 비율**

- 물 > 단백질 > 지방 > 무기 염류 > 탄수화물 > 기타
- 탄수화물은 대부분 에너지원으로 쓰이기 때문에 몸 구성 비율이 섭취량에 비해 낮다.

3. 영양소 검출 반응

구분	검출 반응	검출 용액	결과
녹말 검출	아이오딘 반응	아이오딘 － 아이오딘화 칼륨 용액	갈색 ➡ 청람색
포도당 검출	베네딕트 반응	베네딕트 용액(가열)	파란색 ➡ 황적색
단백질 검출	뷰렛 반응	뷰렛 용액(5% 수산화 나트륨 수용액 ＋1% 황산 구리 수용액)	파란색 ➡ 보라색
지방 검출	수단 Ⅲ 반응	수단 Ⅲ 용액	붉은색 ➡ 선홍색

콕콕 개념 확인하기

1. 에너지원으로 사용할 수 있는 영양소 3가지는?
2. (물, 탄수화물)은 우리 몸을 가장 많이 구성하고 있다.

답 1. 탄수화물, 단백질, 지방 2. 물

---

2 소화

1. 소화

섭취한 음식물 속의 영양소가 체내에 흡수될 수 있도록 작게 분해하는 과정

(1) **소화의 종류**
- ① 기계적 소화: 음식물을 잘게 부수거나, 음식물과 소화액을 섞고, 음식물을 이동시키는 과정
  - 씹는 운동: 이로 음식물을 작게 부수는 과정
  - 분절 운동: 소화관의 수축과 이완을 반복하면서 음식물과 소화액을 섞는 과정
  - 꿈틀 운동: 소화관이 연속으로 수축하면서 음식물을 이동시키는 과정
- ② 화학적 소화: 소화 효소에 의해 음식물이 잘게 분해되는 과정
  - 화학적 소화에 의해 분해된 영양소는 화학적으로 다른 물질이 됨

🔍 **꼼꼼 단어 돋보기**

● **분절 운동**
마디에서 일정한 간격을 두고 오므라졌다 펴졌다 하는 운동

● **소화 효소**
음식물 속의 큰 영양소를 작게 분해하는 물질

- 소화 효소는 주성분이 단백질이고, 최적 온도(35~40℃)에서 활발하게 작용하며, 한 가지 효소는 한 가지 영양소만 분해함

(2) 소화계
① **소화관**: 음식물이 직접 지나가며 소화되는 곳 식도, 위, 소장, 대장 등
② **소화샘**: 소화관과 연결되어 음식물을 소화하는 데 필요한 소화액을 분비하는 곳
    침샘(침 분비), 간(쓸개즙 분비), 이자(이자액 분비) 등

★(3) 소화 과정

입 ➡ 식도 ➡ 위 ➡ 소장 ➡ 대장 ➡ 항문

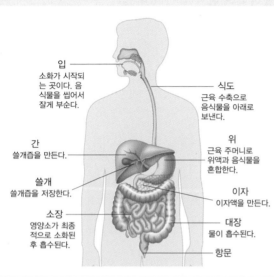

입
소화가 시작되는 곳이다. 음식물을 씹어서 잘게 부순다.

식도
근육 수축으로 음식물을 아래로 보낸다.

간
쓸개즙을 만든다.

위
근육 주머니로 위액과 음식물을 혼합한다.

쓸개
쓸개즙을 저장한다.

이자
이자액을 만든다.

소장
영양소가 최종적으로 소화된 후 흡수된다.

대장
물이 흡수된다.

항문

구분	소화 작용	
입	• 이로 음식물을 잘게 부숨 • 혀에 의해 침과 음식물이 섞임	녹말 $\xrightarrow{\text{침 속 아밀레이스}}$ 엿당
위	• 위의 꿈틀 운동으로 음식물이 위액과 섞임 • 위액 속에는 염산과 펩신이 들어 있음	단백질 $\xrightarrow{\text{펩신}}$ 중간 산물 단백질

구분	소화 작용
소장	• 탄수화물, 단백질, 지방이 모두 최종 산물로 완전히 분해됨 • 소화된 영양소와 대부분의 물을 흡수

	이자액⁺	녹말 $\xrightarrow{\text{아밀레이스}}$ 엿당 중간 산물 단백질 $\xrightarrow{\text{트립신}}$ 더 작은 중간 산물 단백질 지방 $\xrightarrow{\text{라이페이스}}$ 지방산+모노글리세리드
소장	쓸개즙⁺	소화 효소는 없지만, 지방의 소화를 도움
	소장의 소화 효소⁺	엿당 $\xrightarrow{\text{탄수화물 소화 효소}}$ 포도당 중간 산물 단백질 $\xrightarrow{\text{단백질 소화 효소}}$ 아미노산

구분	소화 작용
대장	• 남은 물을 흡수함 • 소화 효소 없음 • 흡수되지 않고 남은 물질은 꿈틀 운동에 의해 항문 밖으로 배출

➕ **염산**
강한 산성을 띠는 물질로 소화 효소는 아니다. 펩신의 작용을 돕고, 살균 작용을 한다.

➕ **펩신**
단백질을 분해하는 소화 효소이다.

➕ **이자액**
이자에서 분비되고, 3대 영양소를 모두 분해하는 소화 효소가 들어 있다.

➕ **쓸개즙**
간에서 생성되어 쓸개에 저장되었다가 소장으로 분비된다. 소화 효소는 아니지만, 지방을 작은 알갱이로 만드는 것을 돕는다.

➕ **소장의 소화 효소**
소장 안쪽 벽의 상피 세포에서 소화 효소가 분비된다.

2. 영양소의 흡수와 이동

(1) 영양소의 흡수

소장의 융털에서 흡수된다.

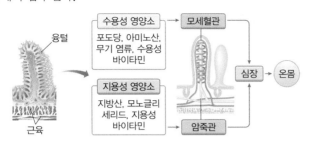

① 수용성 영양소: 융털의 모세 혈관으로 흡수됨
② 지용성 영양소: 융털의 암죽관으로 흡수됨

구분	흡수되는 영양소
모세 혈관	포도당, 아미노산, 무기 염류, 수용성 바이타민 ➡ 간을 지나 심장(간문맥 → 간 → 대정맥 → 심장)으로 이동
암죽관	지방산, 모노글리세리드, 지용성 바이타민 ➡ 간을 거치지 않고 심장으로 이동

(2) 영양소의 이동

흡수된 영양소는 모두 심장으로 이동한 후 온몸의 세포로 운반됨 ➡ 운반된 영양소는 에너지원이나, 몸의 구성 성분 또는 몸의 기능을 조절하는 데 쓰임

콕콕 개념 확인하기

1. 섭취한 음식물 속의 영양소가 체내에 흡수될 수 있도록 작게 분해하는 과정을 _____ (이)라고 한다.
2. 녹말을 엿당으로 분해하는 소화 효소는?
3. 단백질이 소화되기 시작하는 소화 기관은?

답 1. 소화 2. 아밀레이스 3. 위

+융털
• 소장의 융털은 가운데에 암죽관이 있고, 그 주변을 모세 혈관이 둘러싸고 있다.
• 소장 내부의 표면적을 넓혀 주어 영양소를 효율적으로 흡수할 수 있게 한다.

탄탄 실력 다지기

01 다음 설명에 해당하는 주영양소는? 2016년 2회

> • 대부분 에너지원으로 쓰인다.
> • 밥, 빵, 국수 등에 많이 들어 있다.

① 물
② 무기 염류
③ 바이타민
④ 탄수화물

02 그림에 해당하는 사람의 기관계는? 2016년 2회

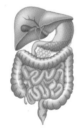

① 소화계
② 순환계
③ 신경계
④ 호흡계

03 그림은 사람의 소화 기관을 나타낸 것이다. 입으로 들어간 음식물이 지나가는 경로로 옳은 것은? 2018년 1회

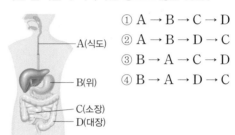

A(식도)
B(위)
C(소장)
D(대장)

① A → B → C → D
② A → B → D → C
③ B → A → C → D
④ B → A → D → C

04 다음은 녹말이 침 속의 아밀레이스에 의해 소화되는 과정이다. 단맛이 나는 물질 ㉠은? 2021년 1회

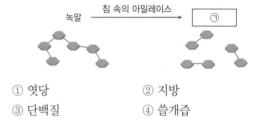

녹말 → 침 속의 아밀레이스 → ㉠

① 엿당
② 지방
③ 단백질
④ 쓸개즙

주목
05 동물의 구성 단계를 순서대로 옳게 나열한 것은?

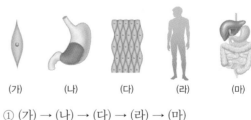

(가)　(나)　(다)　(라)　(마)

① (가) → (나) → (다) → (라) → (마)
② (가) → (나) → (마) → (라) → (다)
③ (가) → (다) → (나) → (마) → (라)
④ (가) → (다) → (마) → (라) → (나)

06 다음 표는 어떤 음식물에 들어 있는 영양소를 검출하기 위한 실험을 한 결과이다. 이 음식물에 들어 있는 영양소는 무엇인가? (＋: 반응이 일어남, －: 반응이 안 일어남)

베네딕트 반응	아이오딘 반응	뷰렛 반응	수단 Ⅲ 반응
－	－	＋	－

① 포도당
② 녹말
③ 단백질
④ 지방

07 지방을 확인하기 위하여 해야 하는 검출 반응과 그 반응의 색깔 변화로 옳은 것은?

① 뷰렛 반응, 파란색 → 보라색
② 뷰렛 반응, 붉은색 → 선홍색
③ 수단 Ⅲ 반응, 붉은색 → 선홍색
④ 수단 Ⅲ 반응, 파란색 → 황적색

08 다음의 영양소 중 에너지원이 <u>아닌</u> 것은?

① 칼슘
② 단백질
③ 탄수화물
④ 지방

09 다음 중 우리 몸의 구성 성분 중 가장 많은 양을 차지하는 것은?

① 물
② 단백질
③ 지방
④ 무기염류

10 다음 중 지방을 지방산과 모노글리세리드로 분해하는 소화 효소는? 2021년 1회

① 아밀레이스
② 펩신
③ 트립신
④ 라이페이스

11 다음 중 소화 기관이 <u>아닌</u> 것은?

① 위
② 소장
③ 입
④ 폐

12 다음 중 3대 영양소가 최종 분해되며 대부분의 영양소가 흡수되는 곳은?

① 입
② 위
③ 소장
④ 대장

주목

15 다음 중 펩신이 분비되는 소화 기관은?

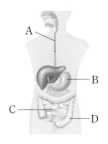

① A   ② B
③ C   ④ D

13 다음 중 소화 효소와 소화 효소가 분비되는 장소를 잘 못 연결한 것은?

① 위―펩신
② 이자―트립신
③ 입―아밀레이스
④ 대장―라이페이스

16 다음 빈칸에 들어갈 말을 A, B 순서대로 옳게 나열한 것은?

소화된 영양소는 소장의 (A)에서 최종 산물로 흡수된다.
(A)(은)는 소장 내부의 (B)(을)를 넓혀 주어 영양소를 효율적으로 흡수하게 한다.

① 융털, 표면적
② 융털, 온도
③ 폐포, 표면적
④ 폐포, 온도

14 다음 중 녹말을 분해하는 소화 효소는?

① 아밀레이스
② 펩신
③ 트립신
④ 라이페이스

04 순환

1 순환계[+]

☆ 1. 심장과 혈관

(1) 심장

심장의 구조: 2개의 심방과 2개의 심실(2심방 2심실)

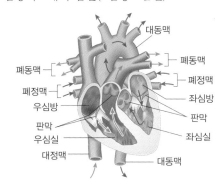

심방	• 혈액이 들어오는 곳 ➡ 정맥과 연결 • 크기가 작고 내벽이 얇음	
	우심방	온몸을 돌고 온 혈액이 들어옴 ➡ 대정맥과 연결
	좌심방	폐에서 산소를 얻은 혈액이 들어옴 ➡ 폐정맥과 연결
심실	• 혈액을 내보내는 곳 ➡ 동맥과 연결 • 내벽이 두껍고 탄력이 있음	
	우심실	폐로 혈액을 내보냄 ➡ 폐동맥과 연결
	좌심실	온몸으로 혈액을 내보냄 ➡ 대동맥과 연결
판막	• 혈액이 거꾸로 흐르는 것을 막는 구조 • 심방과 심실 사이, 심실과 동맥 사이에 위치함	

(2) 혈관

동맥	• 심장(심실)에서 나가는 혈액이 흐르는 혈관 • 혈관벽이 두껍고, 탄력이 강함 • 몸속 깊은 곳에 분포하며, 혈압이 높음
정맥	• 심장(심방)으로 들어오는 혈액이 흐르는 혈관 • 혈관벽이 얇고, 탄력이 약함 • 피부 가까운 곳에 분포 • 혈압이 낮아 판막이 존재 ➡ 혈액의 역류 방지
모세 혈관	• 동맥과 정맥을 연결, 온몸 전체에 분포 • 한 겹의 세포층으로 구성 ➡ 물질 교환에 유리

➕ 순환계

생명 활동에 필요한 물질 운반을 담당하는 기관계로, 혈액, 심장, 혈관으로 이루어진다.

참고 심장의 심장 박동과 맥박

• 심장 박동: 심장의 규칙적인 수축과 이완으로 혈액을 몸속에서 계속 흐르게 하는 원동력이다.
• 맥박: 심장 박동에 의해 전해지는 동맥의 진동을 말한다.

🔍 꼼꼼 단어 돋보기

● 혈압
혈액이 혈관벽을 밀어내는 압력

● 역류
거꾸로 흐름

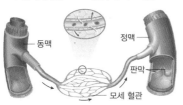

→ 산소, 영양분　⇒ 이산화 탄소, 노폐물

혈압	대동맥 > 동맥 > 모세 혈관 > 정맥 > 대정맥
혈류 속도	동맥 > 정맥 > 모세 혈관
혈관 두께	동맥 > 정맥 > 모세 혈관
혈관의 총 단면적	모세 혈관 > 정맥 > 동맥

2. 혈액⁺

(1) 혈장

① 물이 대부분을 차지하며, 체온 조절 작용을 함

② 여러 가지 영양소와 노폐물, 이산화 탄소 등을 녹여 운반

(2) 혈구⁺

① 적혈구

- 가운데가 오목한 원반형
- 핵이 없으며, 혈구 중 가장 많음
- 붉은 색소인 헤모글로빈에 의해 산소 운반

② 백혈구

- 불규칙한 모양
- 무색투명하고, 핵이 있음
- 식균 작용
- 세균에 감염되면 백혈구 수가 급격히 증가

③ 혈소판

- 불규칙한 모양
- 무색투명하고, 핵이 없음
- 혈액 응고 작용

〈폐〉　〈조직 세포〉

산소　헤모글로빈

＋혈액의 기능

- 운반 작용
- 체온 조절
- 면역 작용

＋혈구

혈구에는 적혈구, 백혈구, 혈소판이 있으며, 혈장에 실려 온몸으로 이동한다.

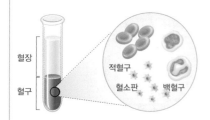

혈장
혈구

적혈구
혈소판　백혈구

혈장(액체 성분) 55%	• 90% 물, 여러 가지 물질(영양소, 노폐물)이 녹아 있음 • 양분과 노폐물, 이산화 탄소 운반 • 일정한 체온 유지
혈구(세포 성분) 45%	• 가라앉는 부분 • 적혈구, 백혈구, 혈소판

참고 혈액을 시험관에 넣고 원심 분리를 하게 되면, 윗부분에는 혈장이, 아랫부분에는 혈구가 위치한다.

콕콕 개념 확인하기

1. 혈액이 거꾸로 흐르는 것을 막는 구조는?
2. 총 단면적이 가장 넓은 혈관은 (동맥, 모세 혈관, 정맥)이다.
3. 적혈구는 _____(이)가 있어 붉게 보인다.

답　1. 판막　2. 모세 혈관　3. 헤모글로빈

🔍 **꼼꼼 단어 돋보기**

● 헤모글로빈

철을 포함한 붉은 색소 단백질

② 혈액 순환

심장에서 나온 혈액이 동맥, 모세 혈관, 정맥을 거쳐 다시 심장으로 돌아오는 것으로, 혈액은 온몸 순환과 폐순환을 교대로 반복하며 끊임없이 순환함

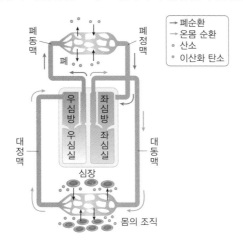

1. 온몸 순환(체순환)

좌심실에서 나온 혈액이 온몸을 지나면서 온몸의 조직 세포에 양분과 산소를 공급하고, 이산화 탄소와 노폐물을 받아 우심방으로 돌아오기 위한 혈액 순환 경로로, 혈액이 동맥혈에서 정맥혈로 변함

좌심실 ➡ 대동맥 ➡ 온몸의 모세 혈관 ➡ 대정맥 ➡ 우심방

2. 폐순환

우심실에서 나온 혈액이 폐를 지나면서 조직 세포에서 받아 온 이산화 탄소를 내보내고, 산소를 받아 좌심방으로 돌아오기 위한 혈액 순환 경로로, 정맥혈에서 동맥혈로 변함

우심실 ➡ 폐동맥 ➡ 폐의 모세 혈관 ➡ 폐정맥 ➡ 좌심방

쏙쏙 이해 더하기   동맥혈과 정맥혈

구분	동맥혈	정맥혈
의미	산소가 많이 들어 있는 혈액	산소가 적게 들어 있는 혈액
색	선홍색	암적색
흐르는 곳	대동맥, 폐정맥, 좌심방, 좌심실	대정맥, 폐동맥, 우심방, 우심실

참고 동맥에 흐르는 혈액을 동맥혈이라고 하는 것이 아니라, 혈액 속 산소의 양에 따라 동맥혈과 정맥혈을 구분한다.

콕콕 개념 확인하기

1. 폐순환의 과정: 우심실 → _____ → 폐의 모세 혈관 → 폐정맥 → 좌심방
2. 온몸 순환 과정: _____ → _____ → 온몸의 모세 혈관 → _____ → _____

답   1. 폐동맥   2. 좌심실, 대동맥, 대정맥, 우심방

01 그림에서 온몸의 조직 세포에 산소와 영양소를 공급하고, 이산화 탄소와 노폐물을 받아 오기 위한 혈액 순환 경로는? 2014년 1회

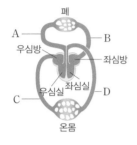

① 우심실 → A → 폐 → B → 좌심방
② 좌심방 → B → 폐 → A → 우심실
③ 우심방 → C → 온몸 → D → 좌심실
④ 좌심실 → D → 온몸 → C → 우심방

02 그림은 혈액의 구성 성분을 나타낸 것이다. 식균 작용을 하는 A의 명칭은? 2016년 2회

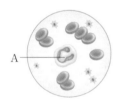

① 혈장
② 백혈구
③ 적혈구
④ 혈소판

03 사람 몸에서 심장의 기능은? 2017년 2회

① 오줌을 생성한다.
② 생식 세포를 만든다.
③ 소화 효소를 분비한다.
④ 온몸으로 혈액을 순환시킨다.

04 그림은 사람 혈관의 종류와 구조를 나타낸 것이다. 온몸에 그물처럼 퍼져 있으며, 조직 세포와 물질 교환을 하는 A는? 2019년 1회

① 동맥
② 정맥
③ 판막
④ 모세 혈관

05 오른쪽 그림은 사람의 건강한 심장에서 혈액의 흐름을 나타낸 것이다. 심장으로 들어오는 혈액을 받아들이는 곳만을 옳게 짝지은 것은?

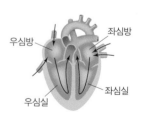

① 좌심방, 좌심실
② 우심실, 좌심실
③ 우심방, 우심실
④ 우심방, 좌심방

06 사람의 심장 구조에 대한 설명으로 옳은 것은?

① 1심방 1심실 구조이다.
② 혈액의 역류를 돕기 위해 판막이 있다.
③ 좌심실이 가장 얇은 근육으로 되어 있다.
④ 심방과 심실이 수축과 이완을 반복하면서 혈액을 순환시킨다.

07 다음은 사람의 심장 구조를 나타낸 것이다. 폐동맥과 연결되어 폐로 혈액을 내보내는 부분의 위치와 이름이 옳게 연결된 것은?

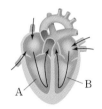

① A – 우심방
② A – 우심실
③ B – 좌심방
④ B – 좌심실

주목
08 심방과 심실, 심실과 동맥 사이에 있는 혈액의 역류를 막는 역할을 하는 것은?

① 판막
② 혈구
③ 암죽관
④ 융털

09 다음에서 설명하는 혈관의 종류는?

- 혈관벽이 두껍고 탄력이 강하다.
- 심장에서 나가는 혈액이 흐르는 혈관이다.
- 몸속 깊은 곳에 분포하며 혈압이 높다.

① 동맥
② 정맥
③ 모세 혈관
④ 림프관

주목
10 다음 중 동맥과 정맥에 대한 설명으로 옳은 것은?

	구분	동맥	정맥
①	혈압	낮다	높다
②	판막	있다	없다
③	혈액의 속도	빠르다	느리다
④	혈관벽의 두께	얇다	두껍다

11 다음에서 설명하는 혈액의 구성 성분은?

> • 핵이 없다.
> • 혈구 중 가장 많다.
> • 산소를 운반한다.

① 혈장
② 혈소판
③ 백혈구
④ 적혈구

주목

12 혈액의 구성 성분 중 우리 몸에 침입한 여러 가지 세균을 잡아먹는 역할을 하는 것은?

① 혈장
② 혈소판
③ 백혈구
④ 적혈구

13 혈액의 구성 성분 중 혈소판의 기능은?

① 산소 운반
② 식균 작용
③ 혈액 응고
④ 영양소 운반

14 혈액 순환에 대한 설명으로 옳지 <u>않은</u> 것은?

① 대동맥에는 산소가 많은 혈액이 흐른다.
② 폐동맥에는 산소가 많은 혈액이 흐른다.
③ 폐순환을 통해 정맥혈이 동맥혈로 바뀐다.
④ 온몸 순환을 통해 온몸에 산소와 영양소를 공급한다.

15 다음 중 온몸 순환 과정이 옳게 나열된 것은?

① 좌심실 → 대동맥 → 온몸의 모세 혈관 → 대정맥 → 우심방
② 우심실 → 대동맥 → 온몸의 모세 혈관 → 대정맥 → 좌심방
③ 좌심실 → 폐동맥 → 폐의 모세 혈관 →폐정맥 → 우심방
④ 우심실 → 폐동맥 → 폐의 모세 혈관 → 폐정맥 → 좌심방

05 Ⅰ 생물 호흡과 배설

1 호흡

1. 호흡

생명 활동을 위해 공기 중의 산소를 받아들이고 몸 안에서 생긴 이산화 탄소를 내보내는 작용

쏙쏙 이해 더하기   **세포 호흡과 연소의 비교**

조직 세포에서 산소를 이용해 영양소를 분해하여 에너지를 얻는 과정을 세포 호흡(호흡)이라고 한다.
그리고 물질이 산소와 반응하여 에너지(빛과 열)를 발생시키는 과정을 연소라고 한다.

구분	세포 호흡	연소
과정	영양소 + 산소 ⟶ 물 + 이산화 탄소 + 에너지	연료 + 산소 ⟶ 물 + 이산화 탄소 + 에너지
공통점	에너지 발생	
차이점	저온에서 천천히 일어남	고온에서 빠르게 일어남

---

2. 호흡계

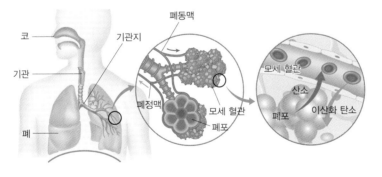

코	• 공기를 들이마시고 내보내는 통로 • 폐로 유입되는 공기에 일정한 온도와 습기를 갖게 해 줌 • 콧속의 코털과 끈끈한 점액이 먼지와 세균, 이물질 등을 걸러 냄
기관	• 코와 폐를 연결하는 관 • 표면에 섬모가 이물질 제거(가래)
기관지	• 기관에서 2개로 갈라진 관
폐	• 갈비뼈와 가로막(횡격막)으로 둘러싸인 흉강 속 좌우에 한 개씩 있음 • 근육이 없는 얇은 막이기 때문에 스스로 수축과 이완 운동을 하지 못함 • 수많은 폐포로 이루어져 있어 공기와 접촉하는 표면적이 매우 넓음

참고 먼지가 많은 곳에서 재채기나 기침이 나는 이유

숨을 들이쉴 때 들어온 먼지가 콧속의 털이나 기관, 기관지의 섬모에 의해 걸러져서 재채기나 기침을 통해 몸 밖으로 나가기 때문이다.

➕ 폐포(폐의 기능적 단위)

한 층의 세포로 구성되며, 기체의 교환이 일어나는 장소이다. 표면적을 넓혀 효율적으로 기체 교환이 일어나게 한다.

참고 생물에서 표면적을 넓히는 구조
폐의 폐포, 소장의 융털, 식물의 뿌리털, 뇌의 주름 등

🔍 꼼꼼 단어 돋보기

● 섬모
세포 표면에 나 있는 길이가 짧고 움직일 수 있는 가느다란 털

● 가로막(횡격막)
가슴과 배를 구분하는 근육으로 된 막으로, 흉강 속의 압력을 조절함

● 흉강
갈비뼈와 가로막으로 둘러싸인 공간

3. 호흡 운동의 원리

폐는 근육이 없어 스스로 움직이지 못하므로 갈비뼈와 가로막의 상하 운동에 의해 흉강과 폐의 부피와 압력이 변하여 호흡 운동이 일어남

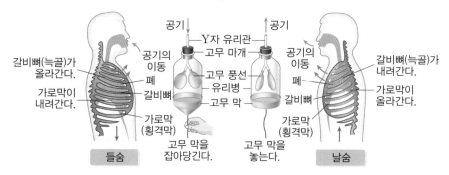

(1) **들숨(흡기)**: 갈비뼈가 올라가고 가로막(횡격막)이 내려감 ➡ 흉강의 부피가 커짐 ➡ 폐가 외부보다 압력이 낮아짐 ➡ 공기가 외부에서 폐로 들어옴

(2) **날숨(호기)**: 갈비뼈가 내려가고 가로막(횡격막)이 올라감 ➡ 흉강의 부피가 작아짐 ➡ 폐가 외부보다 압력이 높아짐 ➡ 공기가 폐에서 외부로 나감

구분	갈비뼈	가로막	흉강의 부피	흉강의 압력	폐의 부피	공기의 이동
들숨(흡기)	위로	아래로	커짐	낮아짐	커짐	외부 → 폐
날숨(호기)	아래로	위로	작아짐	높아짐	작아짐	폐 → 외부

참고 공기(기체)의 이동 원리

• 기체는 압력이 높은 곳에서 낮은 곳으로 이동한다.
• 부피가 커지면 기체 분자가 움직이는 공간이 커져 압력이 낮아진다.

⭐ 4. 기체 교환

기체의 농도에 따른 확산에 의해 산소와 이산화 탄소가 교환되고, 산소와 이산화 탄소가 각각 농도가 높은 곳에서 낮은 곳으로 이동함

구분	폐(폐포)에서의 기체 교환	조직 세포에서의 기체 교환
장소	폐포	온몸의 조직 세포
기체 농도	• 산소: 폐포 > 모세 혈관 • 이산화 탄소: 폐포 < 모세 혈관	• 산소: 모세 혈관 > 조직 세포 • 이산화 탄소: 모세 혈관 < 조직 세포
기체 이동	폐포 ⇄ 모세 혈관 (산소 →, 이산화 탄소 ←)	모세 혈관 ⇄ 조직 세포 (산소 →, 이산화 탄소 ←)
기체 교환 과정		

🔍 꼼꼼 단어 돋보기

● 확산

물질이 스스로 운동하여 입자가 많은 쪽에서 적은 쪽으로 퍼져 나가는 현상

2 배설

1. 배설

세포에서 영양소가 분해되면서 만들어진 노폐물을 몸 밖으로 내보내는 작용

2. 노폐물의 생성과 배설⁺

영양소	노폐물	배설 방법
탄수화물, 지방, 단백질	이산화 탄소	날숨으로 배설
	물	날숨과 오줌, 땀으로 배설
단백질	암모니아	간에서 독성이 약한 요소로 바뀐 후 오줌으로 배설

＋ 노폐물의 생성과 배설

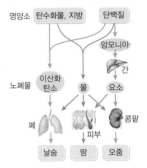

3. 배설계⁺

콩팥	혈액 속의 노폐물을 걸러내 오줌을 생성하는 기관		
	겉질	• 콩팥의 겉부분 • 사구체와 보먼주머니, 일부 세뇨관 분포	네프론⁺: 오줌을 만드는 기본 단위
	속질	• 콩팥의 속부분 • 세뇨관 분포	
	콩팥 깔때기	겉질과 속질에서 만들어진 오줌이 모이는 빈 공간	
오줌관	콩팥에서 만들어진 오줌이 방광으로 이동하는 관		
방광	오줌을 모아두는 곳		
요도	방광에 모인 오줌이 몸 밖으로 나가는 통로		

＋ 배설계

혈액 속 노폐물을 몸 밖으로 내보내는 역할을 담당하는 기관계로, 콩팥, 오줌관, 방광 등으로 이루어진다.

＋ 네프론

네프론＝사구체＋보먼주머니＋세뇨관

＋ 콩팥 동맥

콩팥으로 들어가는 혈액이 흐르는 혈관

＋ 콩팥 정맥

콩팥에서 나가는 혈액이 흐르는 혈관

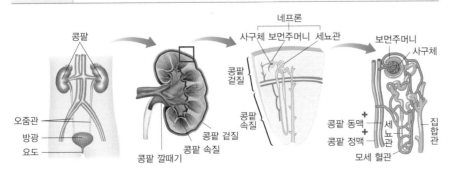

4. 오줌 생성 과정

오줌은 콩팥에서 여과, 재흡수, 분비 과정을 거쳐 생성됨

(1) 여과

① 물질의 이동 경로: 사구체 → 보먼주머니

② 사구체의 높은 혈압에 의해 혈액 성분 중 크기가 작은 물질이 보먼주머니로 빠져나감

③ 혈구, 단백질 등과 같은 크기가 큰 물질은 여과되지 않음

④ 여과 물질: 물, 포도당, 아미노산, 무기 염류, 요소 등

(2) 재흡수

① 물질의 이동 경로: 세뇨관 → 모세 혈관

② 여과액이 세뇨관을 지나는 동안 우리 몸에 필요한 물질이 모세 혈관으로 흡수됨

③ 재흡수 물질: 포도당, 아미노산, 물과 무기 염류의 일부, 바이타민 등

(3) 분비

① 물질의 이동 경로: 모세 혈관 → 세뇨관

② 사구체에서 미처 여과되지 못한 노폐물이 모세 혈관에서 세뇨관으로 이동

③ 분비 물질: 요소 등의 노폐물

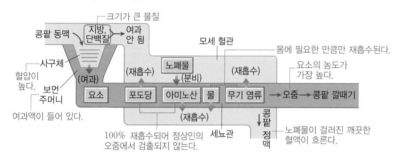

참고 정상인 사람은 여과액이 세뇨관을 지나는 동안 포도당과 아미노산은 100% 재흡수된다.

쏙쏙 이해 더하기 오줌의 생성

구분	여과	재흡수	분비
이동 경로	사구체 → 보먼주머니	세뇨관 → 모세 혈관	모세 혈관 → 세뇨관
이동 물질	요소, 포도당, 무기 염류, 물	포도당, 무기 염류, 물 등	혈액 속에 남아 있는 노폐물

콕콕 개념 확인하기

1. 혈액 속의 노폐물을 걸러 오줌을 생성하는 기관은?

2. _____ : 사구체 + 보먼주머니 + 세뇨관

3. _____(은)는 오줌을 몸 밖으로 내보내는 통로이다.

답 1. 콩팥 2. 네프론 3. 요도

꼼꼼 단어 돋보기

● 여과액
사구체에서 보먼주머니로 걸러진 성분

● 세뇨관
콩팥 속에 있는 혈액에서 나오는 오줌을 모으는 관

3 소화계, 순환계, 호흡계, 배설계의 관계

1. 소화계
음식물 속 영양소가 분해되어 소장의 융털로 흡수됨

2. 순환계
영양소와 산소를 조직 세포로 공급하고, 노폐물을 배설 기관으로 운반함

3. 호흡계
호흡 운동으로 산소를 흡수하고, 이산화 탄소를 몸 밖으로 내보냄

4. 배설계
세포 호흡 결과 생성된 노폐물을 배설하고, 항상성을 유지함

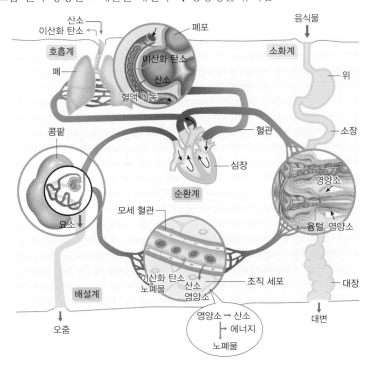

5. 소화계, 순환계, 호흡계, 배설계의 관계
소화계, 순환계, 호흡계, 배설계는 생명 활동에 필요한 에너지를 얻는 과정으로 연결되어 유기적으로 작용함

콕콕 개념 확인하기

1. _____(은)는 산소를 흡수하고 이산화 탄소를 몸 밖으로 내보낸다.
2. _____(은)는 영양소와 산소를 조직 세포로 공급하고, 노폐물을 운반한다.

답 1. 호흡계 2. 순환계

탄탄 실력 다지기

01 심한 운동을 하는 동안 호흡이 빨라지는 이유로 가장 옳은 것은? 2013년 2회

① 체온을 빨리 떨어뜨리기 위해
② 혈액 순환을 느리게 하기 위해
③ 운동에 필요한 에너지의 생성을 줄이기 위해
④ 에너지 생성에 필요한 산소를 빨리 공급하기 위해

02 그림에서 좌우 한 쌍으로 존재하며, 수많은 폐포로 이루어진 호흡 기관은? 2014년 2회

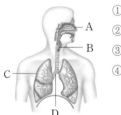

① A
② B
③ C
④ D

03 그림은 사람의 배설 기관을 나타낸 것이다. A의 명칭은? 2015년 1회

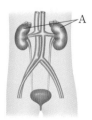

① 대장
② 방광
③ 콩팥
④ 수뇨관

04 그림은 사람의 세포 호흡에서 발생한 물이 오줌이 되는 과정이다. 배설 기관 A는? 2015년 2회

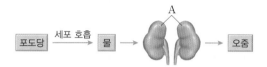

① 위
② 심장
③ 콩팥
④ 뇌하수체

05 그림 (가)는 사람의 호흡 기관이고, (나)는 호흡 운동 원리를 알아보는 실험 장치이다. 그림 (나)에서 사람의 폐에 해당하는 것은? 2019년 1회

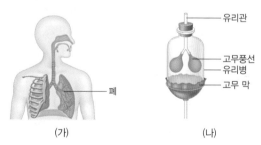

(가)   (나)

① 유리관
② 고무풍선
③ 유리병
④ 고무 막

06 다음 중 호흡 기관이 <u>아닌</u> 것은?

① 폐
② 콩팥
③ 기관
④ 기관지

주목

07 다음은 날숨의 과정이다. 빈칸에 들어갈 말을 순서대로 옳게 나열한 것은?

> 갈비뼈가 (㉠), 가로막이 올라간다. → 흉강이 (㉡). → 흉강의 압력이 높아진다. → 폐에서 공기가 나간다.

	㉠	㉡
①	내려가고	좁아진다
②	내려가고	넓어진다
③	올라가고	좁아진다
④	올라가고	넓어진다

08 폐의 기본 단위로 표면적을 넓혀 효율적인 기체 교환이 일어나게 하는 것은?

① 폐포
② 기관지
③ 판막
④ 고막

09 세포 호흡을 해야 하는 이유로 옳은 것은?

① 섭취한 음식물을 잘게 분해하기 위해서
② 영양소를 분해하여 에너지를 얻기 위해서
③ 산소와 영양소를 온몸으로 보내기 위해서
④ 요소와 같은 혈액 속의 노폐물을 내보내기 위해서

10 들숨 시 우리 몸에서 일어나는 현상이 <u>아닌</u> 것은?

① 갈비뼈는 위로 올라간다.
② 가로막이 위로 올라간다.
③ 폐의 부피가 커진다.
④ 공기가 외부에서 폐로 이동한다.

11 조직 세포에서의 기체 교환에 대한 설명으로 옳지 <u>않은</u> 것은?

① 기체는 확산에 의해 이동한다.
② 이산화 탄소는 모세 혈관에서 조직 세포로 이동한다.
③ 산소는 조직 세포보다 모세 혈관에 더 많이 있다.
④ 이산화 탄소는 모세 혈관보다 조직 세포에 더 많이 들어 있다.

12 탄수화물, 지방, 단백질이 공통으로 만드는 노폐물로 옳게 짝 지어진 것은?

① 물, 이산화 탄소
② 물, 요소
③ 암모니아, 요소
④ 이산화 탄소, 요소

13 다음 중 배설 기관에 대한 설명이 옳지 <u>않은</u> 것은?

① 콩팥: 혈액 속의 노폐물을 걸러 내어 오줌을 생성하는 기관
② 오줌관: 콩팥과 방광을 연결하는 관으로, 재흡수되는 영양소를 저장
③ 방광: 콩팥에서 걸러진 오줌을 저장하는 주머니
④ 요도: 방광에 모인 오줌을 몸 밖으로 내보내는 통로

주목
14 다음에서 설명하는 기관은?

• 강낭콩 모양을 하고 있다.
• 혈액 속의 노폐물을 걸러준다.
• 오줌을 생성한다.

① 심장
② 방광
③ 대장
④ 콩팥

15 다음은 오줌의 배설 경로 중 일부이다. ( ) 안에 들어갈 말로 옳은 것은?

콩팥 동맥 → 사구체 → (　　　) → 세뇨관 → 콩팥 깔때기

① 보먼주머니
② 네프론
③ 요도
④ 콩팥 정맥

16 다음 중 네프론을 구성하는 구조로 옳은 것은?

① 사구체, 보먼주머니, 요도
② 사구체, 보먼주머니, 세뇨관
③ 사구체, 세뇨관, 오줌관
④ 보먼주머니, 콩팥 깔때기, 오줌관

17 오줌의 생성 과정에서 여과액이 세뇨관을 지나는 동안 포도당, 아미노산 등을 다시 모세 혈관으로 흡수하는 과정은 무엇인가?

① 여과
② 재흡수
③ 분비
④ 확산

06 ┃ 생물
감각 기관

1 눈(시각)

1. 눈의 구조

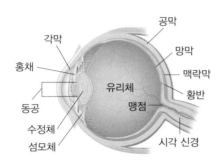

참고 시각의 자극원: 빛

구분	기능
공막	눈의 가장 바깥쪽 막으로, 눈의 형태를 유지하고, 내부를 보호함
각막	공막과 연결되어 있으며, 홍채의 바깥을 감싸는 투명한 막
홍채	동공의 크기를 변화시켜 눈으로 들어오는 빛의 양 조절
수정체	빛을 굴절시켜 망막†에 상이 맺히도록 함
섬모체	수정체의 두께 조절
망막	물체의 상이 맺히는 곳으로, 시각 세포 분포
맥락막	검은색 막으로, 빛의 산란을 막아주는 암실 기능
유리체	눈 속의 투명한 액체로, 눈의 형태를 유지

✚ 망막의 구성
① 황반
• 시각 세포가 밀집해 있다.
• 상이 이곳에 맺히면 뚜렷하게 보인다.
② 맹점
• 시각 세포가 없다.
• 상이 이곳에 맺히면 보이지 않는다.

쏙쏙 이해 더하기 ┃ 시각의 성립 경로

빛 → 각막 → 수정체 → 유리체 → 망막(시각 세포) → 시각 신경 → 대뇌

물체에 반사된 빛이 망막에 있는 시각 세포를 자극하고, 이 자극이 시각 신경을 통해 대뇌로 전달되어 물체를 볼 수 있게 된다.

2. 눈의 조절 작용
★(1) 명암 조절

밝을 때	어두울 때
홍채 이완 → 동공 축소 → 눈으로 빛이 적게 들어옴	홍채 수축 → 동공 확대 → 눈으로 빛이 많이 들어옴

(2) 원근 조절

먼 곳을 볼 때	가까운 곳을 볼 때
섬모체 이완 ➡ 수정체 얇아짐	섬모체 수축 ➡ 수정체 두꺼워짐
섬모체 이완 수정체 얇아짐	수정체 두꺼워짐 섬모체 수축

3. 근시와 원시

구분	근시	원시
증상	먼 곳의 물체를 볼 때, 상이 망막 앞에 맺혀 잘 보이지 않음	가까운 곳의 물체를 볼 때, 상이 망막 뒤에 맺혀 잘 보이지 않음
원인	수정체가 두껍거나 안구의 길이가 긴 경우	수정체가 얇거나 안구의 길이가 짧은 경우
교정	오목렌즈로 빛을 퍼뜨려 상이 원래보다 뒤에 맺히게 교정	볼록렌즈로 빛을 모아 상이 원래보다 앞에 맺히게 교정
상맺힘		

쏙쏙 이해 더하기 — 눈과 사진기의 비교

기능	눈	사진기
빛의 굴절	수정체	렌즈
빛의 양 조절	홍채	조리개
빛의 차단	눈꺼풀	셔터
암실 기능	맥락막	어둠상자
상이 맺힘	망막	필름

콕콕 개념 확인하기

1. 눈의 구조 중 물체의 상이 맺히는 시각 세포가 분포한 곳은?
2. 동공의 크기를 변화시켜 눈으로 들어오는 빛의 양을 조절시키는 부분은?
3. 가까운 곳을 볼 때 _____(은)는 두꺼워진다.

답 1. 망막 2. 홍채 3. 수정체

2 귀(청각)

1. 귀의 구조

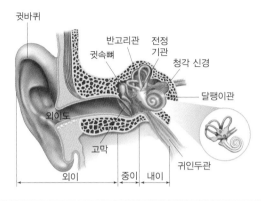

구분	위치	기능
외이 (겉귀)	귓바퀴	음파(소리)를 모아 외이도로 전달
	외이도	귓바퀴에서 고막에 이르는 음파의 이동 통로
중이 (가운데귀)	고막	음파(소리)에 의해 최초로 진동하는 얇은 막
	귓속뼈	고막의 진동을 크게 증폭하여 달팽이관으로 전달
	귀인두관	중이의 압력을 외부와 같게 조절하여 고막을 보호
내이 (속귀)	달팽이관	청각 세포가 분포되어 있어 소리 자극을 받아들여 청각 신경으로 전달
	전정 기관	몸이 기울어지는 것을 느낌 ➡ 위치 감각
	반고리관	몸이 회전하는 것을 느낌 ➡ 회전 감각
청각 신경		청각 세포가 받아들인 자극을 대뇌로 전달한다.

쏙쏙 이해 더하기　**청각의 성립 경로**

귓바퀴에 모아진 음파는 외이도를 지나 고막을 진동시켜, 이 진동이 귓속뼈에서 증폭하여 달팽이관으로 전달된다. 달팽이관의 청각 세포는 이 진동을 자극으로 받아들여 청각 신경을 통해 대뇌로 전달되어 소리를 느낀다.

음파(소리) → 귓바퀴 → 외이도 → 고막 → 귓속뼈 → 달팽이관(청각 세포) → 청각 신경 → 대뇌

참고 귀에서 반고리관, 전정 기관, 귀인두관은 청각의 성립과 직접적인 관계가 없다.

2. 평형 감각

귀를 통해서 몸이 기울어지거나 회전하는 것 등을 느끼는 감각

(1) 위치 감각: 전정 기관에서 중력 자극을 받아들여 몸의 기울어짐을 느낌

(2) 회전 감각: 반고리관에서 몸의 회전을 자극으로 받아들여 회전을 느낌

콕콕 개념 확인하기

1. 청각 세포가 분포되어 있어 소리 자극을 받아들이는 귀의 구조는?
2. 몸이 회전하는 것을 느끼는 귀의 기관은?

답　1. 달팽이관　2. 반고리관

꼼꼼 단어 돋보기

● 음파

물체의 진동에 의해 발생하고 매질의 진동으로 인해 전달되는 파동

3 코(후각), 혀(미각), 피부(피부 감각)

1. 코(후각)

콧속의 천장 부분에 있는 후각 상피에 후각 세포가 분포

자극원	기체 상태의 화학 물질
후각의 성립 경로	기체 상태의 화학 물질 → 후각 상피(후각 세포) → 후각 신경 → 대뇌
특징	• 다른 감각에 비해 매우 예민해서 쉽게 피로해짐 • 특정 자극에 대한 감각이 피로해져도, 다른 종류의 자극은 느낄 수 있음

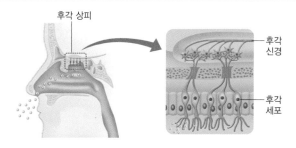

2. 혀(미각)

혀의 표면에는 유두라는 작은 돌기가 있고, 유두의 양 옆면에는 맛세포가 있는 맛봉오리가 있음

자극원	액체 상태의 화학 물질
미각의 성립 경로	액체 상태의 화학 물질 → 혀의 유두 → 맛봉오리(맛세포) → 미각 신경 → 대뇌
특징	• 각각의 맛을 예민하게 느끼는 혀의 부위는 각각 다름 • 기본 맛: 단맛, 신맛, 쓴맛, 짠맛, 감칠맛 • 미각과 후각이 함께 작용하여 다양한 맛을 느낄 수 있음

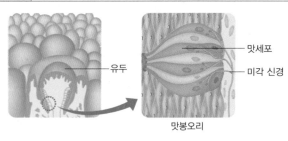

3. 피부(피부 감각)

피부 감각점	통점(통증), 압점(압력), 촉점(접촉), 냉점(시원함), 온점(따뜻함)
감각점의 수	통점>압점>촉점>냉점>온점
감각의 성립 경로	피부 자극 → 피부의 감각점 → 피부 감각 신경 → 대뇌
특징	• 몸의 부위에 따라 감각점의 분포 수가 다름 • 감각점의 수가 많을수록 예민함 • 내장 기관에도 감각점이 분포 • 압각, 온각, 냉각의 자극이 심하면 통각으로 변함

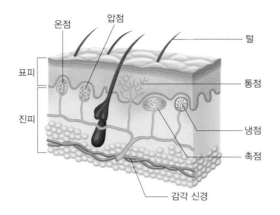

온점 압점 털

표피

진피

통점

냉점

촉점

감각 신경

참고 감각점은 진피에 분포한다.

콕콕 개념 확인하기

1. 사람의 감각 중 가장 예민하지만, 쉽게 피로해지는 감각은 (시각, 후각)이다.
2. 혀가 느끼는 기본 맛은 짠맛, 단맛, 신맛, 쓴맛, _____이다.

답 1. 후각 2. 감칠맛

탄탄 실력 다지기

정답과 해설 **7쪽**

01 그림은 물체의 상이 망막보다 가까운 곳에 생기는 경우를 나타낸 것이다. 오목 렌즈로 교정되는 이와 같은 눈의 이상은? 2011년 2회

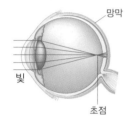

① 근시
② 원시
③ 난시
④ 사시

02 사람의 눈과 사진기를 비교할 때, 사진기의 조리개에 해당하는 것은? 2013년 1회

① 각막
② 공막
③ 홍채
④ 망막

03 다음에서 설명하는 사람의 감각은? 2014년 1회

> • 기체 상태의 화학 물질에 의해 자극이 된다.
> • 감각 중 가장 예민하며, 같은 자극에 대해 쉽게 피로해진다.

① 후각
② 청각
③ 시각
④ 피부 감각

04 그림은 밝은 곳과 어두운 곳에서의 눈의 모습이다. 밝은 곳에서 어두운 곳으로 갔을 때 동공의 변화는? 2015년 2회

장소	눈의 모습
밝은 곳	동공
어두운 곳	동공

① 커진다.
② 작아진다.
③ 사라진다.
④ 변화 없다.

05 그림은 사람 눈의 구조를 나타낸 것이다. 눈으로 들어오는 빛의 양을 조절하는 것은? 2016년 1회

① 망막
② 홍채
③ 수정체
④ 유리체

06 그림은 사람의 귀 구조를 나타낸 것이다. 청각 세포가 있어서 소리의 진동을 자극으로 받아들이는 (가)의 명칭은?　　　　　　　　　　2017년 1회

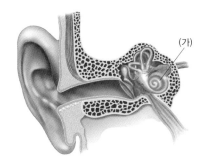

① 고막
② 귓바퀴
③ 달팽이관
④ 전정 기관

07 그림은 사람의 귀 구조를 나타낸 것이다. A~D 중 몸의 회전을 감지하는 곳은?　　　　　　　2018년 1회

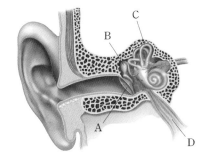

① A
② B
③ C
④ D

08 그림은 사람 귀의 구조를 나타낸 것이다. 외이도로 들어가는 소리를 모으는 A는?　　　　　　2019년 1회

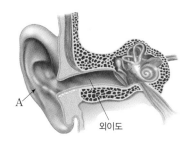

① 귓바퀴
② 달팽이관
③ 반고리관
④ 전정 기관

주목
09 다음은 시각의 전달 경로이다. (　) 안에 들어갈 알맞은 말은?

> 빛 → 각막 → 수정체 → 유리체 → (　　　) → 시각 신경 → 대뇌

① 망막
② 맥락막
③ 홍채
④ 모양체

10 홍채와 관련된 것으로 옳은 것은?
① 빛의 양 조절
② 상이 맺히는 부분
③ 시각 세포 분포
④ 눈 속을 어둡게 유지

11 사진기의 렌즈에 해당하는 눈의 부분은?

① 각막
② 홍채
③ 수정체
④ 망막

주목

12 다음 중 밝은 장소에 갔을 때 눈의 조절 작용은?

① 홍채 이완
② 홍채 수축
③ 섬모체 이완
④ 섬모체 수축

13 귓속의 압력을 외부와 같게 조절해 주는 곳은?

① 귓속뼈
② 전정 기관
③ 달팽이관
④ 귀인두관

14 음파(소리)에 의해 최초로 진동하는 얇은 막은?

① 고막
② 귀인두관
③ 달팽이관
④ 반고리관

주목

15 몸의 회전 또는 속력 변화와 관련된 것은?

① 달팽이관
② 반고리관
③ 시각 신경
④ 맛봉오리

16 가장 예민해서 쉽게 피로해지는 감각 기관은?

① 눈(시각)
② 코(후각)
③ 귀(청각)
④ 피부(피부 감각)

17 자극과 이를 받아들이는 감각 세포가 분포하고 있는 부위를 옳게 나열한 것은?

① 빛 — 수정체
② 소리 — 고막
③ 몸의 회전 — 달팽이관
④ 액체 상태의 화학 물질 — 맛봉오리

07 신경계

I 생물

1 신경계

1. 신경계

감각 기관이 받아들인 자극을 전달하고, 이 자극을 판단하여 적절한 반응이 나타나도록 신호를 보내는 기관계

2. 뉴런

신경계를 이루는 기본 단위가 되는 세포

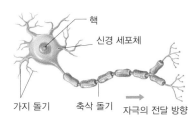

핵
신경 세포체
가지 돌기   축삭 돌기   자극의 전달 방향

신경 세포체	• 핵과 대부분의 세포질이 모여 있는 부분 • 생장과 물질 대사에 관여
가지 돌기	다른 뉴런이나 감각 기관에서 자극을 받아들이는 부분
축삭 돌기	다른 뉴런이나 운동 기관으로 자극을 전달하는 부분

참고 자극의 전달 경로

자극 → 감각 기관 → 감각 뉴런 → 연합 뉴런 → 운동 뉴런 → 운동 기관 → 반응

참고 시냅스

• 앞 뉴런의 축삭 돌기 말단과 다음 뉴런의 가지 돌기 사이의 미세한 틈
• 자극의 전달이 이루어지는 곳

쏙쏙 이해 더하기   뉴런의 종류

감각 뉴런   연합 뉴런   운동 뉴런

감각 기관   운동 기관

종류	구성	기능
감각 뉴런	감각 신경을 구성하는 뉴런	감각 기관에서 받아들인 자극을 뇌나 척수로 전달
연합 뉴런	뇌와 척수(중추 신경)를 구성하는 뉴런	• 감각 뉴런과 운동 뉴런 연결 • 전달 받은 자극을 종합하고 판단하여 명령을 내림
운동 뉴런	운동 신경을 구성하는 뉴런	뇌와 척수의 명령을 반응기로 전달

꼼꼼 단어 돋보기

● 세포
모든 생물의 기능적, 구조적 기본 단위

3. 신경계의 구성

⭐ (1) **중추 신경계**: 자극에 대해 판단하고 필요한 명령을 내리는 곳으로, 뇌와 척수로 구성

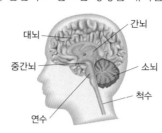

구분		기능
뇌	대뇌	• 자극을 종합 판단하여 명령을 내림 • 정신 활동과 감정 담당
	소뇌	• 근육 운동 조절 • 몸의 균형 유지(평형 유지)
	간뇌	• 체온 조절 ⎤ 항상성 유지 • 체액의 농도 유지 ⎦
	중간뇌	• 안구 운동 • 동공의 크기 조절(홍채의 작용 조절)
	연수	• 심장 박동, 호흡 운동, 소화 운동 조절(생명 유지에 중요한 역할) • 재채기, 하품, 눈물 분비, 침 분비의 중추 • 좌우 신경의 교차가 일어남
척수		• 감각 신경과 운동 신경이 지나는 통로 • 뇌와 말초 신경을 연결하는 신호의 전달 통로 • 무의식적 반응의 중추 ⑩ 무릎 반사

(2) **말초 신경계**: 중추 신경계에서 뻗어 나와 온몸에 퍼져 있는 신경계

　① 체성 신경계

　　• 대부분 대뇌의 지배를 받음　　　　• **뇌 신경(12쌍)**: 얼굴에 분포

　　• **척수 신경(31쌍)**: 온몸에 분포

　② 자율 신경계⁺

　　• 대뇌의 지배를 받지 않음　　　　• 운동 신경으로만 구성

　　• 교감 신경과 부교감 신경으로 구성

4. 반사

(1) **무의식적 반응(반사)**: 외부 자극에 대해 무의식적으로 나타나는 반응

　① 무조건 반사: 대뇌와 상관없이 일어나는 반응으로, 반응이 빠르게 일어나 위험으로부터 우리 몸을 보호하는 데 중요한 역할을 함

　　• **척수 반사**: 무릎 반사 등

　　• **연수 반사**: 하품, 재채기, 구토, 눈 깜빡임, 딸꾹질 등

　　• **중간뇌 반사**: 동공 반사, 원근 조절 등

　② 조건 반사

　　• 자극에 대한 과거 경험을 바탕으로 일어나는 반응

　　• 대뇌가 중추로 작용

　　　⑩ • 레몬을 보면 저절로 입에 침이 고인다.　　　• 파블로프의 실험

➕ 자율 신경계의 분포와 작용

교감 신경	• 동공 확대 • 침 분비 억제 • 호흡 촉진 • 심장 박동 촉진 • 장 운동 억제 • 방광 확장
부교감 신경	• 동공 축소 • 침 분비 촉진 • 호흡 억제 • 심장 박동 억제 • 장 운동 촉진 • 방광 수축

(2) **의식적 반응:** 대뇌가 관여하여 자신의 의지로 일어나는 반응

    ① 반응의 중추: 대뇌

    ② 반응 경로: 자극 → 감각 기관 → 감각 신경 → (척수) → 대뇌 → (척수) → 운동 신경 → 운동 기관 → 반응

      예 • 시험 시간에 과학 문제를 푼다.   • 신호등을 확인하고 길을 건넌다.

        • 날아오는 공을 확인하고 찬다.

콕콕 개념 확인하기

1. 신경계를 이루는 기본 단위가 되는 세포는?
2. 중추 신경계는 _____(와)과 _____(으)로 구성된다.

답   1. 뉴런   2. 뇌, 척수

2 항상성

1. 항상성

체내외의 환경이 변하더라도 ˙혈당량, 체온과 몸 속 물의 양 등의 체내 상태가 일정하게 유지되는 성질로, 호르몬과 신경이 환경 변화에 대해 이를 적절하게 조절함

2. 호르몬

(1) **호르몬:** 내분비샘에서 분비되어 특정 기관의 작용을 조절하는 화학 물질

쏙쏙 이해 더하기   내분비샘과 외분비샘

• **내분비샘**
  호르몬을 만들어 혈관(혈액)으로 직접 분비하는 조직이나 기관 → 분비관이 따로 없음
  예 뇌하수체, 갑상샘, 부신 등
• **외분비샘**
  분비물을 외부로 연결된 관을 통하여 분비하는 기관 → 분비관이 따로 있음
  예 침샘, 땀샘, 소화샘 등

---

(2) **호르몬의 특징**

    ① 혈액을 통해 운반됨
    ② ˙표적 기관(세포)에서만 작용
    ③ 생성되는 장소와 작용하는 장소가 다름
    ④ 아주 적은 양으로 생리 작용을 조절함
    ⑤ 분비량이 많으면 과다증, 적으면 결핍증이 나타남
    ⑥ 되먹임(피드백) 작용으로 항상성 유지

쏙쏙 이해 더하기   호르몬과 신경의 작용 비교

호르몬과 신경에 의해 우리 몸은 항상성이 유지된다.

종류	전달 방법	전달 속도	작용 범위	효과	특징
호르몬	혈관(혈액)	느림	넓음	지속적	표적 기관에 작용
신경	뉴런	빠름	좁음	일시적	일정한 방향으로만 전달

꼼꼼 단어 돋보기

● **혈당량**
혈액 속의 포도당의 양

● **표적 기관(세포)**
호르몬의 작용을 받는 세포나 기관

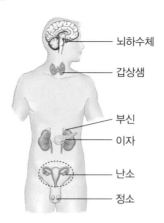

뇌하수체

갑상샘

부신

이자

난소

정소

🔵 내분비샘

내분비샘	호르몬	기능
뇌하수체	생장 호르몬	뼈, 근육의 발육 촉진
	갑상샘 자극 호르몬	갑상샘의 티록신 분비 촉진
	생식샘 자극 호르몬	생식샘(정소, 난소)의 성호르몬 분비 촉진
	항이뇨 호르몬	콩팥에서의 수분 재흡수 촉진(오줌량 감소)
갑상샘	티록신	세포 호흡 촉진
부신	아드레날린	혈당량 증가, 심장 박동 촉진, 혈압 상승
이자	글루카곤	간에 작용하여 혈당량 증가
	인슐린	간에 작용하여 혈당량 감소
난소	에스트로겐	여성의 2차 성징[+] 발현, 난자 생성
정소	테스토스테론	남성의 2차 성징 발현, 정자 생성

+ 2차 성징
청소년기에 성호르몬의 분비가 활발해지면서 남성과 여성으로서의 여러 특징이 나타나는 것을 말한다.

쏙쏙 이해 더하기 **청소년기의 신체 변화와 호르몬**

• 2차 성징: 청소년기에 성호르몬의 분비량 증가로 남자와 여자에게 나타나는 몸의 특징적인 변화
• 2차 성징의 원인: 생식샘 자극 호르몬과 성호르몬 분비의 증가

성별	남자	여자
작용 호르몬	테스토스테론	에스트로겐
신체 변화	• 수염이 나고, 목소리가 굵어진다. • 근육 발달 • 정소에서 정자를 생산	• 피하 지방이 두꺼워지고, 가슴과 엉덩이가 커진다. • 월경 시작 • 난소에서 난자를 생산

4. 호르몬의 결핍증과 과다증

호르몬	결핍증과 과다증	
생장 호르몬	결핍	소인증
	과다	거인증, 말단 비대증

티록신	결핍	갑상샘 기능 저하증
	과다	갑상샘 기능 항진증
인슐린	결핍	당뇨병

5. 항상성 조절

(1) **항상성 조절**: 간뇌의 시상 하부⁺에서 신경계와 호르몬의 작용을 조절하여 항상성을 유지함(피드백 작용)

(2) **항상성 조절의 예**

① 티록신 분비량 조절

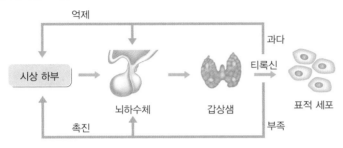

티록신 분비 과다	뇌하수체 작용 억제 → 갑상샘 자극 호르몬 분비 감소 → 갑상샘 작용 억제 → 티록신 분비량 감소
티록신 분비 부족	뇌하수체 작용 촉진 → 갑상샘 자극 호르몬 분비 증가 → 갑상샘 작용 촉진 → 티록신 분비량 증가

② 혈당량 조절⁺

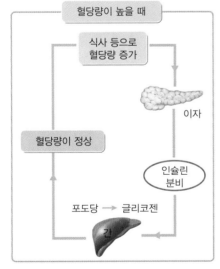
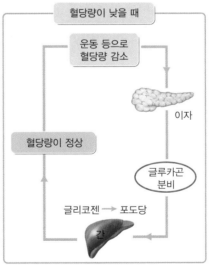

혈당량 높을 때	• 이자에서 인슐린 분비 • 간에서 포도당을 글리코젠으로 합성 촉진, 세포에서 혈액 속 포도당 흡수 촉진 → 혈당량 감소
혈당량 낮을 때	• 이자에서 글루카곤 분비 • 간에서 글리코젠을 포도당으로 분해 촉진 → 혈당량 증가

＋ 시상 하부

간뇌 아래쪽에 있고 뇌하수체로 이어지는 부분

참고 항상성의 예

• 혈당량을 0.1%로 유지
• 체온을 37℃로 유지
• 체액의 농도 유지

＋ 혈당량 조절

이자에서 분비되는 인슐린과 글루카곤이 간에 작용하여 혈당량을 일정하게 유지한다.

꼼꼼 단어 돋보기

● **피드백**

원인에 의해 나타난 결과가 다시 원인에 작용해 결과를 조절하는 자동 조절 원리

③ 체액의 농도 조절(체내 수분량 조절)

항이뇨 호르몬이 콩팥에 작용하여 수분의 재흡수를 조절하여 체내 수분량을 유지함

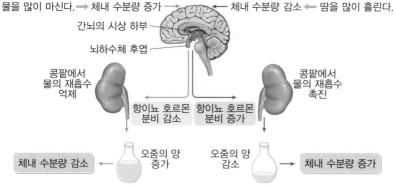

체액 농도 낮을 때	뇌하수체에서 항이뇨 호르몬 분비 감소 → 콩팥에서 물의 재흡수 억제 → 오줌량 증가, 체내 수분량 감소(체액 농도 증가)
체액 농도 높을 때	뇌하수체에서 항이뇨 호르몬 분비 증가 → 콩팥에서 물의 재흡수 촉진 → 오줌량 감소, 체내 수분량 증가(체액 농도 감소)

④ 체액의 농도 조절의 예

땀을 많이 흘리면 몸속 물의 양이 상대적으로 부족해진다.

⬇

체액의 농도가 높아진다.

⬇

뇌하수체에서 항이뇨 호르몬이 분비된다.

⬇

콩팥에서 물의 재흡수가 촉진되어 오줌으로 나가는 물의 양이 줄어든다.

⬇

오줌의 양이 줄어든다.

⬇

몸속 물의 양과 체액의 농도가 일정하게 유지된다.

콕콕 개념 확인하기

1. 내분비샘에서 분비되는 것은?
2. 이자에서 만들어지는 호르몬 중 혈당을 감소시키는 호르몬은?
3. 정소에서 분비되는 남성 호르몬은?

답 1. 호르몬 2. 인슐린 3. 테스토스테론

탄탄 실력 다지기

정답과 해설 8쪽

01 축구 선수가 공을 보고 차는 행동이 일어나기까지의 자극에 대한 반응 경로에서 ㉠에 알맞은 것은?

2014년 2회

자극 → 감각 신경 → (㉠) → 운동 신경 → 반응

① 간
② 대뇌
③ 쓸개
④ 이자

02 다음 설명에 해당하는 호르몬은? 2014년 2회

- 분비량이 부족하면 당뇨병에 걸린다.
- 이자에서 분비되며 혈당량을 감소시킨다.

① 인슐린
② 티록신
③ 아드레날린
④ 테스토스테론

03 다음 설명에 해당하는 것은? 2016년 2회

- 좌우 두 개의 반구로 이루어져 있다.
- 기억, 추리, 분석 등 고등 정신 활동을 담당한다.

① 간뇌
② 대뇌
③ 연수
④ 중간뇌

04 다음 설명에 해당하는 호르몬은? 2017년 1회

- 난소에서 분비된다.
- 월경과 배란을 일으킨다.

① 인슐린
② 티록신
③ 아드레날린
④ 여성 호르몬

05 다음 설명에 해당하는 중추 신경은? 2017년 2회

- 등뼈인 척추 속에 들어 있는 신경 세포 다발이다.
- 무릎 반사의 중추이다.

① 간뇌
② 소뇌
③ 척수
④ 중간뇌

06 그림은 사람의 내분비샘을 나타낸 것이다. 티록신을 분비하는 곳은?　　2017년 2회

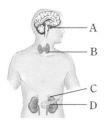

① A
② B
③ C
④ D

07 남성 호르몬을 분비하고 생식 세포 분열에 의해 정자가 생성되는 기관은?　　2018년 2회

① 이자
② 정소
③ 갑상샘
④ 뇌하수체

08 그림은 사람의 중추 신경계 일부를 나타낸 것이다. A~D 중 척추 속으로 뻗어있으며, 무릎 반사 운동의 중추는?　　2018년 2회

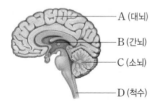

A (대뇌)
B (간뇌)
C (소뇌)
D (척수)

① A
② B
③ C
④ D

09 다음 중 뇌와 척수를 이루는 뉴런의 종류는?

① 감각 뉴런
② 연합 뉴런
③ 운동 뉴런
④ 시냅스

10 중추 신경계 중 체온 조절, 삼투압 조절, 혈당량 조절 등의 역할을 하는 곳은?

① 대뇌
② 간뇌
③ 중간뇌
④ 척수

주목
11 사람이 보거나 들은 것을 판단하고, 슬픔과 기쁨을 느끼게 해 주는 뇌는?

① 대뇌
② 연수
③ 소뇌
④ 중뇌

12 신 자두를 생각하면 입안에 침이 고인다. 이와 같은 무의식적인 반응의 중추는?

① 대뇌
② 척수
③ 연수
④ 중뇌

13 다음 중 항이뇨 호르몬의 기능은?

① 콩팥에서 수분의 재흡수 촉진
② 혈당량 감소
③ 생장 촉진
④ 여성의 난자 생성 촉진

14 다음 중 내분비샘에서 만들어지는 것은?

① 침
② 땀
③ 펩신
④ 호르몬

15 다음 중 이자에서 만들어지는 호르몬은?

① 항이뇨 호르몬
② 인슐린
③ 에스트로젠
④ 프로게스테론

16 다음 중 정자 생성을 촉진시키는 호르몬은?

① 아드레날린
② 인슐린
③ 글루카곤
④ 테스토스테론

17 외부 환경이 변해도 몸속의 상태를 항상 일정하게 유지하려는 성질은?

① 조건 반사
② 무조건 반사
③ 항상성
④ 호르몬 이상

08 염색체와 체세포 분열

1 염색체

☆ 1. 염색체

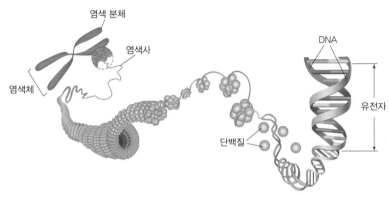

☆ (1) 염색체
① 유전 물질인 DNA와 단백질로 구성되어 있고, 유전 정보를 전달함
② 세포 분열 시에만 관찰됨

(2) 염색 분체: 하나의 염색체를 이루는 각각의 가닥으로, 유전 정보가 같음

(3) 유전자
① 생물의 특징을 결정하는 유전 정보가 저장된 DNA의 특정 부분
② 하나의 DNA에는 여러 개의 유전자가 존재

2. 상동 염색체[+]
체세포에 들어 있는 모양과 크기가 같은 한 쌍의 염색체
➡ 부모로부터 각각 1개씩 물려받음

3. 사람의 염색체
사람의 체세포에는 46개(23쌍)의 염색체가 있음
➡ 44개(22쌍)의 상염색체 + 2개(1쌍)의 성염색체

＋ 상동 염색체

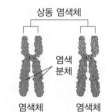

상동 염색체

염색 분체

염색체   염색체

참고 염색체의 종류
· 상염색체: 암수 공통으로 가지는 염색체
· 성염색체: 암수를 결정하는 1쌍의 염색체 → 사람의 성염색체는 남자는 XY, 여자는 XX이다.

🔍 꼼꼼 단어 돋보기

● 체세포
생식 세포를 제외한 동식물을 구성하는 모든 세포

콕콕 개념 확인하기

1. 염색체는 유전 물질인 _____(와)과 단백질로 구성되어 있다.
2. 체세포에 들어 있는 모양과 크기가 같은 염색체 쌍을 _____(이)라고 한다.

답 1. DNA 2. 상동 염색체

② 체세포 분열

1. 세포 분열

(1) 세포 분열이 일어나는 이유
① 생식을 하기 위해서
  ➡ 무성 생식, 유성 생식 모두 세포 분열을 통해 일어남
② 세포가 외부와 물질 교환을 효율적으로 하기 위해서
  ➡ 세포가 커질수록 부피에 대한 표면적의 비가 작아져 물질 교환이 어려워짐

(2) 세포 분열의 종류
① 체세포 분열: 생장, 재생, 단세포 생물의 생식
  [분열 장소] 식물 — 생장점, 형성층
        동물 — 온몸의 체세포
② 생식 세포 분열: 다세포 생물의 생식
  [분열 장소] 식물 — 꽃밥, 밑씨
        동물 — 정소, 난소

2. 체세포 분열
한 개의 세포가 둘로 나누어지는 것 ➡ 생장, 재생, 생식이 이루어짐

(1) 체세포 분열의 의의
① 생장: 세포 수를 늘려 몸집이 커지는 생장을 함
② 재생: 새로운 세포를 만들어 상처를 아물게 함
③ 생식: 무성 생식을 하는 생물은 체세포 분열로 개체 수를 늘려 번식함

☆(2) 핵분열

	분열 과정	특징
간기		• 세포 주기 중 가장 긴 시기 • 핵막과 인이 관찰됨 • 염색체는 관찰되지 않고, 염색사 형태로 존재 • DNA가 복제되어 2배로 증가
분열기 (핵분열) 전기		• 염색체가 나타남 ➡ 염색사가 응축하여 2개의 염색 분체로 구성된 염색체 형성 • 핵막과 인이 사라짐 • 방추사 형성
중기		• 방추사가 염색체에 붙음 • 염색체가 적도면에 배열 • 염색체 관찰하기 가장 적합한 시기
후기		• 방추사가 짧아지면서 염색 분체가 분리되어 양극으로 이동 • 분리된 염색 분체는 각각 하나의 염색체가 됨
말기		• 염색체가 풀어져 염색사가 됨 • 핵막과 인이 나타남 ➡ 2개의 핵 • 방추사가 사라지면 세포질 분열 시작 • 2개의 딸세포 형성

🔍 **꼼꼼 단어 돋보기**

● 방추사
염색체를 이동시키는 가느다란 실 모양의 구조물

(3) 세포질 분열

식물 세포	동물 세포
세포판 형성 ➡ 세포 중앙에 형성된 세포판이 세포 안쪽에서 바깥쪽으로 자라서 세포질이 둘로 나뉨	세포질 함입 ➡ 적도면 부근에서 세포막이 바깥쪽에서 안쪽으로 밀려 들어오면서 세포질이 둘로 나뉨

(4) 체세포 분열의 결과
① 분열 전(모세포)과 분열 후(딸세포)의 염색체 수는 같음
② 염색체 수, 모양, 유전 정보가 모세포와 동일한 두 개의 딸세포가 만들어짐

콕콕 개념 확인하기

1. 세포 주기 중 DNA가 복제되는 시기는?
2. 체세포 분열 중 염색체 관찰에 가장 좋은 시기는?
3. 세포질 분열 시 식물 세포는 세포 중앙에 형성된 _____(이)가 세포 안쪽에서 바깥쪽으로 자라서 세포질이 둘로 나누어진다.

답 1. 간기 2. 중기 3. 세포판

참고 모세포와 딸세포

세포 분열 전의 세포를 모세포라 하고, 세포 분열 후 새로 만들어진 두 개의 세포를 딸세포라고 한다.

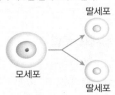

🔍 꼼꼼 단어 돋보기

● 함입

동물 세포의 세포질 분열 과정에서 세포질이 세포 바깥쪽에서 안쪽으로 들어간다는 뜻

01 생물이 생장할 때 몸의 크기를 결정하는 가장 큰 요인은? 　2012년 1회

① 세포의 수
② 세포의 크기
③ 핵의 크기
④ 염색체의 크기

02 사람의 염색체에 대한 설명으로 옳은 것은? 　2013년 1회

① 여자의 성염색체는 XY이다.
② 남·여의 염색체 수는 다르다.
③ 부모로부터 각각 22개씩 물려받았다.
④ 유전 정보를 가지는 DNA를 포함한다.

03 그림은 식물의 체세포 분열 과정 중 한 단계를 나타낸 것이다. 염색사가 뭉쳐서 된 A의 명칭은? 　2016년 2회

① 액포
② 세포판
③ 염색체
④ 미토콘드리아

04 그림은 체세포 분열 과정 중 중기 단계를 나타낸 것이다. 중기 다음인 후기 단계에 해당하는 것은? 2017년 1회

<중기 단계>

①
②
③
④

05 다음 중 염색체가 사라지고 핵막이 나타나 2개의 핵이 생기는 동물의 체세포 분열 말기의 모습은? 　2018년 2회

①
②
③
④

06 염색체에 대한 설명으로 옳지 <u>않은</u> 것은?

① 사람의 염색체는 44개이다.

② 여성의 성염색체는 XX이다.

③ 남성의 염색체는 44+XY이다.

④ 세포 분열이 일어날 때만 관찰할 수 있다.

07 다음의 염색체에 대한 설명으로 옳지 <u>않은</u> 것은?

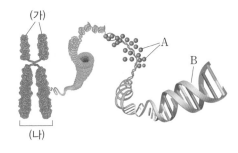

① A는 단백질, B는 DNA이다.

② B는 유전 물질이다.

③ (가)는 상동 염색체이다.

④ (나)는 세포 분열 시에만 관찰할 수 있다.

주목

08 체세포 분열에 대한 설명으로 옳지 <u>않은</u> 것은?

① 2개의 딸세포가 생긴다.

② 분열 후 딸세포의 염색체 수는 분열 전과 같다.

③ 다세포 생물의 생식을 하기 위한 분열이다.

④ 식물의 생장점과 형성층에서 활발히 일어난다.

09 방추사가 붙고 염색체가 중앙에 배열되어 관찰이 가장 잘 되는 세포 분열 시기는?

① 전기

② 중기

③ 후기

④ 말기

주목

10 다음 중 체세포 분열 과정을 순서대로 옳게 나열한 것은?

A   B   C   D   E

① A → B → C → D → E

② B → A → C → D → E

③ B → C → D → A → E

④ D → E → A → B → C

09 I 생물
생식 세포 분열과 발생

1 생식 세포 분열

1. 생식
생물이 자신과 닮은 자손을 만들어 종족을 유지하는 것

(1) 무성 생식: 암수 생식 세포 결합 없이 자손을 만드는 생식 방법으로, 모체와 유전적으로 같은 자손이 만들어짐
  ① **분열법:** 세포 분열이 곧 생식으로, 생식 방법이 간단하고 빠름 **예** 세균, 아메바 등
  ② **출아법:** 몸의 일부가 혹처럼 자란 후 떨어져 나옴 **예** 효모, 히드라 등
  ③ **포자 생식:** 일부에서 포자를 만들어 싹이 터서 새로운 개체가 됨 **예** 버섯, 곰팡이 등
  ④ **영양 생식:** 꽃이 피는 식물의 영양 기관(뿌리, 줄기, 잎) 일부가 새로운 개체가 됨
     예 기는 줄기, 땅속줄기, 접붙이기 등

(2) 유성 생식: 암수가 각각 생식 세포를 만들고, 이 생식 세포가 결합하여 자손을 만드는 생식 방법
  ① **식물:** 암술 밑씨의 난세포와 수술 꽃밥에서 생성된 꽃가루가 결합하여 씨(종자)를 만들어 번식 **예** 봉선화, 민들레 등
  ② **동물:** 난소에서 생성된 난자와 정소에서 생성된 정자가 결합하여 자손을 만들어 번식 **예** 사람, 개, 닭 등

> **➕ 유성 생식의 장점**
> 다양한 형질을 지닌 자손이 나타나므로 환경 적응성이 높아 종족을 유지하는 데 유리하다.

쏙쏙 이해 더하기 　무성 생식과 유성 생식의 비교

구분	무성 생식	유성 생식
생식 세포 결합	생식 세포 결합 없이 자손 생성	생식 세포 결합으로 자손 생성
생식 과정	단순	복잡
번식 속도	적당한 환경에서는 빠름	무성 생식에 비해 느림
자손의 형질 다양성	다양하지 않음	다양
환경 적응성	낮음	높음

⭐ 2. 생식 세포 분열

(1) 생식 세포 분열
  ① 유성 생식을 하는 생물의 생식 세포를 만들기 위해 일어나는 세포 분열
  ② 감수 1분열과 감수 2분열이 연속으로 일어남
  ③ **생식 세포 분열의 의의:** 생식 세포의 분열은 분열 전(모세포)과 모든 분열 후(딸세포)의 염색체 수가 반으로 줄어들기 때문에, 세대를 거듭해도 생물의 염색체 수가 일정하게 유지됨 ➡ 염색체 수가 반으로 줄어들므로 감수 분열이라고도 함

> **🔎 꼼꼼 단어 돋보기**
>
> ● **감수 분열**
> 염색체 수가 반으로 줄어드는 세포 분열

(2) 감수 1분열: 염색체 수가 반이 되고, 상동 염색체가 분리됨

		분열 과정	특징
간기			• 세포 주기 중 가장 긴 시기 • 핵막과 인 • 염색체는 관찰되지 않음 • DNA가 복제되어 2배
감수 1분열	전기		• 상동 염색체끼리 접합하여 2가 염색체를 형성 • 핵막과 인 사라짐 • 방추사가 나타남
	중기		• 2가 염색체가 적도면에 배열 • 방추사가 염색체에 붙음 • 염색체를 관찰하기 가장 적합한 시기
	후기		• 상동 염색체가 분리되어 방추사에 의해 양극으로 이동
	말기		• 핵막과 인이 나타남 • 2개의 딸세포 형성 • 방추사가 사라지면 세포질 분열 시작 • 딸세포의 염색체 수는 모세포 염색체 수의 절반임

✚ 2가 염색체

감수 1분열 전기에 상동 염색체가 접합하여 만들어진 염색체

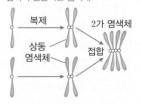

(3) 감수 2분열: 염색체 수가 변함없고, 염색 분체로 분리됨

		분열 과정	특징
감수 2분열	전기		• 간기 없이 1분열 말기에서 연속되어 일어남 • 핵막과 인이 사라지고 방추사가 형성 • 염색체가 나타남
	중기		• 염색체가 적도면에 배열 • 방추사가 염색체에 붙음
	후기		• 염색 분체가 분리되어 방추사에 의해 양극으로 이동
	말기		• 염색체가 염색사로 풀림 • 핵막과 인이 나타남 • 4개의 딸세포 형성 • 방추사가 사라지면 세포질 분열 시작

(4) 생식 세포 분열의 특징

① 세포 분열이 두 번 연속으로 일어남

② 감수 1분열 전기에 2가 염색체가 나타남

③ 생식 세포 분열 결과, 염색체 수가 모세포의 절반인 딸세포 4개가 만들어짐

쏙쏙 이해 더하기　체세포 분열과 생식 세포 분열 비교

체세포 분열	구분			생식 세포 분열
다세포 생물의 생장, 재생	목적			다세포 생물의 생식
생장점, 형성층	식물	일어나는 장소	식물	수술의 꽃밥, 암수의 밑씨
온몸의 체세포	동물		동물	정소, 난소
1회	분열 횟수			연속 2회
변함 없음	염색체 수			반으로 줄어듦

콕콕 개념 확인하기

1. 정자 또는 난자를 만드는 세포 분열은?

2. 감수 1분열의 전기에 상동 염색체가 결합하여 _____(을)를 형성한다.

답　1. 생식 세포 분열　2. 2가 염색체

2 발생

1. 생식 세포

정자	구분	난자
	생성 장소	
있음	운동성	없음
작음	크기	큼
없음	영양분	있음
23개	염색체 수	23개

정자: 머리 부분 — 핵, 미토콘드리아 / 꼬리 부분
생성 장소: 정소 / 난소
난자: 투명대, 세포질, 핵

쏙쏙 이해 더하기　사람의 생식 기관

• 남성의 생식 기관

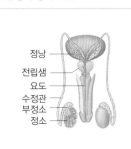

정낭
전립샘
요도
수정관
부정소
정소

정소	정자를 만들고, 남성 호르몬을 분비함
부정소	정자가 잠시 저장되어 성숙하면서 운동성을 갖추는 곳
수정관	정자가 이동하는 통로
전립샘	정액을 이루는 물질을 만들고 분비함(=정낭)
요도	정자가 나가는 통로
정자의 이동 경로	정소 → 부정소 → 수정관 → 요도 → 몸 밖

• 여성의 생식 기관

난소	난자를 만들고, 여성 호르몬을 분비함
수란관	난자가 자궁으로 이동하는 통로로, 수정이 일어나는 곳
자궁	태아가 자라는 곳
질	정자가 들어오고, 출산 시 태아가 나가는 통로
난자의 이동 경로	난소 → 수란관 → 자궁 → 질 → 몸 밖

2. 사람의 발생

(1) **발생**: 수정란이 세포 분열을 거듭하여 하나의 개체가 되기까지의 과정

(2) **배란에서 착상까지**

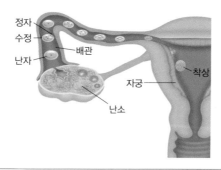

배란	일정한 주기로 난소에서 난자가 수란관으로 배출되는 현상
수정	정자와 난자가 결합하는 것 ➡ 수정란의 형성
난할	• 수정란의 초기 세포 분열로, 체세포 분열의 일종 • 빠르게 반복되며, 딸세포의 크기가 커지는 시기가 없어, 세포 수는 증가하고 세포 1개의 크기는 작아짐
착상	수정 후 약 1주일이 지나 포배 상태로 자궁 내막에 파묻힘

(3) **태반 형성**: 착상 이후 태아와 모체를 연결하는 태반이 만들어져 이를 통해 태아와 모체 사이의 물질 교환이 일어남

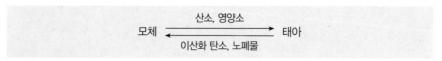

(4) **출산**: 수정 후 6주 이내 대부분의 기관이 형성되며, 수정된 지 약 266일 후 출산

콕콕 개념 확인하기

1. 수정란이 하나의 개체가 되기까지의 과정을 _____(이)라고 한다.
2. 남성의 생식 세포는 _____(이)고, 여성의 생식 세포는 _____(이)다.
3. 임신의 과정은 배란 → _____ → 난할 → 착상 → 임신이다.

답 1. 발생 2. 정자, 난자 3. 수정

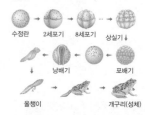

참고 개구리의 발생 과정

수정란 2세포기 8세포기 상실기
낭배기 포배기
올챙이 개구리(성체)

참고 여성의 생식 주기

배란과 월경은 모두 약 28일 주기로 일어난다. 월경은 배란된 난자가 수정되지 않았을 때, 두꺼워진 자궁 내막이 허물어져 혈액과 함께 몸 밖으로 배출되는 현상이다.

참고 수정 후 8주가 되면 태아의 주요 기관이 대부분 형성되므로, 8주 이전까지는 배아, 8주 이후부터는 태아라고 한다.

🔍 꼼꼼 단어 돋보기

● 포배
안쪽 빈 공간이 있는 세포 덩어리

탄탄 실력 다지기

정답과 해설 **10**쪽

01 사람의 정자와 난자가 수정된 수정란이 자궁 내벽에 자리를 잡는 현상은? 2013년 1회

① 배란
② 월경
③ 착상
④ 출산

02 다음에서 설명하는 것은? 2014년 1회

- 생식 기관에서 생식 세포를 만드는 세포 분열이다.
- 분열 결과, 염색체 수가 반으로 줄어든다.

① 세포 복제
② 세포 융합
③ 체세포 분열
④ 생식 세포 분열

03 생식 세포 분열에 대한 설명으로 옳은 것은? 2014년 2회

① 생물이 생장한다.
② 식물 세포에서만 일어난다.
③ 2개의 세포가 결합하여 1개의 세포가 된다.
④ 생식 기관에서 생식 세포가 만들어지는 과정이다.

04 다음 설명에 해당하는 기관은? 2015년 1회

- 수정란이 착상하는 곳이다.
- 임신 후 태아가 자라는 곳이다.

① 요도
② 자궁
③ 정소
④ 전립샘

05 사람이 태어나기까지의 과정을 〈보기〉에서 옳게 나열한 것은? 2012년 1회

보기

ㄱ. 수정   ㄴ. 배란   ㄷ. 임신   ㄹ. 출산

① ㄱ → ㄴ → ㄹ → ㄷ
② ㄴ → ㄱ → ㄷ → ㄹ
③ ㄷ → ㄱ → ㄴ → ㄹ
④ ㄹ → ㄴ → ㄷ → ㄱ

06 다음 설명에 해당하는 여성의 생리적 변화는? 2015년 2회

약 한 달에 한 번씩 두껍게 발달한 자궁 내막이 허물어져 혈액과 함께 몸 밖으로 배출된다.

① 임신   ② 월경
③ 착상   ④ 출산

07 임신 과정 중 착상에 대한 설명으로 옳은 것은?

2016년 1회

① 정자와 난자가 결합하는 것이다.
② 난소에서 난자가 방출되는 과정이다.
③ 수정란이 자궁 내벽에 자리를 잡는 현상이다.
④ 자궁 속 태아가 어머니의 몸 밖으로 나오는 것이다.

08 그림은 개구리의 발생 과정 일부를 순서 없이 나열한 것이다. 발생 과정을 순서대로 나열한 것은? 2019년 1회

(가)　　　(나)　　　(다)　　　(라)

① (가) → (다) → (라) → (나)
② (나) → (라) → (가) → (다)
③ (다) → (가) → (나) → (라)
④ (라) → (나) → (다) → (가)

09 생식 세포 분열에 대한 설명으로 옳지 <u>않은</u> 것은?

① 연속 3번의 분열이 일어난다.
② 4개의 딸세포가 생긴다.
③ 정자와 난자를 만드는 세포 분열이다.
④ 감수 1분열에서 상동 염색체가 분리된다.

10 다음 세포 중 염색체의 수가 <u>다른</u> 것은?

① 정자
② 근육 세포
③ 피부 세포
④ 위 세포

11 남성의 생식 기관 중 정자를 만드는 곳은?

① 정소
② 수정관
③ 부정소
④ 질

주목
12 정자에 대한 설명으로 옳지 <u>않은</u> 것은?

① 운동성이 있다.
② 크기가 작다.
③ 양분이 없다.
④ 염색체 수는 46개이다.

13 난할에 대한 설명으로 옳지 <u>않은</u> 것은?

① 체세포 분열의 일종이다.
② 분열이 거듭될수록 세포 한 개의 크기는 커진다.
③ 분열이 거듭되어도 세포 하나의 염색체 수는 변하지 않는다.
④ 난할이 진행되어도 전체 수정란의 크기는 일정하다.

주목
14 사람의 생식 기관 중 난자와 정자가 만나 수정이 일어나는 곳은?

① 난소
② 자궁
③ 수정관
④ 수란관

15 난자를 만드는 사람의 생식 기관은?

① 정소
② 난소
③ 전립선
④ 부정소

16 수정란이 하나의 개체가 되기까지의 과정을 무엇이라고 하나?

① 착상
② 수정
③ 발생
④ 난할

17 다음 중 사람의 임신 과정과 그 설명이 옳게 짝 지어진 것은?

① 배란－난자가 배출되는 현상
② 수정－수정란이 자궁 내막에 파묻힘
③ 착상－정자와 난자의 결합
④ 임신－수정 후 약 38주 후 자궁의 수축이 일어남

18 모체와 태아 사이에 산소와 이산화 탄소, 양분과 노폐물의 교환이 이루어지는 곳은?

① 태반
② 양수
③ 자궁
④ 수란관

10 Ⅰ 생물
유전

1 유전

1. 유전
부모의 형질이 자손에게 전달되는 것

(1) 유전 용어⁺

형질	생물체가 가지는 여러 가지 모양이나 성질 예) 완두의 키, 완두의 모양, 완두의 색깔
대립 형질	• 서로 대립 관계에 있는 형질 • 대립 형질은 상동 염색체의 같은 위치에 있는 대립 유전자에 의해 나타남 예) 키 큰 완두 ↔ 키 작은 완두, 둥근 완두 ↔ 주름진 완두
순종(호모)	한 형질을 나타내는 유전자의 구성이 같은 것 예) YY, RR, tt, RRYY
잡종(헤테로)	한 형질을 나타내는 유전자의 구성이 다른 것 예) Yy, Rr, Tt, RrYy
우성	순종의 대립 형질 교배 시 잡종 제1대에서 나타나는 형질
열성	순종의 대립 형질 교배 시 잡종 제1대에서 나타나지 않는 형질
유전자형	• 형질을 나타내는 유전자의 조합을 기호로 나타낸 것 • 우성은 알파벳 대문자, 열성은 알파벳 소문자로 나타냄 예) YY, yy, TT, tt
표현형	겉으로 드러나는 형질 예) 완두의 모양이 둥글다. 완두의 색깔이 황색이다.

⁺ 유전 용어
• 유전자: 형질을 결정하는 것
• 염색체: 유전자를 포함한 것

(2) 멘델의 유전 연구: 완두가 유전 연구의 재료로 좋은 이유
① 대립 형질이 뚜렷함
② 구하기 쉽고, 재배가 간편함
③ 자손의 수가 많고, 한 세대가 짧음
④ 자가 수분⁺이 잘 되므로 순종을 얻기 쉬움

⁺ 자가 수분
한 식물 안에서 자신의 꽃가루를 자신의 암술에 붙이는 현상을 말한다.

쏙쏙 이해 더하기 완두의 7가지 대립 형질

구분	씨 색깔	씨 모양	꽃 색깔	꽃 위치	콩깍지 모양	콩깍지 색깔	줄기의 키
우성	황색	둥긂	보라색	줄기 곁	매끈함	녹색	큼
열성	녹색	주름짐	흰색	줄기 끝	주름짐	황색	작음

🔍 꼼꼼 단어 돋보기

● 교배
인위적으로 생물의 암수를 수정하여 다음 세대를 얻는 것

2. 멘델의 유전 원리

(1) **우성과 열성(우열의 원리)**: 순종의 대립 형질끼리 교배했을 때 잡종 제1대에서 우성 형질만 나타남

　　예 순종의 황색 완두(YY)와 녹색 완두(yy)를 교배하였더니 잡종 1대에서 우성 형질인 황색 완두(Yy)만 나타 난다.

(2) **분리 법칙**

① 생식 세포가 만들어질 때 한 쌍의 대립 유전자가 분리되어 각각 다른 생식 세포로 들어가는 현상

② 잡종 제1대를 자가 수분시켜 얻은 잡종 제2대의 표현형의 비

　➡ 우성 : 열성=3 : 1

③ 멘델의 완두 교배 실험(I)의 정리

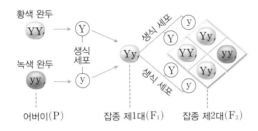

참고 잡종 1대의 황색 완두(Yy)를 자가 수분하였더니 잡종 2대에서 황색 완두와 녹색 완두가 3 : 1로 분리되어 나타나고, 유전자형의 비는 YY : Yy : yy = 1 : 2 : 1의 비로 나타난다.

　　• 표현형의 분리비 ➡ 황색 완두 : 녹색 완두 = 3 : 1
　　• 유전자형의 분리비 ➡ YY : Yy : yy = 1 : 2 : 1

(3) **독립 법칙**

① 두 쌍 이상의 대립 형질이 동시에 유전될 때, 각각의 형질이 다른 형질의 유전에 영향을 주지 않고 독립적으로 유전되는 현상

② 멘델의 완두 교배 실험(II)의 정리

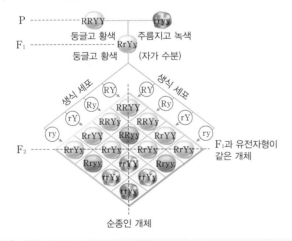

참고 순종인 둥글고 황색인 완두 (RRYY)와 주름지고 녹색인 완두 (rryy)를 교배하였더니, 잡종 제1대에서는 둥글고 황색인 완두(RrYy)만 나타난다. 이 잡종 제1대를 자가 수분하였더니 잡종 제2대 F_2의 분리비가 [둥글고 황색 : 둥글고 녹색 : 주름지고 황색 : 주름지고 녹색 = 9 : 3 : 3 : 1]로 나타난다.

　　• 표현형의 분리비 ➡ 둥글고 황색 : 둥글고 녹색 : 주름지고 황색 : 주름지고 녹색 = 9 : 3 : 3 : 1

3. 중간 유전(분꽃의 꽃잎 색깔 유전)

대립 유전자 사이의 우열 관계가 뚜렷하지 않아 잡종 제1대에서 어버이의 중간 형질 이 나타나는 유전 현상

　　예 분꽃의 꽃잎 색깔, 금어초의 꽃잎 색깔, 팔로미노 말의 털 색깔

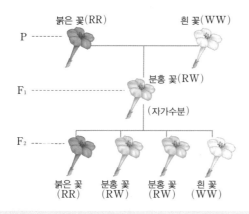

P ---- 붉은 꽃(RR)   흰 꽃(WW)

F₁ ---- 분홍 꽃(RW)

(자가수분)

F₂ ---- 붉은 꽃   분홍 꽃   분홍 꽃   흰 꽃
(RR)   (RW)   (RW)   (WW)

- 표현형의 분리비 ➡ 붉은 꽃 : 분홍 꽃 : 흰 꽃 = 1 : 2 : 1
- 유전자형의 분리비 ➡ RR : RW : WW = 1 : 2 : 1

콕콕 개념 확인하기

1. 유전자 구성에 따라 겉으로 드러나는 형질은?
2. 잡종 제1대를 자가 수분시켜 얻은 잡종 제2대의 표현형의 비
   ➡ 우성 : 열성 = _____ : _____
3. 대립 유전자 사이의 우열 관계가 뚜렷하지 않아 잡종 제1대에서 어버이의 중간 형질이 나타나는 유전 현상은 _____(이)다.

답 1. 표현형 2. 3 : 1 3. 중간 유전

2 사람의 유전 연구

1. 사람의 유전 연구 방법

(1) **가계도 조사**: 특정 유전 형질이 있는 가계에서 형질이 어떻게 유전되는지 알아보는 방법

(2) **쌍둥이 연구**: 쌍둥이 간의 형질을 비교하여 유전과 환경이 형질에 미치는 영향을 알아보는 방법

(3) **통계 조사**: 특정 형질에 대해 많은 사람을 조사하여 얻은 자료를 통계 처리하는 방법

(4) **유전자·염색체 분석**: 염색체의 이상 유무나 유전 질환을 직접적으로 연구하는 방법

쏙쏙 이해 더하기 염색체 이상 증후군

증후군	특징	염색체 수
다운 증후군	21번 염색체가 3개	47개
에드워드 증후군	18번 염색체가 3개	47개
터너 증후군	여성의 X염색체가 1개	45개(44+XO)
클라인펠터 증후군	남성의 XY염색체에 X염색체가 1개 더 있음	47개(44+XXY)

+ 쌍둥이 연구
- 1란성 쌍둥이: 유전자 구성이 동일하므로, 형질 차이는 환경의 영향으로만 발생한다.
- 2란성 쌍둥이: 유전자 구성이 다르므로, 형질 차이는 환경과 유전의 영향이 합쳐져서 나타난다.

참고 사람의 유전 연구가 어려운 이유
- 한 세대가 길다
- 자손의 수가 적다.
- 환경의 영향을 많이 받는다.
- 자유로운 교배가 불가능하다.
- 형질이 복잡하고, 유전자의 수가 많아 분석하기 어렵다.
- 순종을 얻기 힘들다.

🔍 꼼꼼 단어 돋보기

● 가계도
특정 형질을 여러 세대에 걸쳐 조사하여 도표로 나타낸 것

2. 사람의 형질 유전 – 상염색체

상염색체에 존재하는 한 쌍의 대립 유전자에 의해 형질이 결정됨

➡ 성별과 관계없음

(1) 다양한 사람의 유전 형질: 귓불, 혀말기, 미맹, 눈꺼풀, Rh혈액형

유전 형질	귓불		혀말기		미맹	
유전자 우열 관계	분리형(E)>부착형(e)		U자형(R)>수평형(r)		정상(T)>미맹(t)	
표현형	분리형	부착형	U자형	수평형	정상	미맹
유전자형	EE, Ee	ee	RR, Rr	rr	TT, Tt	tt

(2) ABO식 혈액형: 멘델 법칙을 따르지 않고 성별에 관계없이 유전됨

표현형	A형	B형	AB형	O형
유전자형	AA, AO	BB, BO	AB	OO

A와 B 사이에는 우열 관계가 없고, A와 B는 각각 O에 대해 우성(A=B>O)

3. 사람의 형질 유전 – 성염색체

(1) 반성 유전: 형질을 결정하는 유전자가 X염색체에 있어 남녀 모두에게 나타나지만, 남녀에 따라 형질이 나타나는 빈도가 달라지는 유전 현상

① **색맹:** 색깔의 일부를 잘 구별하지 못하는 눈의 이상으로, 여자보다 남자에서 더 많이 나타남

구분	남자		여자		
표현형	정상	색맹	정상	정상(보인자)	색맹
유전자형	XY	X′Y	XX	XX′	X′X′

② **혈우병:** 혈액 응고 인자 결핍으로 혈액 응고가 되지 않아 출혈이 계속되는 유전병으로, 정상에 대해 열성으로 유전됨

구분	남자		여자		
표현형	정상	혈우병	정상	정상(보인자)	혈우병
유전자형	XY	X′Y	XX	XX′	X′X′

(2) 한성 유전: 형질을 결정하는 유전자가 Y염색체에 있어, 유전자가 아버지에게서 아들에게로만 전달되므로, 형질이 남자에서만 나타남

+ ABO식 혈액형의 예

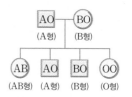

+ 색맹 유전의 예

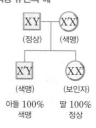

아들 100% 색맹 / 딸 100% 정상

+ 보인자

유전자를 1개만 가지는 경우로, 표현형은 정상으로 나타난다.

+ 한성 유전의 예

귓속털 과다증

콕콕 개념 확인하기

1. A형의 유전자형은 _____(와)과 _____(이)다.
2. 색맹과 혈우병은 _____ 유전이다.

답 1. AO, AA 2. 반성

꼼꼼 단어 돋보기

● 미맹
PTC 용액에 대해 쓴맛을 못느끼는 형질

탄탄 실력 다지기

정답과 해설 11쪽

01 그림은 잡종인 둥근 씨(Rr) 완두끼리 교배하여 얻은 자식대의 유전자형과 표현형을 나타낸 것이다.

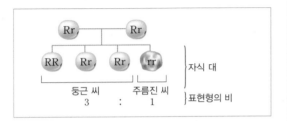

자식 대에서 얻은 씨가 모두 200개라면, 이 중 주름진 씨는 확률적으로 몇 개일까?   2012년 1회

① 200개   ② 150개
③ 100개   ④ 50개

02 다음은 영희 가족의 ABO식 혈액형에 대한 자료이다. 영희가 A형일 확률은? (단, 돌연변이는 없다.)
2012년 1회

• 영희의 아버지는 AB형이다.
• 영희의 외할아버지와 외할머니는 모두 O형이다.

① 100%   ② 75%
③ 50%   ④ 25%

03 다음 설명에 해당하는 것은?   2016년 1회

• 형질을 결정하는 유전자가 X 염색체에 있다.
• 성별에 따라 형질이 나타나는 빈도가 다르다.
• 혈우병, 적록 색맹 유전이 대표적이다.

① 중간 유전   ② 반성 유전
③ 복대립 유전   ④ 다인자 유전

04 순종의 둥근 완두(RR)와 주름진 완두(rr)를 교배하여 잡종 1대에서 모두 둥근 완두를 얻었다. 잡종 1대의 유전자형은? (단, 돌연변이는 고려하지 않는다.) 2016년 2회

① R   ② r
③ Rr   ④ rr

05 부모의 혈액형이 모두 AB형인 경우 이들 사이의 자녀에게서 나타날 수 <u>없는</u> 혈액형은? (단, 돌연변이는 없다.)   2017년 1회

① A형   ② B형
③ O형   ④ AB형

06 그림은 어느 집안의 ABO식 혈액형 가계도 일부를 나타낸 것이다. (가)의 혈액형으로 가능한 ABO식 혈액형 종류의 수는? (단, 돌연변이는 없다.)   2018년 1회

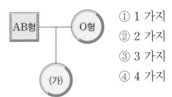

① 1 가지
② 2 가지
③ 3 가지
④ 4 가지

07 순종의 빨간색 분꽃과 흰색 분꽃을 교배하였더니 잡종 제 1대에서 모두 중간 형질인 분홍색 분꽃이 나왔다. 다음 중 이와 같은 유전 현상은?   2018년 2회

① 반성 유전   ② 중간 유전
③ 다인자 유전   ④ 복대립 유전

08 다음 설명에 해당하는 사람의 유전은? 2019년 1회

> • 색깔을 잘 구별하지 못하는 형질의 유전이다.
> • 성염색체에 의한 유전이다.

① 귓불 유전　　　　　② 색맹 유전
③ 보조개 유전　　　　④ 혀말기 유전

주목
09 대립 유전자 사이의 우열 관계가 뚜렷하지 않아 잡종 제 1대에서 어버이의 중간 형질이 나타나는 유전 현상은?

① 중간 유전　　　　　② 독립 유전
③ 우열 유전　　　　　④ 분리 유전

10 순종인 황색 완두(YY)와 순종인 녹색 완두(yy)를 교배하면 나타나는 잡종 제1대의 완두는?

① 황색 완두(YY)　　　② 황색 완두(Yy)
③ 녹색 완두(Yy)　　　④ 녹색 완두(yy)

11 잡종인 둥근 완두(Rr)를 자가 수분하여 얻은 완두씨가 400개라면 주름진 씨는 확률적으로 몇 개인가?

① 200개　　　　　　② 150개
③ 100개　　　　　　④ 50개

12 사람의 유전 연구가 어려운 이유로 옳지 <u>않은</u> 것은?

① 한 세대가 길다.
② 한 세대의 자손이 많다.
③ 자유 교배가 되지 않는다.
④ 환경의 영향을 많이 받는다.

13 다음 중 색맹인 사람의 유전자형은?

① 남자 − XY　　　　② 남자 − X'Y
③ 여자 − XX　　　　④ 여자 − XX'

14 다음 중 반성 유전인 것은?

① 귓불의 모양　　　　② 혀 말기
③ 미맹　　　　　　　④ 색맹

15 ABO식 혈액형 유전에 대한 설명으로 옳지 <u>않은</u> 것은?

① 표현형이 6가지이다.
② A형의 유전자형은 2가지이다.
③ 유전자 A는 유전자 O에 대하여 우성이다.
④ 유전자 A와 B 사이에는 우열 관계가 없다.

16 자녀에게서 A형, AB형, B형, O형의 혈액형이 모두 나올 수 있는 부모의 유전자형은?

① AA×BO　　　　　② AA×BB
③ AO×BO　　　　　④ AB×AO

17 혈액형이 O형인 자녀가 태어날 수 <u>없는</u> 부모의 혈액형은?

① A형×A형　　　　　② A형×B형
③ B형×O형　　　　　④ AB형×O형

주목
18 다음 혈액형 가계도에서 (가)의 혈액형과 유전자형은?

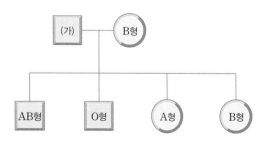

① A형, AA　　　　　② A형, AO
③ AB형, AB　　　　④ O형, OO

노력을 이기는 재능은 없고
노력을 외면하는 결과도 없다.

– 이창호 프로 바둑 기사

물 리

11 힘

12 운동

13 열과 우리 생활

14 빛

15 파동

16 일과 에너지

17 에너지 전환과 보존

18 전기

19 전류, 전압, 전기 저항

20 전기 에너지, 전류의 자기 작용

11 Ⅱ 물리
힘

1 힘

1. 힘
물체의 모양이나 운동 상태를 변하게 하는 원인

(1) 힘의 효과: 물체에 힘이 작용하면 물체의 모양이나 운동 상태(물체의 속력과 운동 방향)가 달라짐

   ① 모양의 변화(변형) **예** 유리컵이 깨질 때, 찰흙을 반죽할 때

   ② 운동 상태의 변화 **예** 공이 굴러갈 때, 사과가 나무에서 떨어질 때

   ③ 모양과 운동 상태가 동시에 변화 **예** 축구공을 발로 세게 찰 때, 고무풍선을 손으로 세게 칠 때

(2) 힘의 단위: N(뉴턴)

(3) 힘의 표시

   ① 힘의 크기: 화살표의 길이

   ② 힘의 방향: 화살표의 방향

   ③ 힘의 작용점: 화살표의 시작점

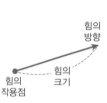

힘의 방향 / 힘의 크기 / 힘의 작용점

콕콕 개념 확인하기

1. 물체의 모양이나 운동 상태를 변화시키는 원인은?
2. 힘의 단위는 _____(이)다.

답 1. 힘 2. N

---

2 힘의 종류

1. 중력
지구가 물체를 끌어당기는 힘

(1) 방향: 지구 중심(연직) 방향

(2) 크기: 물체의 질량에 비례

   ① 행성마다 다름

   ② 지구에서 멀어질수록 작아짐

   ③ 지구에서의 질량이 1kg인 물체에 작용하는 중력의 크기＝9.8N

   ④ 달에서의 중력: (지구에서의 중력)$\times \dfrac{1}{6}$

(3) 현상: 사과가 나무에서 떨어지거나 물이 위에서 아래로 흐르는 현상, 낙하하는 물체는 속력이 점점 빨라지는 현상 등

참고 무게와 질량의 관계

• 무게＝9.8×질량
• 물체의 무게는 질량에 비례한다.
• 지구에서의 질량이 1kg인 물체의 무게는 9.8N이다.
• 1kg의 무게＝9.8N

🔍 꼼꼼 단어 돋보기

● N(뉴턴)

힘의 단위, N은 영국의 물리학자인 뉴턴의 이름에서 유래됨

● 연직

실에 추를 달아 늘어뜨렸을 때 실이 나타내는 지면에 대한 수직 방향

★(4) 무게와 질량

형질	무게	질량
정의	물체에 작용하는 중력의 크기	물체의 고유한 양
특징	측정 장소에 따라 달라짐	측정 장소에 관계없이 일정함
측정 기구	용수철저울, 앉은뱅이저울	윗접시저울, 양팔저울
단위	N	kg
지구와 달에서의 측정값	지구: $6 \times 9.8N = 58.8N$ 달: $6 \times 9.8N \times \frac{1}{6} = 9.8N$	지구: 6kg 달: 6kg

2. 탄성력⁺

(1) **탄성:** 변형된 물체가 원래의 상태로 되돌아가려는 성질

(2) **탄성력:** 탄성에 의해 나타나는 힘

① **방향:** 물체를 변형시키는 힘(외력)과 반대 방향으로 작용(되돌아가려는 방향)

② **크기:** 탄성력의 크기＝가한 힘의 크기

③ **탄성력을 이용한 기구:** 활, 용수철 저울, 컴퓨터 자판, 집게, 침대, 고무줄, 새총, 스카이 콩콩 등

④ **탄성력을 이용한 운동 경기:** 활쏘기(양궁), 농구, 배구, 당구, 장대높이뛰기, 다이빙 등

⑤ **용수철을 이용하여 물체의 무게 측정**
- 추의 무게가 2배, 3배가 되면 용수철이 늘어난 길이도 2배, 3배가 됨
- 용수철이 늘어난 길이는 추의 무게에 비례

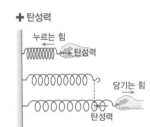

+ 탄성력

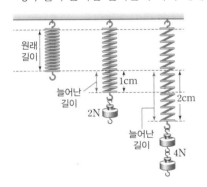

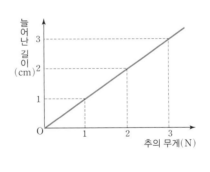

3. 마찰력

두 물체의 접촉면에서 물체의 운동을 방해하는 힘

(1) **방향:** 물체가 운동하거나 운동하려는 방향과 반대 방향

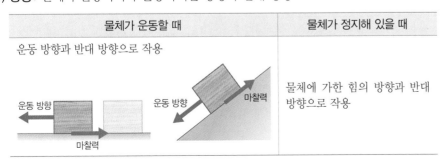

물체가 운동할 때	물체가 정지해 있을 때
운동 방향과 반대 방향으로 작용	물체에 가한 힘의 방향과 반대 방향으로 작용

(2) **크기:** 물체의 무게, 접촉면의 거칠기에 따라 다름
   ① 물체의 무게가 무거울수록 마찰력의 크기가 큼
   ② 접촉면이 거칠수록 마찰력의 크기가 큼
   ③ 물체와 접촉면의 면적과는 관계없음[+]

쏙쏙 이해 더하기 | **빗면을 이용한 마찰력 실험**

마찰력이 클수록 물체가 미끄러지는 순간 빗면의 기울기가 크다.

아크릴판

사포

(3) **이용**
   ① 마찰력을 크게 하는 경우: 자동차 타이어 체인, 바닥이 거친 등산화 등
   ② 마찰력을 작게 하는 경우: 미끄럼틀, 스케이트나 스키 등

4. 부력

액체나 기체가 물체를 위로 밀어 올리는 힘

(1) **부력의 방향:** 중력과 반대 방향인 위쪽

(2) **물속에서 부력의 크기**
   ① 부력의 크기: 공기 중에서의 물체의 무게와 물속에서의 물체의 무게 차이

> 부력의 크기＝공기 중에서의 물체의 무게－물속에서의 물체의 무게

   ② 부력의 크기 비교: 물에 잠긴 물체의 부피가 클수록 부력이 큼

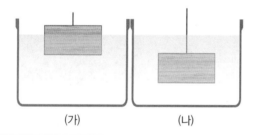

(가)   (나)

질량	(가)＝(나)
물에 잠긴 부피	(가)＜(나)
부력의 크기	(가)＜(나)

부력의 크기 ＞ 중력의 크기	부력의 크기 ＝ 중력의 크기	부력의 크기 ＜ 중력의 크기
열기구가 올라감	물 위에 배가 떠 있음	돌이 물속에 가라 앉아 있음

콕콕 개념 확인하기

1. 용수철에 힘을 주어 모양을 변화시켰을 때 원래 모양으로 되돌아가려는 힘은?
2. 액체나 기체 속에서 물체가 위쪽으로 받는 힘은?
3. _____(은)는 두 물체의 접촉면에서 물체의 운동을 방해하는 힘이다.

답 1. 탄성력 2. 부력 3. 마찰력

01 다음 설명에 해당하는 것은?　　　2015년 2회

> • 접촉면에서 물체의 미끄러짐을 방해하는 힘이다.
> • 바닥에 고무가 붙어 있는 아기 양말은 미끄러짐을 방지한다.

① 수력　　　　　　② 풍력
③ 마찰력　　　　　④ 원자력

02 다음 설명에 해당하는 힘은?　　　2016년 2회

> • 물체가 외부로부터 힘을 받아 모양이 변한 후, 원래의 모양으로 되돌아가려는 힘이다.
> • 활이나 고무줄 새총에 이용된다.

① 중력　　　　　　② 마찰력
③ 자기력　　　　　④ 탄성력

03 다음 설명에 해당하는 힘은?　　　2017년 1회

> • 두 물체의 접촉면에서 물체의 운동을 방해한다.
> • 접촉면이 거칠수록 이 힘의 크기는 커진다.

① 중력　　　　　　② 마찰력
③ 자기력　　　　　④ 탄성력

04 그림과 같이 수평면에 놓여 있는 나무 도막을 화살표 방향으로 잡아당겼다. 용수철이 원래 길이보다 늘어났을 때 나무 도막에 작용하는 탄성력의 방향은?

2021년 1회

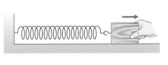

① ←　　　　　　② →
③ ↑　　　　　　④ ↓

05 다음 중 무게에 대한 설명으로 옳지 <u>않은</u> 것은?

① 중력의 크기이다.
② 위치나 장소에 따라 변한다.
③ 질량과 비례한다.
④ 단위는 kg, g이다.

주목
06 힘의 3요소에 해당하지 <u>않는</u> 것은?

① 힘의 크기
② 힘의 방향
③ 물체의 질량
④ 힘의 작용점

07 〈보기〉의 힘의 표시는 10N의 힘이 남쪽으로 작용하는 것을 나타낸 것이다. 다음 중 20N의 힘이 동쪽으로 작용하는 것으로 옳게 나타낸 것은?

①
2cm

② ──────▶
4cm

③ ◀──────
4cm

④
4cm

10 다음에서 설명하는 힘의 종류는?

- 액체 또는 기체가 물체를 밀어 올리는 힘이다.
- 중력과 반대 방향으로 작용한다.
- 배가 물에 떠서 이동하는 것은 이 힘과 관련이 있다.

① 부력
② 마찰력
③ 탄성력
④ 만유인력

08 다음 현상들 중에서 중력과 깊은 관계가 있는 현상은?

① 나침반으로 북쪽을 찾는다.
② 물속에서 무거운 돌을 쉽게 들어 올릴 수 있다.
③ 물이 높은 곳에서 낮은 곳으로 흐른다.
④ 굴러가던 공이 멈춘다.

11 다음 중 마찰력을 작게 해서 편리하게 하려는 경우는?

① 빙판길에 모래를 뿌린다.
② 기계의 회전축에 기름을 바른다.
③ 등산화 바닥을 울퉁불퉁하게 만든다.
④ 야구 투수가 손에 송진 가루를 묻힌다.

09 다음의 운동 경기들과 가장 관련이 깊은 힘의 종류는?

양궁, 다이빙, 장대높이뛰기

① 마찰력
② 부력
③ 탄성력
④ 전기력

주목
12 지구에서 질량이 6kg인 물체를 달에 가져가 무게를 측정하면 몇 N인가? (단, 지구에서 1kg은 10N으로 계산한다.)

① 6N
② 10N
③ 60N
④ 100N

12 운동

Ⅱ 물리

1 운동의 표현

1. 운동
시간에 따라 물체의 위치가 변하는 현상으로, 운동 방향과 속력으로 표현함

2. 속력
물체가 단위 시간(1초, 1분, 1시간) 동안 이동한 거리

$$속력 = \frac{이동\ 거리}{걸린\ 시간} \text{ (단위: m/s, km/h 등)}$$

참고 시간의 단위
- 1초 = 1s
- 1분 = 1m
- 1시간 = 1h

3. 속력 비교
단위가 다른 속력의 크기를 비교할 때에는 단위를 통일시켜 비교함

쏙쏙 이해 더하기 평균 속력과 순간 속력

- **평균 속력**: 운동하는 도중의 속력 변화를 생각하지 않고, 전체 이동 거리를 전체 걸린 시간으로 나눈 값

$$평균\ 속력 = \frac{A지점과\ B지점\ 사이의\ 거리}{B지점\ 측정\ 시각 - A지점\ 측정\ 시각}$$

- **순간 속력**: 물체의 어느 한 순간의 속력 예 스피드건으로 측정하는 자동차의 속력, 자동차의 속력계

참고 속력 비교의 예

10m/s와 10km/h 비교하기
➡ 10m/s = 36km/h이므로
10m/s가 10km/h보다 빠르다.

콕콕 개념 확인하기

1. 10초 동안 150m를 이동하는 물체의 속력은?
2. 20초 동안 100m를 이동하는 물체의 속력은?
3. 30m/s의 속력으로 3초 동안 이동한 거리는?

답 1. 15m/s 2. 5m/s 3. 90m

2 등속 직선 운동

1. 등속 직선 운동
물체의 속력과 운동 방향이 변하지 않고 일정한 운동

예 에스컬레이터, 컨베이어 벨트, 자동보도(무빙워크), 케이블카, 스키장의 리프트 등

참고 힘이 작용하지 않을 때
- 정지
- 등속 직선 운동

2. 등속 직선 운동일 때 종이 테이프의 타점 기록: 타점 사이의 간격이 일정함

3. 등속 직선 운동의 그래프

(1) **이동 거리－시간 그래프**

　① 기울어진 직선 모양으로, 기울기는 속력을 의미함

　② 이동 거리는 시간에 비례하여 증가

(2) **속력－시간 그래프**: 시간 축과 평행한 직선 모양으로, 그래프의 밑넓이가 이동 거리를 나타냄

콕콕 개념 확인하기

1. 속력과 방향이 변하지 않고 일정한 운동을 _____ 운동이라고 한다.
2. 시간을 가로축, 이동 거리를 세로축으로 한 등속 직선 운동 그래프에서 기울기가 나타내는 값은 무엇인가?

답　1. 등속 직선　2. 속력

참고 이동 거리–시간 그래프

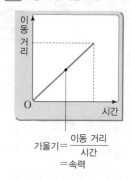

$$기울기 = \frac{이동\ 거리}{시간} = 속력$$

참고 속력–시간 그래프

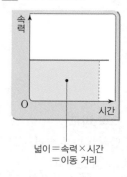

$$넓이 = 속력 \times 시간 = 이동\ 거리$$

3 자유 낙하 운동

1. 자유 낙하 운동

정지해 있던 물체가 중력을 받아 지면으로 떨어질 때 속력이 빨라지는 운동

(1) **속력**: 일정하게 증가

(2) **운동 방향**: 중력을 받는 방향

(3) **이동 거리**: 같은 시간 동안 이동하는 거리가 점점 증가

2. 자유 낙하 운동의 시간 – 속력 그래프

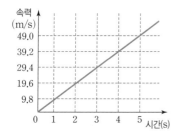

- 물체의 속력은 시간에 비례하여 일정하게 증가
- 1초 동안의 속력 변화는 9.8m/s
  ➡ 중력 가속도 $g = 9.8m/s^2$
- 물체에 작용하는 중력의 크기: 질량에 중력 가속도를 곱한 값

쏙쏙 이해 더하기　자유 낙하 운동과 등속 직선 운동

자유 낙하 운동	등속 직선 운동
자유 낙하 운동을 하는 물체의 속력은 일정하게 증가 ➡ 같은 시간 동안 이동하는 거리가 점점 증가	등속 직선 운동을 하는 물체의 속력은 일정 ➡ 같은 시간 동안 이동하는 거리가 같음

콕콕 개념 확인하기

1. 자유 낙하 운동은 _____(을)를 받아 지면으로 떨어지는 운동이다.
2. 공기 저항이 없을 때 자유 낙하 운동을 하는 물체의 속력 변화는 물체의 질량에 (관계 없다, 비례한다).

답　1. 중력　2. 관계 없다

참고 자유 낙하 운동에서 질량과 속력 관계

공기 저항이 없을 때 질량이 다른 두 물체를 떨어뜨리면 시간에 따른 속력 변화가 같기 때문에 동시에 떨어진다.

공기 중　　　진공 중

참고 수평으로 던진 물체

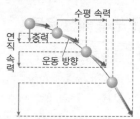

- 수평 방향: 등속 운동
- 연직 방향: 자유 낙하 운동

탄탄 실력 다지기

정답과 해설 13쪽

01 자동차가 400km의 거리를 5시간 동안 이동한 경우 평균 속력은?   2011년 2회

① 40km/h

② 60km/h

③ 80km/h

④ 100km/h

02 자동차가 80km/h의 일정한 속력으로 2시간 동안 달렸다. 이동한 거리는?   2013년 2회

① 40km

② 80km

③ 120km

④ 160km

03 그래프에서 평균 속력은 얼마인가?   2014년 2회

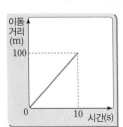

① 2m/s

② 7m/s

③ 10m/s

④ 13m/s

04 그림은 어떤 물체가 운동한 것을 나타낸 시간 − 속력 그래프이다. 이 물체가 0~5초 동안 이동한 거리는?   2015년 1회

① 10m

② 25m

③ 50m

④ 100m

05 그림과 같이 가만히 놓은 공이 떨어지는 동안, 시간에 따른 공의 속력을 나타낸 그래프는? (단, 공기 저항은 무시한다.)   2017년 2회

06 그래프는 직선 운동하는 물체 A~C의 시간에 따른 이동 거리를 나타낸 것이다. 이 중 속력이 가장 빠른 것은?

2018년 2회

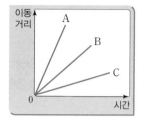

① A
② B
③ C
④ 모두 같다.

07 그림과 같이 발로 찬 축구공이 2초 동안 직선 운동하여 10m 이동하였을 때, 2초 동안 축구공의 평균 속력은?

2019년 1회

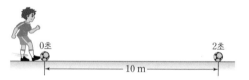

① 1m/s
② 3m/s
③ 5m/s
④ 7m/s

08 다음은 수레의 운동을 기록한 종이 테이프이다. 이와 같은 운동을 하는 경우의 예는?

① 놀이 공원의 바이킹의 운동
② 위로 던져 올린 농구공의 운동
③ 공장에 있는 컨베이어 벨트의 운동
④ 잔디밭 위를 굴러가는 축구공의 운동

09 400km인 거리를 자동차로 8시간 동안 이동하였다면 이 자동차의 평균 속력은?

① 20km/h
② 40km/h
③ 50km/h
④ 80km/h

주목

10 100km/h의 속력으로 달리는 자동차가 5시간 동안 이동한 거리는?

① 100km
② 250km
③ 500km
④ 750km

11 다음과 같이 운동하는 물체의 평균 속력은?

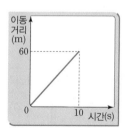

① 60m/s
② 30m/s
③ 10m/s
④ 6m/s

12 다음과 같은 운동을 할 때 5초 동안 이동한 거리는?

① 50m
② 100m
③ 200m
④ 250m

13 150km/h의 속력으로 달리는 자동차가 3시간 동안 이동한 거리는?

① 100km
② 250km
③ 450km
④ 750km

14 다음 표를 보고 타조의 속력을 구하면?

구분	이동 거리	걸린 시간
타조	6km	10분

① 5m/s
② 10m/s
③ 15m/s
④ 20m/s

주목
15 다음 중 속력이 가장 빠른 것은?

① 1초에 18m를 달리는 자전거
② 100m를 25초에 달리는 선수
③ 1분 동안 900m를 달리는 치타
④ 시속 72km로 달리는 자동차

16 10m/s의 속력은 몇 km/h와 같은가?

① 60km/h   ② 36km/h
③ 24km/h   ④ 10km/h

17 공을 높은 곳에서 가만히 떨어뜨린 후 일정한 시간 간격으로 촬영하였다. 다음 설명 중 옳은 것은?

① 공의 속력은 일정하다.
② 공의 운동 방향이 계속 변한다.
③ 일정한 크기의 중력이 공에 작용한다.
④ 공은 중력과 반대 방향으로 운동한다.

18 진공 중에서 낙하하는 물체의 운동에 대한 설명으로 옳은 것은?

① 물체의 운동 방향이 중력과 반대 방향이다.
② 질량이 큰 물체가 질량이 작은 물체보다 빠르게 떨어진다.
③ 물체의 질량과 속력 변화는 상관없다.
④ 속력이 일정한 운동을 한다.

13 Ⅱ 물리
열과 우리 생활

1 열

1. 온도

(1) **온도**: 뜨겁거나 차가운 정도를 숫자로 나타낸 것으로, 단위는 ℃(섭씨도), K(켈빈)임

(2) **온도의 종류**

　① 섭씨온도: 1기압에서 순수한 물의 어는점을 0℃, 끓는점을 100℃로 하여 그 사이
　　를 100등분한 온도

　② 절대 온도: 물체의 분자 운동의 활발한 정도를 나타내는 온도

　　• 0K: 분자 운동이 완전히 멈추었을 때

　　• 절대 온도(K)＝섭씨온도(℃)＋273

쏙쏙 이해 더하기 　온도와 분자 운동

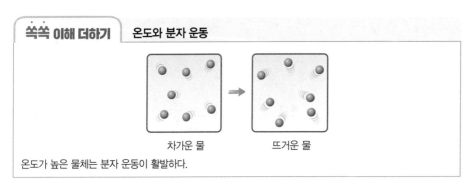

차가운 물　　　　뜨거운 물

온도가 높은 물체는 분자 운동이 활발하다.

---

2. 열과 열평형

(1) **열**: 온도가 다른 두 물체 사이에서 이동하는 에너지

(2) **열의 이동**: 고온 → 저온

　① 열을 얻은 물체: 입자의 운동이 활발해지며 온도가 상승

　② 열을 잃은 물체: 입자의 운동이 둔해지며 온도가 하강

☆(3) **열평형 상태**: 온도가 다른 두 물체 사이에서 열의
　　이동이 일어나 결국 온도가 같아져 열의 이동이 더
　　이상 일어나지 않는 상태

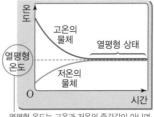

열평형 온도는 고온과 저온의 중간값이 아니며,
각 물체의 질량에 따라 달라진다.

구분	열	온도	분자 운동
고온 물체	잃음	낮아짐	둔해짐
저온 물체	얻음	높아짐	활발해짐

(4) **열평형의 이용**

　① 음료수를 얼음에 넣어 두면 열평형 상태에 도달하여 차가워짐

② 얼음 위에 생선을 두면 신선한 상태가 유지됨
③ 시원한 물에 수박을 넣어 두면 시원해짐
④ 체온계를 입안에 넣고 체온을 측정함
⑤ 냉장고 안의 물체들은 냉장고 안의 온도와 같아짐

3. 열량

온도가 다른 두 물체가 접촉했을 때 고온의 물체에서 저온의 물체로 이동하는 열의 양

(1) 단위: cal(칼로리) 또는 kcal(킬로칼로리)

(2) 열량 보존: 외부와 열의 출입이 없다면 고온의 물체가 잃은 열량은 저온의 물체가 얻은 열량과 같음

> 고온의 물체가 잃은 열량 = 저온의 물체가 얻은 열량

✩ 4. 열의 전달

(1) 전도⁺: 분자가 직접 이동하지 않고, 이웃한 분자들 사이의 충돌에 의해 분자 운동이 전달되면서 열이 이동하는 방법
　① 고체에서 열이 전달되는 방법
　② 전도가 잘 되는 물질일수록 열을 쉽게 얻거나 잃음
　　　例 • 뜨거운 국에 담긴 숟가락의 손잡이가 뜨거워짐
　　　　• 나무 의자보다 금속 의자가 겨울철에 더 차가움

(2) 대류⁺: 공기나 물이 순환하면서 열을 전달하는 것
　① 액체나 기체에서 열이 전달되는 방법
　② 분자가 직접 이동하여 열을 전달함
　③ 온도가 높은 기체나 액체는 위로, 온도가 낮은 기체나 액체는 아래로 이동함
　　　例 • 아래쪽에 설치한 난로에 의해 뜨거워진 공기가 위로 상승
　　　　• 위쪽에 설치한 에어컨의 찬 공기가 아래로 하강
　　　　• 보리차를 끓일 때 보리가 위아래로 계속 움직임

(3) 복사: 열이 중간에 아무런 물질의 도움 없이 직접 전달되는 현상
　① 온도가 높거나 낮은 물체에서 모두 일어남
　② 온도가 높을수록 더 많은 양의 복사 에너지가 방출됨
　　　例 태양과 지구 사이의 복사, 난로와 손 사이의 복사

5. 단열

(1) 단열: 열의 전달을 막는 것 ➡ 전도, 대류, 복사에 의한 열의 전달을 모두 막아야 함

(2) 단열의 예
　① 보온병의 단열
　　• 은도금: 복사에 의한 열 전달 차단
　　• 이중벽: 전도에 의한 열 전달 차단
　　• 진공: 전도와 대류에 의한 열 전달 차단
　② 주택의 단열
　　• 이중창: 이중창 사이의 공기가 전도에 의한 열 전달을 차단함(열전도율이 낮은 공기로 채워짐).
　　• 벽돌과 스타이로폼: 스타이로폼에 포함된 공기가 전도에 의한 열 전달을 차단함

＋ 전도

열을 받은 곳의 분자가 활발하게 운동하여 이웃한 분자들과 충돌하고, 이 분자들이 다시 이웃한 분자들과 차례로 충돌하여 전체적으로 분자 운동이 활발해진다.

＋ 대류

참고 열전도율
• 열전도율이 높은 물질: 은, 알루미늄, 철
• 열전도율이 낮은 물질: 나무, 플라스틱, 천

참고 지구 온난화

지구가 내보내는 복사 에너지가 밖으로 잘 나가지 못하여 지구의 온도가 상승하는 현상이다.
• 지구 온난화의 원인: 대기 중의 이산화 탄소 증가
• 지구 온난화의 영향: 해수면 상승, 기상 이변, 생태계 변화

2 비열과 열팽창

1. 비열
어떤 물질 1kg의 온도를 1℃ 높이는 데 필요한 열량
★(1) 단위: kcal/kg·℃, cal/g·℃

$$비열(c) = \frac{열량(Q)}{질량(m) \times 온도\ 변화(t)}$$
$$열량(Q) = 비열(c) \times 질량(m) \times 온도\ 변화(t)$$

(2) 비열의 특징
① 비열이 큰 물질일수록 온도를 변화시키기 어려움
② 비열은 물질마다 고유한 값을 갖는 물질의 특성임

참고 물의 비열

물의 비열은 1kcal/kg·℃로, 대부분의 다른 물질보다 크므로 온도 변화가 작다.

쏙쏙 이해 더하기 | **자연에서 비열에 의한 현상**

- **해풍**: 낮에 바다에서 육지로 불어오는 바람
  ➡ 비열이 작은 육지가 먼저 따뜻해지면서 육지의 공기가 상승하고, 그 빈 자리로 바다에서 바람이 불어옴
- **육풍**: 밤에 육지에서 바다로 불어오는 바람
  ➡ 비열이 작은 육지가 빨리 식으면서 상대적으로 따뜻한 바다의 공기가 상승하고, 그 빈 자리로 육지에서 바람이 불어옴

육지(저) 바다(고)

육지(고) 바다(저)

2. 열팽창
열에 의해 물체의 길이나 부피가 증가하는 현상

(1) 원인: 열에 의해 분자의 운동이 활발해지면서 분자 사이의 거리가 멀어지기 때문

(2) 열팽창의 특징

열팽창이 큰 순서: 기체 > 액체 > 고체

① 고체와 액체의 열팽창은 물질의 종류에 따라 다름
② 기체의 열팽창은 물질의 종류에 관계없이 일정함

(3) 고체의 열팽창: 열에 의해 고체의 길이 또는 부피가 증가하는 현상

팽창 정도: 은 > 구리 > 금 > 철 > 유리 > 콘크리트

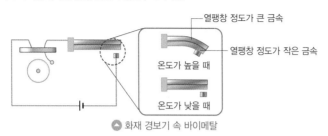

⬆ 화재 경보기 속 바이메탈

✚ 바이메탈
온도에 따라 팽창 정도가 다른 두 금속을 붙여 만든 장치로, 두 금속의 열팽창 정도 차가 클수록 더 많이 휘어진다. 바이메탈 온도가 높아지면 바이메탈은 열팽창 정도가 작은 금속 쪽으로 휘어진다.
예 화재경보기, 전기다리미, 전기밥솥, 전기장판 등

(4) 액체의 열팽창: 열에 의해 액체의 부피가 증가하는 현상

팽창 정도: 알코올 > 콩기름 > 글리세롤 > 물

➡ 온도가 상승하면 액체를 이루는 분자의 운동이 활발해져 분자 사이의 평균 거리가 증가하므로 액체의 부피가 팽창함

예 • 지구의 온난화로 해수가 팽창하여 해수면이 상승

• 휘발유는 기온이 높을 때보다 기온이 낮을 때 주유하는 것이 유리

콕콕 개념 확인하기

1. 질량 4g의 금속에 100cal의 열을 가했더니 온도가 50℃ 상승하였다. 이 금속의 비열은 몇 cal/g·℃인가?
2. 열팽창 정도가 다른 두 금속을 붙여서 만든 장치를 무엇이라고 하는가?

답   1. 0.5cal/g·℃   2. 바이메탈

01 다음 설명에 해당하는 열의 이동 방법은? 2018년 1회

- 액체나 기체 상태의 물질이 직접 이동하면서 열을 전달한다.
- 비커에 든 물을 가열하면 따뜻해진 물은 위로 올라가고, 위에 있던 찬물은 아래로 내려온다.

① 대류
② 복사
③ 비열
④ 삼투

02 다음 설명에 해당하는 물질의 특성은? 2018년 2회

- 어떤 물질 1kg의 온도를 1℃ 높이는 데 필요한 열량이다.
- 여름철 맑은 날 낮에 해변의 모래가 바닷물보다 더 빨리 뜨거워진다.

① 무게
② 밀도
③ 부피
④ 비열

03 그래프는 온도가 다른 두 물체 A와 B를 접촉시켜 놓았을 때, 시간에 따른 온도 변화를 각각 나타낸 것이다. 열평형 상태인 구간은? 2019년 1회

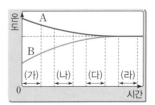

① (가)
② (나)
③ (다)
④ (라)

04 그림은 두 물체 A, B가 접촉하여 열평형에 도달한 것을 나타낸 것이다. 이때 A가 잃은 열량이 30kcal라면 B가 얻은 열량은? (단, 열의 외부 출입은 없다.) 2019년 2회

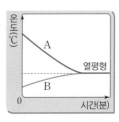

① 30kcal
② 50kcal
③ 70kcal
④ 100kcal

05 분자의 충돌로 이웃한 분자에게 열을 전달하는 방법으로, 뜨거운 국에 담긴 숟가락이 뜨거워지는 현상과 관련된 열의 이동 방법은?

① 단열
② 전도
③ 대류
④ 복사

06 에어컨은 방의 위쪽에 설치하고, 난로는 방의 아래쪽에 설치하는 것과 관계있는 열의 이동 방법은?

① 단열
② 전도
③ 대류
④ 복사

07 열이 물질의 도움 없이 빛의 형태로 직접 전달되는 방법은 무엇인가?

① 단열
② 전도
③ 대류
④ 복사

08 두 물체 A와 B를 접촉시킨 후, 온도 변화를 측정하였다. 이에 대한 설명으로 옳지 <u>않은</u> 것은? (단, 외부와의 열 출입은 없다.)

시간(분)	0	1	2	3
A의 온도(℃)	90	75	40	40
B의 온도(℃)	18	30	(가)	40

① A는 열을 잃었다.
② 두 물체는 1분 후 열평형 상태에 도달하였다.
③ (가)는 40이다.
④ B는 열을 얻었다.

09 열팽창과 관련된 현상으로 옳지 <u>않은</u> 것은?

① 여름철에 철도 레일이 팽창한다.
② 겨울철에 다리 이음매 사이 간격이 넓어진다.
③ 송전탑의 전선은 여름에 팽팽해지고, 겨울에 늘어난다.
④ 송유관은 파열을 막기 위해 중간에 구부러진 구조를 한다.

14 Ⅱ 물리
빛

1 빛의 기본 성질

1. 물체를 보는 원리
(1) **광원:** 스스로 빛을 내는 물체

(2) **빛의 직진:** 빛이 직선 모양으로 나아가는 현상
   빛의 직진에 의한 현상: 그림자, 나뭇가지 사이의 햇살, 등대의 불빛, 일식과 월식 등

(3) **물체를 눈으로 보는 과정**
   ① 광원을 보는 원리: 광원에서 나온 빛이 직접 눈에 들어오면 광원을 보게 됨
   ② 광원이 아닌 물체를 보는 원리: 광원에서 나온 빛이 물체에서 반사되어 눈으로 들어오면 물체가 보임

쏙쏙 이해 더하기 | 물체가 눈에 보이는 원리

구분	빛의 진행 경로	예
①	광원 → 눈	전구를 볼 때
②	광원 → 물체에서 반사 → 눈	물체를 볼 때

2. 빛의 3원색과 합성
(1) **빛의 합성:** 두 가지 이상의 빛을 합하여 다른 색의 빛을 얻는 것

(2) **빛의 3원색의 합성**
   ① 빛의 3원색: 빨간색(R), 초록색(G), 파란색(B)
   ② 세 빛을 적절히 합성하여 모든 색깔의 빛을 만들 수 있음
   ③ 빛의 합성을 이용한 예: 컴퓨터 모니터 화면이나 텔레비전의 화소, 점묘화, 무대 조명, 전광판 등

쏙쏙 이해 더하기 | 빛의 3원색의 합성

- 빨간색 + 초록색 = 노란색
- 초록색 + 파란색 = 청록색
- 파란색 + 빨간색 = 자홍색
- 빨간색 + 초록색 + 파란색 = 흰색(백색광)
➡ 빛은 합성할수록 밝아진다.

3. 물체의 색

(1) 물체의 색: 물체가 반사하는 빛의 색으로 보임

(2) 흰색 물체는 모든 색의 빛을 반사, 검은색 물체는 모든 색의 빛을 흡수함

구분	빨간색 빛 반사 초록색 빛 반사		빨간색 빛 반사
흡수된 빛	파랑	없음	파랑, 초록
반사된 빛	빨강, 초록	빨강, 파랑, 초록	빨강
물체의 색	노랑	흰색	빨강

콕콕 개념 확인하기

1. 스스로 빛을 내는 물체를 _____(이)라고 한다.
2. 빨간색, 초록색, 파란색 빛을 합하면 _____색 빛이 된다.

답 1. 광원 2. 흰

2 빛의 반사와 굴절

1. 빛의 반사

(1) 반사: 직진하던 빛이 물체의 표면에 부딪힌 후 방향을 바꾸어 되돌아 나오는 현상

☆**(2) 반사 법칙:** 빛이 어떤 물체의 표면에서 반사할 때, 입사 광선, 반사 광선, 법선은 한 평면상에 있고, 입사각과 반사각의 크기는 항상 같음

쏙쏙 이해 더하기 빛의 반사

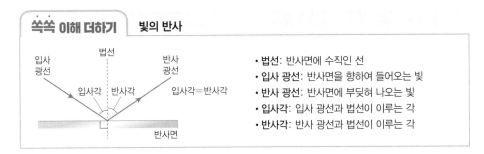

- **법선:** 반사면에 수직인 선
- **입사 광선:** 반사면을 향하여 들어오는 빛
- **반사 광선:** 반사면에 부딪혀 나오는 빛
- **입사각:** 입사 광선과 법선이 이루는 각
- **반사각:** 반사 광선과 법선이 이루는 각

쏙쏙 이해 더하기 정반사와 난반사

구분	정반사	난반사
반사 모습	매끄러운 표면에 평행하게 들어온 빛이 일정한 방향으로 반사됨	거친 표면에 평행하게 들어온 빛이 여러 방향으로 반사됨
반사면	잔잔한 수면, 거울 등	거친 수면, 종이, 영화관의 스크린 등
특징	반사면에 물체가 비춰 보임	여러 방향에서 물체를 볼 수 있음
공통점	반사 법칙 성립(입사각 = 반사각)	

참고 반사 법칙 적용 범위

반사 법칙은 평면거울뿐 아니라 오목 거울과 볼록거울 그리고 거울이 아닌 거친 면 등 모든 면에서 성립함

2. 거울의 종류와 쓰임새

(1) 평면거울[+]

① 사용 예: 일반적인 거울, 잠망경 등
② 빛의 진행: 평행하게 입사한 광선들이 반사 후 평행하게 나감
③ 상의 크기와 모습: 상은 물체와 크기가 동일하고 똑바로 서 있으며, 좌우가 반대로 보임

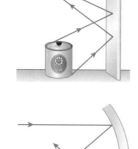

(2) 오목 거울

① 사용 예: 화장 거울, 성화 채화, 자동차 전조등, 손전등 등
② 빛의 진행: 평행하게 입사한 광선들이 반사 후 한 점(초점)에 모임
③ 특징: 빛을 한 방향으로 멀리까지 나아가게 함
④ 상의 크기와 모습: 물체가 가까이 있으면 물체보다 크고 똑바로 된 상(좌우 반대)이 생기고, 멀리 있으면 물체보다 작고 거꾸로 된 상(상하좌우 반대)이 생김

(3) 볼록 거울

① 사용 예: 굽은 도로의 모퉁이 거울, 자동차의 측면 거울
② 빛의 진행: 평행하게 입사한 광선들이 반사 후 퍼져 나감
③ 특징: 넓은 범위를 볼 수 있음
④ 상의 크기와 모습: 상은 항상 물체보다 크기가 작으며, 똑바로 서 있고, 좌우가 반대로 보임

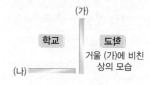

[+] 평면거울에 의한 상의 모습

(가)

학교 묘ㅎ

거울 (가)에 비친 상의 모습

(나)

휘ㅍ

거울 (나)에 비친 상의 모습

[+] 상

거울에 비추어 물체를 보거나 렌즈를 통하여 물체를 볼 때 보이는 모습을 상이라고 한다.

3. 빛의 굴절

(1) **굴절**: 빛이 한 물질에서 다른 물질로 진행할 때 진행 방향이 꺾이는 현상

(2) **빛이 굴절하는 이유**: 물질에 따라 빛이 나아가는 속력이 다르기 때문

(3) **굴절 법칙**: 입사 광선이 법선과 이루는 입사각이 커지면, 굴절 광선이 법선과 이루는 굴절각도 커짐

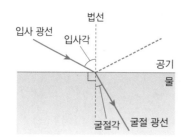

(4) **입사각과 굴절각**: 공기에서 물로 빛이 입사할 때는 빛이 법선에 가까운 쪽으로 굴절하므로 입사각의 크기보다 굴절각의 크기가 더 작고, 물에서 공기로 빛이 입사할 때는 입사각의 크기보다 굴절각의 크기가 더 큼
① **빛의 굴절 방향**: 빛은 속력이 느린 물질 쪽으로 굴절함
② **빛이 굴절하는 정도**: 빛의 진행 속력이 느릴수록 굴절하는 정도가 큼
  • 입사각이 같을 때 굴절각이 작을수록 빛의 굴절 정도가 큼

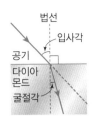  

- 굴절각의 크기: 물 > 유리 > 다이아몬드
- 빛의 속력: 공기 > 물 > 유리 > 다이아몬드

(5) 굴절에 의한 현상: 물속에 있는 동전이 떠 보임, 물속에 있는 빨대가 꺾여 보임, 아지랑이 등

4. 렌즈의 종류와 쓰임새

(1) 볼록 렌즈

① **사용 예:** 확대경, 원시 교정용 안경, 현미경, 망원경 등

② **빛의 진행:** 평행하게 입사한 광선들이 굴절 후 한 점(초점)에 모임

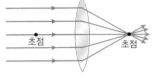

③ **상의 크기와 모습:** 물체가 가까이 있으면 물체보다 크고 똑바로 된 상이며, 멀리 있으면 물체보다 작고 거꾸로 된 상임 ➡ 오목 거울에 의한 상의 모습과 유사

(2) 오목 렌즈

① **사용 예:** 근시 교정용 안경 등

② **빛의 진행:** 평행하게 입사한 광선들이 굴절 후 퍼져 나감

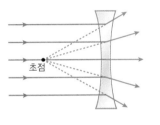

③ **상의 크기와 모습:** 거리와 관계없이 똑바로 서 있고, 물체보다 작은 상이 생김 ➡ 볼록 거울에 의한 상의 모습과 유사

(3) 근시와 원시: 근시는 망막 앞에 초점이 맺히므로 오목 렌즈를 통해 교정하고, 원시는 망막 뒤에 초점이 맺히므로 볼록 렌즈를 통해 교정함

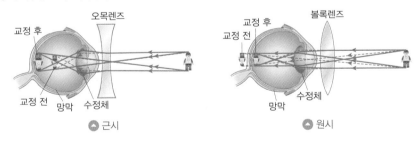

● 근시　　　　　　● 원시

참고 **무지개**

공기 중의 물방울에 태양광이 입사하여 굴절하기 때문에 생기는 현상이다. 굴절의 정도는 색깔에 따라 달라서 보라색으로 갈수록 굴절을 크게 하고, 빨간색으로 갈수록 굴절을 작게 한다. 이로 인해 빛이 분산되어 무지개 색깔이 보이게 된다.

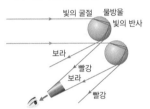

콕콕 개념 확인하기

1. 거울은 빛의 _____(을)를 이용한다.
2. 빛이 한 물질에서 다른 물질로 진행할 때 진행 방향이 꺾이는 현상은 빛의 _____(이)다.
3. 빛을 모으는 렌즈는 _____(이)다.

답　1. 반사　2. 굴절　3. 볼록 렌즈

탄탄 실력 다지기

01 다음 설명에 해당하는 빛의 성질은?   2014년 2회

> • 물체가 거울에 비쳐 보인다.
> • 잔잔한 수면 위에 주위의 풍경이 비쳐 보인다.

① 분해   ② 반사
③ 분산   ④ 합성

02 그림과 같이 레이저 빛을 비추었을 때 입사각의 크기는?   2015년 1회

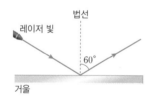

① 40°   ② 60°
③ 80°   ④ 100°

03 컬러 텔레비전 화면에서 빛을 합성하여 흰색 구름을 표현하려고 할 때 필요한 빛의 삼원색에 속하지 **않는** 것은?   2016년 2회

① 검정   ② 빨강
③ 초록   ④ 파랑

04 그림과 같이 레이저 빛이 공기에서 물로 입사할 때, 입사각은?   2017년 1회

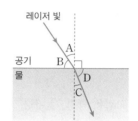

① A
② B
③ C
④ D

05 다음 설명에 해당하는 것은?   2017년 2회

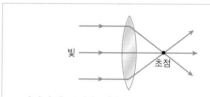

> • 나란하게 들어온 빛을 굴절시켜 한 초점을 지나게 한다.
> • 돋보기로 이용된다.

① 프리즘   ② 볼록 렌즈
③ 오목 렌즈   ④ 평면거울

06 다음 설명에 해당하는 빛의 성질은?   2018년 1회

> • 물에 잠긴 유리 막대가 공기와 물의 경계면에서 꺾여 보인다.

① 굴절   ② 분해
③ 합성   ④ 혼합

07 다음 중 볼록 렌즈에서 빛이 굴절하는 모습으로 옳은 것은? 2018년 2회

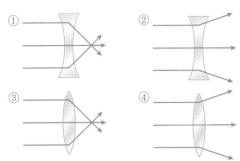

08 그림은 평면거울에 비친 시계의 모습이다. 다음 중 이 시계가 나타내는 시각은? 2018년 2회

① 03시 00분
② 06시 30분
③ 09시 00분
④ 12시 30분

09 그림은 흰 종이 위에서 빛의 삼원색을 합성시켰을 때 보이는 색을 나타낸 것이다. 이 때, 빨간색과 초록색 빛이 합성되어 보이는 색 A는? 2018년 1회

① 검정색
② 노란색
③ 자홍색
④ 파란색

10 그림자와 가장 관계 깊은 빛의 성질은?

① 반사
② 직진
③ 굴절
④ 합성

11 빛의 삼원색이 아닌 것은?

① 빨간색
② 초록색
③ 파란색
④ 노란색

12 거울에 이용되는 빛의 성질은?

① 반사
② 직진
③ 굴절
④ 합성

13 반사각의 크기는?

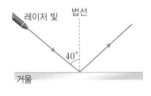

① 40°
② 50°
③ 60°
④ 90°

주목
14 입사각의 크기는?

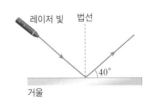

① 40°
② 50°
③ 60°
④ 90°

15 비스듬하게 빛이 공기에서 물로 들어가는 경우를 설명한 것으로 옳은 것은?

① 입사각과 굴절각이 같다.
② 입사각이 굴절각보다 크다.
③ 입사각이 굴절각보다 작다.
④ 굴절각이 0°이다.

16 다음 중 입사각에 해당하는 것은?

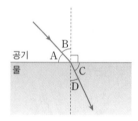

① A
② B
③ C
④ D

17 렌즈에 이용되는 빛의 성질은?

① 반사
② 직진
③ 굴절
④ 합성

18 망원경에 사용되는 것은?

① 볼록 렌즈
② 오목 렌즈
③ 볼록 거울
④ 오목 거울

19 볼록 렌즈로 교정할 수 있는 눈의 이상은?

① 근시
② 원시
③ 난시
④ 사시

주목
20 다음 중 렌즈에서 빛이 굴절하는 모습으로 옳은 것은?

①   ②

③   ④

15 파동

Ⅱ 물리

1 파동

1. 파동

물질의 한 곳에서 생긴 *진동이 주위로 전파되어 에너지가 전달되는 현상

예 물결파, 지진파, 소리, 빛 등

(1) **파원**: 진동이 처음 발생하는 곳

(2) **매질**: 파동을 전달하는 물질

파동	물결파	소리, 초음파	용수철 파동	지진파	빛, 전파
매질	물	고체, 액체, 기체	용수철	땅(지각)	없음

참고 빛은 매질이 없이 전달되는 파동이다.

(3) **파동의 전파**: 파동이 진행할 때 매질은 제자리에서 진동만 하고 파동의 진행 방향으로 이동하지 않음

> 파동에서 전달되는 것 ➡ 에너지

(4) **물결파의 전파 과정**: 물결파가 퍼져 나갈 때 수면 위에 떠 있는 스타이로폼 공은 물결을 따라 이동하지 않고 제자리에서 위아래로 진동만 함

➕ 파동의 전파

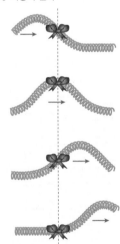

용수철을 따라 파동이 전파될 때 용수철에 매단 리본은 파동을 따라 이동하지 않고 제자리에서 위아래로만 움직인다.

쏙쏙 이해 더하기 | **파동의 전달(물결파)**

- **전달 원리**: 매질의 한 부분(물)의 진동이 연달아 인접한 부분으로 전해진다.
- **물결파의 단면**: 매질은 위아래로 진동만 할 뿐 파동과 함께 진행하지 않는다.

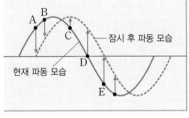

---

(5) **파동의 이용**

① 악기를 연주할 때 발생하는 음파(소리)를 이용하여 음악을 들음

② 초음파를 이용하여 몸 내부 상태를 봄

③ 전자레인지로 음식을 데움

④ 지진파를 이용하여 지구 내부의 구조를 분석함

⑤ 전파 망원경을 이용하여 우주에서의 천체가 내보내는 전파 신호를 관측함

꼼꼼 단어 돋보기

● **진동**
물체가 한 점을 중심으로 반복적으로 왔다 갔다 하면서 움직이는 상태

2. 파동의 종류 – 매질의 진동에 따른 분류

횡파	종파
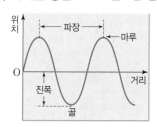	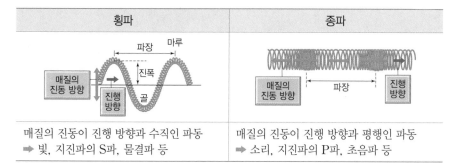
매질의 진동이 진행 방향과 수직인 파동 ➡ 빛, 지진파의 S파, 물결파 등	매질의 진동이 진행 방향과 평행인 파동 ➡ 소리, 지진파의 P파, 초음파 등

3. 파동의 표시

(1) 거리를 중심으로 표현: 한 순간의 파동의 모습

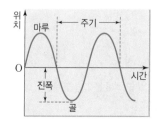

마루	파동에서 가장 높은 곳
골	파동에서 가장 낮은 곳
진폭	진동의 중심에서 마루나 골까지의 거리
파장	이웃한 마루에서 마루, 골에서 골까지의 거리

(2) 지나간 시간을 중심으로 표현: 매질의 한 점에서의 위치 변화

- **진동수:** 매질의 한 점이 1초 동안 진동하는 횟수(단위: Hz)
  - 예 1Hz: 1초에 한 번 진동할 때의 진동수
- **주기:** 매질의 한 점이 한 번 진동하는 데 걸린 시간(단위: s(초))
- **주기와 진동수의 관계:** 진동수$(Hz) = \dfrac{1}{주기(s)}$
  - 예 주기가 2초이면 진동수는 0.5Hz이다.
- **파동의 속력** $= \dfrac{파장}{주기} =$ 진동수 × 파장

참고 평면파

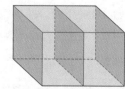

파면의 모양이 직선(파도)

참고 구면파

파면의 모양이 원(동심원 물결파)

콕콕 개념 확인하기

1. 파동에서 전달되는 것은?
2. 매질의 진동이 진행 방향과 수직인 파동을 _____(이)라고 한다.
3. 매질의 한 점이 1초 동안 진동하는 횟수를 무엇이라고 하는가?

답 1. 에너지 2. 횡파 3. 진동수

２ 소리

1. 소리의 발생과 전달

(1) 소리의 발생: 소리는 물체의 진동으로 만들어짐

종소리	종을 치면 종이 진동
새소리	새의 성대가 진동
북소리	북의 가죽이 진동
귀뚜라미 소리	앞날개가 진동

(2) 소리의 발생 방법: 음원이 진동하면 음원과 맞닿아 있는 공기 분자들을 진동시키게 되어 소리(음파)가 발생함

➡ 공기 분자를 밀어내면서 공기 분자의 밀한 곳(압력이 높은 곳)이 만들어짐

➡ 공기 분자를 당기면서 공기 분자의 소한 곳(압력이 낮은 곳)을 만들어냄

(3) 소리의 전달

> 물체의 진동 → 공기의 진동 → 고막의 진동 → 귓속뼈 → 달팽이관 → 청각 신경 → 뇌

① 소리는 매질의 진동으로 전파되는 파동이므로, 진공 중에서는 전달되지 않음

> 예 우주에서는 매질이 없으므로 소리가 전달되지 않는다.

② 매질에 따른 소리의 속력: 고체＞액체＞기체

> 예 인디언은 먼 곳에서 말이 오는 것을 빠르게 알기 위해 땅에 귀를 대고 소리를 듣는다.

쏙쏙 이해 더하기 | 소리의 굴절

낮	밤
낮에는 지표면이 먼저 가열되므로, 지표면에서 위로 갈수록 기온이 낮아짐 ➡ 소리의 속력이 위로 갈수록 느려짐 ➡ 소리는 위로 굴절	밤에는 지표면이 먼저 식어서, 지표면에서 위로 갈수록 기온이 높아짐 ➡ 소리의 속력이 위로 갈수록 빨라짐 ➡ 소리는 아래로 굴절

참고 **온도에 따른 소리의 속력**

온도가 높을수록 분자 운동이 활발해지기 때문에 기온이 높을수록 빠르다.

✚ **매질에 따른 소리의 속력**

분자 사이의 거리가 가까울수록 진동이 빠르게 전달되므로 기체보다 액체나 고체에서 소리의 전달 속도가 빠르다.

🔍 **꼼꼼 단어 돋보기**

● **음원**

소리를 발생하는 장치나 기관

● **음파**

공기 등의 매질이 물체의 진동을 받아 생기는 파동

2. 소리의 특성

(1) 소리의 3요소

① 소리의 크기⁺: 진폭의 차이에 따라 소리의 크기가 달라짐

작은 소리	큰 소리
진폭	진폭

② 소리의 높낮이⁺: 진동수의 차이에 의해 소리의 높낮이가 달라짐

낮은 소리	높은 소리
주기	주기

③ 소리의 음색: 파형의 기본 형태가 다르면 다른 종류의 소리가 남

피아노 소리	바이올린 소리

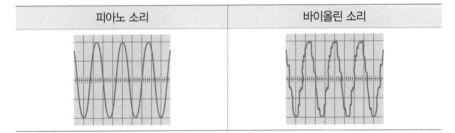

(2) 악기의 소리

① 북소리가 크거나 작게 들리는 것은 소리의 진폭 차이 때문
② 각 음의 높이가 다르게 들리는 것은 소리의 진동수 차이 때문
③ 악기마다 다른 소리가 나는 것은 파형의 기본 형태의 차이 때문

쏙쏙 이해 더하기   소음

① **소음의 영향**: 수면 방해, 청각 장애, 집중력 방해 등
② **소음 줄이는 방법**
- 소음 발생 원인을 제거한다. → 진동을 억제시키거나 탄성체를 이용해 진동을 완화시킨다.
- 발생한 소음 전달을 차단한다. → 방음벽, 방음림(나무), 이중창, 커튼 등
- 전기적인 방법으로 소음을 억제한다. → 능동 소음 제어 장치

콕콕 개념 확인하기

1. 진공에서는 소리를 들을 수 있다. (O, X)
2. 소리의 3요소는?

답   1. X   2. 소리의 크기, 소리의 높낮이, 소리의 음색

＋ 소리의 크기
단위: dB(데시벨)

참고 가청 진동수
사람이 들을 수 있는 소리의 범위로, 20~20,000Hz이다.

＋ 소리의 높낮이
주기가 짧을수록 진동수는 크므로, 진동수가 클수록 높은 소리가 난다.

01 그림과 같은 파동에서 구간 A를 무엇이라고 하는가?

2014년 2회

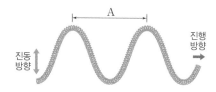

① 골
② 마루
③ 전파
④ 파장

03 그림은 어떤 파동의 순간적인 모습을 나타낸 것이다. A에 해당하는 것은?

2018년 1회

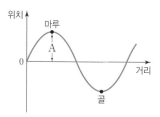

① 매질
② 주기
③ 진폭
④ 진동수

주목

04 다음 중 매질이 없어도 전달되는 파동은?

① 물결파
② 지진파
③ 소리
④ 빛

02 그림은 어떤 파동의 순간적인 모습을 나타낸 것이다. (가)에 해당하는 것은?

2017년 1회

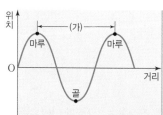

① 매질
② 진폭
③ 파장
④ 진동수

05 다음 중 파동과 매질이 잘못 짝 지어진 것은?

① 소리 — 공기
② 지진파의 P파 — 땅
③ 전파 — 공기
④ 물결파 — 물

06 다음과 같이 파동을 A, B 두 종류로 구별하였다. 구별한 기준은 무엇인가?

> A. 빛, 전파, 지진파의 S파
> B. 소리, 초음파, 지진파의 P파

① 진폭의 크고 작음
② 진동수의 높고 낮음
③ 매질의 진동 방향과 파동의 진행 방향의 관계
④ 파동의 전파 속도

07 다음 중 진동수에 대한 설명으로 옳지 않은 것은?

① 진동수의 단위는 Hz이다.
② 진동수가 클수록 주기가 길다.
③ 매질의 한 점이 1초 동안 진동하는 횟수이다.
④ 2Hz는 1초 동안 2회 진동하는 것을 나타낸다.

08 다음 중 소리를 전달할 수 없는 것은?

① 물
② 나무
③ 우주 공간
④ 공기

09 소리를 지를 때 들리는 소리가 높아지는 경우는?

① 진폭을 크게 한다.
② 진폭을 작게 한다.
③ 진동수를 크게 한다.
④ 진동수를 작게 한다.

10 소리를 듣는 과정을 순서대로 나열한 것은?

> A. 물체의 진동
> B. 공기의 진동
> C. 고막의 진동
> D. 뇌로 전달

① A → B → C → D
② B → A → C → D
③ C → D → B → A
④ D → C → B → A

주목
11 소리를 조절하는 3요소가 아닌 것은?

① 크기
② 높낮이
③ 음색
④ 방향

16 Ⅱ 물리
일과 에너지

1 일

1. 일
(1) **일상에서의 일:** 물체에 힘을 가하는 일뿐 아니라 정신적인 활동도 일이라고 함
　예 독서, 공부 등

(2) **과학에서의 일:** 물체에 힘을 작용하여 물체를 힘의 방향으로 이동시켰을 때

(3) **일의 양**
① 일의 단위: J(줄)

$$일[J]=힘[N]\times이동\ 거리[m]$$
$$\Rightarrow W=F\times s$$

② 한 일의 양이 0이 되는 경우[+]
- 힘이 0인 경우 ➡ 마찰이 없는 수평면에서 물체가 등속 직선 운동[+]을 하는 경우
- 이동 거리가 0인 경우 ➡ 힘을 작용했지만 물체가 이동하지 않는 경우
- 힘의 방향과 물체의 이동 방향이 수직인 경우 ➡ 물체를 들고 수평 방향으로 이동한 경우(중력에 의한 일은 0임)

[+] $W=0$인 경우
- $F=0$일 때
- $s=0$일 때
- $F \perp s$일 때

[+] 등속 직선 운동과 일의 양
마찰이 없는 수평면에서 등속 직선 운동을 하면 물체가 이동하지만, 물체에 작용한 힘은 0이므로, 물체에 한 일의 양은 0이다.

(4) **일의 계산**
① 수평면에서 일정한 속력으로 물체를 밀 때 ➡ 마찰력에 대한 일

$$일=미는\ 힘\times힘의\ 방향으로\ 이동한\ 거리$$
$$=마찰력\times힘의\ 방향으로\ 이동한\ 거리$$

② 물체를 들어 올리는 일 ➡ 중력에 대한 일

$$일=드는\ 힘\times들어\ 올린\ 높이=무게\times들어\ 올린\ 높이$$
$$=9.8\times질량\times들어\ 올린\ 높이$$

콕콕 개념 확인하기

1. 일(W)=_____×이동 거리(s)
2. 일의 단위는?
3. 20N의 힘으로 물체를 4m 이동시켰을 때 한 일의 양은?

답　1. 힘(F)　2. J(줄)　3. 80J

② 위치 에너지와 운동 에너지

1. 위치 에너지
어떤 위치에 있는 물체가 가지고 있는 에너지 ➡ 중력에 의한 위치 에너지, 탄성력에 의한 위치 에너지

(1) 중력에 의한 위치 에너지[+]
어떤 높이에 있는 물체가 가지는 에너지 <예> 수력 발전, 물레방아

중력에 의한 위치 에너지 = 9.8 × 질량 × 높이 = 무게 × 높이 ➡ $E_p = 9.8mh = wh$

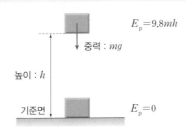

☆(2) 중력에 의한 위치 에너지(E_p)와 기준면
① 기준면에서 중력에 의한 위치 에너지: $E_p = 0$
② 같은 높이에 있는 물체라도 기준면에 따라 중력에 의한 위치 에너지는 다름

• 책상 면이 기준면일 때
➡ $E_p = 0$
• 바닥이 기준면일 때
➡ $E_p = 9.8 × 5\text{kg} × 1\text{m} = 49\text{J}$

> **쏙쏙 이해 더하기**　**탄성력에 의한 위치 에너지**
>
> 탄성체가 변형되었을 때 가지는 에너지를 탄성력에 의한 위치 에너지라고 한다.
> • 탄성체의 변형이 클수록 크다.
> • 탄성체에 일을 할 때 탄성체에 한 일의 양만큼 탄성력에 의한 위치 에너지가 증가한다.
> <예> 양궁, 장대높이뛰기, 트램펄린 등

☆2. 운동 에너지[+]
운동하는 물체가 가지고 있는 에너지 <예> 날아가는 총알, 운행 중인 자동차 등

운동 에너지 $= \dfrac{1}{2} × 질량 × (속력)^2$ ➡ $E_k = \dfrac{1}{2}mv^2$

콕콕 개념 확인하기

1. 10m 높이에 1kg의 물체가 있을 때 위치 에너지는?
2. 10kg의 물체가 5m/s의 속력으로 운동할 때 가지는 운동 에너지는?
3. 20kg의 물체가 2m/s의 속력으로 운동할 때 가지는 운동 에너지는?

답　1. 98J　2. 125J　3. 40J

참고 위치 에너지 → 일의 전환
어떤 위치에 있는 물체는 자신이 가지고 있는 위치 에너지만큼 일을 할 수 있다.

+ 중력에 의한 위치 에너지

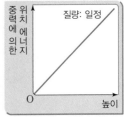

참고 운동 에너지 → 일의 전환
물체가 한 일의 양만큼 운동 에너지가 감소한다.

+ 운동 에너지

01 무게가 40N인 물체를 일정한 속력으로 3m 높이까지 들어 올렸을 때, 한 일의 양은? 2014년 1회

① 40J
② 80J
③ 120J
④ 160J

02 그림과 같이 20N의 일정한 힘으로 사람이 물체를 3m 이동시킬 때, 사람이 한 일의 양은? 2014년 2회

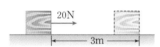

① 40J
② 50J
③ 60J
④ 120J

03 무게가 20N인 물체를 일정한 속력으로 4m 위로 들어 올렸을 때, 한 일의 양은? 2016년 1회

① 20J
② 40J
③ 60J
④ 80J

04 그림과 같이 사람이 100N의 힘으로 물체를 밀었으나 물체가 움직이지 않았다. 사람이 물체에 한 일은?

2018년 2회

① 0J
② 50J
③ 150J
④ 300J

05 그림은 놀이동산에서 롤러코스터가 움직이는 모습을 나타낸 것이다. A~D 중 위치 에너지가 가장 작은 지점은? 2016년 1회

① A
② B
③ C
④ D

06 질량 2kg인 물체가 2m/s의 속력으로 움직일 때, 이 물체의 운동 에너지는? 2017년 1회

① 4J
② 5J
③ 6J
④ 7J

07 그림과 같이 가만히 놓은 공이 떨어지는 동안, 시간에 따른 공의 속력을 나타낸 그래프는? (단, 공기 저항은 무시한다.) 2017년 2회

운동 방향

지면

08 과학에서 말하는 일을 한 경우는?

① 벽을 밀었으나 움직이지 않았다.
② 양동이에 물을 담아 들고 계단을 올라갔다.
③ 책상에 앉아서 공부를 열심히 하였다.
④ 가방을 들고 수평 방향으로 걸어갔다.

09 다음 그림은 어떤 사람이 물건을 들고 걸어간 길의 단면을 나타낸 것이다. 이 사람이 중력에 대한 일을 하지 <u>않은</u> 구간을 모두 고른 것은?

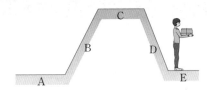

① A, C, E
② B, C
③ B, D
④ B, C, E

주목

10 무게가 50N인 물체를 3m까지 들어 올렸을 때 한 일의 양은?

① 50J
② 100J
③ 150J
④ 200J

11 다음과 같이 50N의 힘으로 물체를 3m 끌었을 때 한 일의 양은?

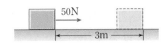

50N

3m

① 50J
② 100J
③ 150J
④ 200J

12 다음 물체들이 가지고 있는 에너지는?

• 날아가는 총알
• 굴러가는 볼링공
• 달리는 자전거

① 핵에너지
② 전기 에너지
③ 위치 에너지
④ 운동 에너지

13 3kg의 물체가 10m/s의 속력으로 운동할 때 가지는 운동 에너지는?

① 60J
② 90J
③ 100J
④ 150J

14 5kg의 물체가 2m/s의 속력으로 운동할 때 가지는 운동 에너지는?

① 10J
② 20J
③ 30J
④ 40J

15 10m 높이에 10kg의 물체가 있을 때 이 물체의 위치 에너지는?

① 98J
② 490J
③ 980J
④ 0J

16 위치 에너지가 가장 큰 지점은? (단, 마찰, 공기 저항을 무시한다.)

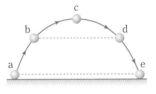

① a
② b
③ c
④ d

17 b 지점과 같은 위치 에너지를 가진 지점은? (단, 마찰, 공기 저항을 무시한다.)

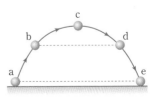

① a
② c
③ d
④ e

17 Ⅱ 물리
에너지 전환과 보존

1 역학적 에너지 전환과 보존

1. 역학적 에너지(E)
운동 에너지와 위치 에너지의 합

> 역학적 에너지=운동 에너지+위치 에너지

☆**(1) 역학적 에너지 보존 법칙:** 마찰이나 공기 저항을 무시할 때, 물체의 역학적 에너지는 일정하게 보존됨

> 역학적 에너지=위치 에너지+운동 에너지=일정

(2) 물체가 하강할 때: 감소한 위치 에너지=증가한 운동 에너지

(3) 물체가 상승할 때: 증가한 위치 에너지=감소한 운동 에너지

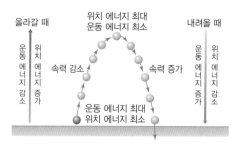

참고 **역학적 에너지 전환**

운동하는 물체의 위치 에너지와 운동 에너지가 서로 전환되는 현상
예 바이킹, 번지점프, 미끄럼틀, 그네, 시계추 등

참고 **자유 낙하 물체의 역학적 에너지 보존**

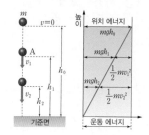

참고 **위로 던져 올릴 때**

- 위치 에너지 증가
- 운동 에너지 감소
- 역학적 에너지 일정

쏙쏙 이해 더하기 　진자의 운동

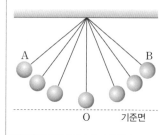

구분	A	➡	O	➡	B
속력	0	증가	최대	감소	0
높이	최대	감소	0	증가	최대
운동 에너지	0	증가	최대	감소	0
위치 에너지	최대	감소	0	증가	최대
역학적 에너지	일정	일정	일정	일정	일정

콕콕 개념 확인하기

1. 역학적 에너지=_____+운동 에너지
2. 위치 에너지가 100J, 운동 에너지가 70J인 물체의 역학적 에너지는?

답　1. 위치 에너지　2. 170J

2 에너지 전환과 보존

1. 에너지

일을 할 수 있는 능력 ➡ 단위: J(줄)

(1) 에너지의 종류

    ① **운동 에너지**: 운동하는 물체가 가지고 있는 에너지

    ② **위치 에너지**: 물체의 위치와 관련한 에너지

    ③ **열에너지**: 물체의 온도와 관련한 에너지

    ④ **전기 에너지**: 전기가 가지고 있는 에너지

    ⑤ **빛에너지**: 빛이 가지고 있는 에너지

    ⑥ **탄성 에너지**: 탄성이 있는 물체가 가지고 있는 에너지

    ⑦ **화학 에너지**: 화학 결합에 의해 물질 속에 저장된 에너지

    ⑧ **핵에너지**: 원자핵이 핵분열하거나 핵융합할 때 만들어지는 에너지

(2) 일과 에너지: 에너지는 일로 바뀔 수 있으며, 일도 에너지로 전환 가능

> **참고** 일의 단위와 에너지의 단위는 J 로 같다.

⭐ 2. 에너지 전환

에너지의 종류가 한 형태에서 다른 형태로 바뀌는 것

(1) 전구: 전기 에너지 → 빛에너지

(2) 선풍기: 전기 에너지 → 운동 에너지

(3) 전기난로: 전기 에너지 → 열에너지

(4) 승강기: 전기 에너지 → 역학적 에너지

(5) 태양 전지: 빛에너지 → 전기 에너지

(6) 수력 발전: 위치 에너지 → 전기 에너지

(7) 텔레비전: 전기 에너지 → 소리 에너지, 빛에너지, 열에너지

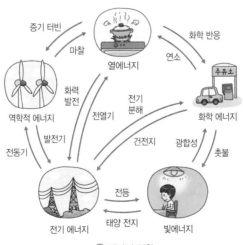

🔵 에너지 전환

3. 에너지 보존 법칙[+]

에너지가 전환되어도 전체 에너지의 합은 변화없이 일정하게 보존됨

> 📺 텔레비전에 100J의 전기 에너지가 공급되었다. 소리 에너지로 30J, 빛에너지로 50J이 사용되었다면, 열에 너지로 빠져나간 에너지 양은 20J이다.

> **➕ 에너지 보존 법칙**
> 에너지가 전환될 때 에너지는 새로 생기거나 사라지지 않고 그 총량이 항상 일정하다.

① 에너지를 절약해야 하는 이유
  • 에너지가 없으면 매우 불편하다.
  • 에너지 자원은 무한정 공급되는 것이 아니다.
  • 에너지는 우리 생활에 없어서는 안 되는 매우 중요한 것이다.
② 에너지 절약 방법
  • 사용하지 않는 전등은 반드시 끈다.
  • 쓰지 않는 전기 기기의 플러그를 뽑는다.
  • 대중교통을 이용한다.

콕콕 개념 확인하기

1. 태양이나 전등에서 나오는 빛이 가진 에너지를 _____(이)라고 한다.
2. 전기난로: _____ → 열에너지

답 1. 빛에너지 2. 전기 에너지

3 전기 에너지 발생

1. 전자기 유도

코일 주위에서 자석을 움직이면 코일을 통과하는 자기장이 변하여 코일에 전류가 흐르는 현상 ➡ 자석의 역학적 에너지가 전기 에너지로 전환

(1) 유도 전류[+]: 코일 주위에서 자석을 움직일 때 코일에 흐르는 전류

⭐**(2) 전자기 유도 원리:** 자석을 움직일 때 코일에 유도 전류가 생기고, 자석을 움직이지 않을 때는 전류가 생기지 않음

➕ 유도 전류
  • 자석이 셀수록 유도 전류가 세다.
  • 자석이 빠르게 움직일수록 유도 전류가 세다.
  • 코일을 많이 감을수록 유도 전류가 세다.

막대자석

검류계

코일

(3) 발전기[+]
  ① 영구 자석과 그 속에서 회전할 수 있는 코일로 이루어진 장치
  ② 코일이 회전할 때 전자기 유도에 의해 코일에 전류가 흐르면서 전기를 생산함

➕ 발전기와 전동기
  • 발전기: 역학적 에너지 → 전기 에너지
  • 전동기: 전기 에너지 → 역학적 에너지

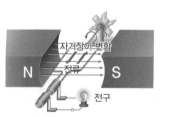

자기장이 변함

전류

N   S

전구

콕콕 개념 확인하기

1. 코일 주위에서 자석을 움직일 때 코일에 흐르는 전류를 _____ 전류라고 한다.
2. 자석이 (빠르게, 느리게) 움직일수록 유도 전류가 세다.
3. _____(은)는 코일이 회전할 때 전자기 유도에 의해 코일에 전류가 흐르면서 전기를 생산한다.

답 1. 유도 2. 빠르게 3. 발전기

01 그림과 같은 궤도를 가진 공의 운동에 관한 설명 중 옳은 것은? (단, 공기의 저항은 무시한다.)　　2010년 1회

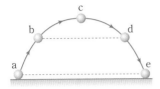

① a에서 위치 에너지가 가장 크다.
② b와 d의 역학적 에너지는 같다.
③ a에서 c로 갈수록 운동 에너지가 증가한다.
④ c에서 e로 갈수록 위치 에너지가 증가한다.

03 그림은 A 지점에서 지면으로 떨어지고 있는 공을 나타낸 것이다. C 지점에서 공의 운동 에너지는? (단, 역학적 에너지는 보존된다.)　　2016년 2회

지점	위치 에너지	운동 에너지
A	60J	0J
B	40J	20J
C	20J	( )

① 20 J　　　② 30 J
③ 40 J　　　④ 50 J

02 그림과 같이 공이 떨어지는 동안, 공의 운동 에너지와 위치 에너지에 대한 설명으로 옳은 것은? (단, 공기 저항은 무시한다.)　　2015년 1회

① 운동 에너지는 증가한다.
② 위치 에너지는 증가한다.
③ 운동 에너지는 변하지 않는다.
④ 위치 에너지는 변하지 않는다.

04 그림은 공이 A에서 C 지점을 지나 지면으로 떨어지는 모습을 나타낸 것이다. A~C 지점에서 공의 역학적 에너지에 대한 설명으로 옳은 것은? (단, 공기 저항은 무시한다.)　　2018년 1회

① A 지점에서 가장 크다.
② B 지점에서 가장 크다.
③ C 지점에서 가장 크다.
④ 모두 같다.

05 그림과 같이 코일에 자석을 넣거나 뺄 때 코일에 전류가 발생하여 검류계의 바늘이 움직인다. 이 현상은?

2016년 2회

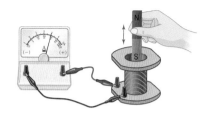

① 관성　　　　　　　② 마찰 전기
③ 질량 보존　　　　　④ 전자기 유도

06 에너지의 종류에 대한 설명으로 옳지 <u>않은</u> 것은?

① 운동 에너지: 운동하는 물체가 가지고 있는 에너지
② 위치 에너지: 물체의 위치와 관련한 에너지
③ 열에너지: 탄성이 있는 물체가 가지고 있는 에너지
④ 전기 에너지: 전기가 가지고 있는 에너지

07 에너지의 단위는?

① J　　　　　　　　② W
③ N　　　　　　　　④ kg

주목
08 물체가 떨어질 때 증가하는 에너지는?

① 운동 에너지　　　　② 역학적 에너지
③ 위치 에너지　　　　④ 탄성 에너지

09 2m 높이에 있는 10kg의 물체가 정지해 있다가 떨어졌다. 지면에 닿는 순간의 운동 에너지는? (단, 공기 저항력은 무시한다.)

① 10J　　　　　　　② 20J
③ 98J　　　　　　　④ 196J

10 a에서 c로 공이 움직일 때 에너지 변화로 옳은 것은?

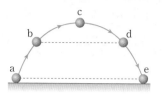

① 역학적 에너지는 감소한다.
② 운동 에너지가 증가한다.
③ 위치 에너지가 감소한다.
④ 위치 에너지는 증가한다.

11 c에서 e로 공이 움직일 때 에너지 변화로 옳은 것은?

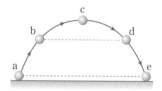

① 역학적 에너지는 증가한다.
② 운동 에너지가 증가한다.
③ 운동 에너지가 감소한다.
④ 위치 에너지는 증가한다.

주목
12 공이 떨어질 때 역학적 에너지의 변화는? (단, 마찰, 공기 저항은 무시한다.)

① 감소한다.　　　　　② 증가한다.
③ 일정하다.　　　　　④ 감소한 후 증가한다.

18 전기

Ⅱ 물리

1 전기의 발생

1. 마찰 전기

(1) 대전과 대전체

　① 대전: 물체가 전기를 띠는 현상

　② 대전체: 대전된 물체(전기를 띤 물체)

(2) 마찰 전기(정전기): 서로 다른 두 물체를 마찰할 때 한 물체에서 다른 물체로 전자가 이동하여 생긴 전기

　① 전자를 잃은 물체 ➡ (+)전하로 대전

$$(+)전하의 양 > (-)전하의 양$$

　② 전자를 얻은 물체 ➡ (-)전하로 대전

$$(+)전하의 양 < (-)전하의 양$$

(3) 마찰 전기에 의한 현상

　① 먼지가 먼지떨이에 달라붙음

　② 머리카락이 플라스틱 빗에 달라붙음

　③ 비닐랩이 그릇에 달라붙음

　④ 겨울에 금속으로 만든 손잡이를 잡을 때 찌릿함을 느낌

쏙쏙 이해 더하기 | **원자의 구조**

원자는 원자핵과 전자로 이루어져 있다.

- **원자핵:** (+)전하를 띠고, 질량이 커서 이동하지 않는다.
- **전자:** (-)전하를 띠고, 이동할 수 있다.
- 물질은 (+)전하와 (-)전하의 양이 같아 전기적으로 중성이다.

전자는 자유롭게 움직인다.
전자
원자핵
원자핵은 무거워서 쉽게 움직이지 못한다.

---

(4) 대전열(대전되는 정도): 물체를 마찰할 때 전자를 잃기 쉬운 순서대로 나열한 것

털가죽　유리　명주　나무　고무　플라스틱

전자를 잃기 쉬움 ➡ (+)전하로 대전　　전자를 얻기 쉬움 ➡ (-)전하로 대전

　예 고무풍선을 털가죽으로 마찰 ➡ 고무풍선은 (-)전하, 털가죽은 (+)전하로 대전

　　고무풍선을 플라스틱 막대로 마찰 ➡ 고무풍선은 (+)전하, 플라스틱 막대는 (-)전하로 대전

🔍 꼼꼼 단어 돋보기

● 전하

물질에서 전기적인 성질을 나타내게 하는 것

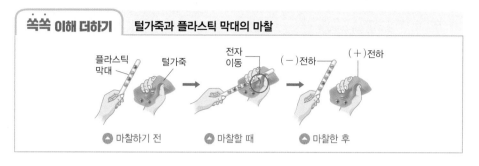

▲ 마찰하기 전   ▲ 마찰할 때   ▲ 마찰한 후

2. 전기력

전하를 띤 두 물체 사이에 작용하는 힘

(1) **인력:** 다른 종류의 전하를 띤 물체 사이에서 작용하는 끌어당기는 힘

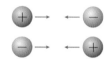

(2) **척력:** 같은 종류의 전하를 띤 두 물체 사이에서 작용하는 밀어내는 힘

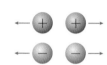

(3) **전기력의 세기:** 대전된 전하의 양이 많을수록, 대전체와의 거리가 가까울수록 셈

1. 대전된 물체(전기를 띤 물체)를 _____(이)라고 한다.
2. 서로 다른 종류의 물질을 마찰시키면 _____(이)가 발생한다.
3. 고무풍선을 털가죽으로 마찰하면 고무풍선은 _____ 전하를 띠고, 털가죽은 _____ 전하를 띤다.

답 1. 대전체 2. 마찰 전기 3. (−), (+)

2 정전기 유도

1. 정전기 유도

(1) **정전기 유도:** 대전체를 대전되지 않은 금속에 가까이 할 때 금속 양 끝이 전하를 띠는 현상
  ① 대전체와 가까운 쪽: 대전체와 다른 종류의 전하로 대전
  ② 대전체와 먼 쪽: 대전체와 같은 종류의 전하로 대전

(2) **정전기 유도의 원인:** 대전체를 가까이 하면 금속 내부의 자유 전자가 전기력을 받아 이동하기 때문에 발생함
  • 대전체와 금속 사이에 작용하는 힘: 금속에서 대전체와 가까운 쪽은 대전체와 다른 종류의 전하로 대전되므로 대전체와 금속 사이에는 인력이 작용함

2. 검전기

정전기 유도를 이용하여 물체의 대전 여부를 알아보는 기구

(1) **검전기의 원리:** 금속판에 대전체를 가까이 하면, 정전기 유도에 의해 금속판과 금속박이 전하를 띠면서 금속박이 벌어짐

참고 금속 막대에 대전체를 가까이 할 때

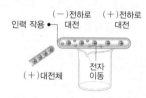

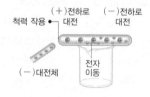

참고 접촉한 두 금속 구에서의 정전기 유도

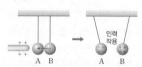

전자가 B에서 A로 이동하므로 A는 (−)전하, B는 (+)전하로 대전된다.
→ A, B 사이에 인력이 작용한다.

➕ 검전기

① 금속판: 대전체와 다른 종류의 전하로 대전
② 금속박: 대전체와 같은 종류의 전하로 대전

(2) 검전기로 알 수 있는 사실

물체의 대전 여부	 대전되지 않은 물체 벌어지지 않는다. ➡ 대전되지 않은 물체를 가까이 하면 금속박이 움직이지 않음	 금속박이 벌어진다. ➡ 금속판에 대전체를 가까이 하면 금속박이 벌어짐
물체에 대전된 전하의 양	 전하의 양이 적다. ➡ 대전된 전하의 양이 적을 때는 금속박이 조금 벌어짐	 전하의 양이 많다. ➡ 대전된 전하의 양이 많을 때는 금속박이 많이 벌어짐
물체에 대전된 전하의 종류	➡ 검전기와 같은 전하로 대전된 물체를 가까이 할 때는 금속박이 더 벌어짐	➡ 검전기와 다른 전하로 대전된 물체를 가까이 할 때는 금속박이 오므라듦

쏙쏙 이해 더하기 　검전기를 대전시키는 방법

• (-)전하로 대전시키는 방법: (+)대전체를 가까이 한 상태에서 금속판에 손을 접촉했다가 대전체와 손을 동시에 멀리 한다.

접지

• (+)전하로 대전시키는 방법: (-)대전체를 가까이 한 상태에서 금속판에 손을 접촉했다가 대전체와 손을 동시에 멀리 한다.

접지

콕콕 개념 확인하기

1. 대전체를 대전되지 않은 금속에 가까이 할 때 대전체와 가까운 쪽은 대전체와 _____ 종류의 전하로 대전된다.
2. 검전기는 금속판에 대전체를 가까이 하면 정전기 유도에 의해 _____(이)가 벌어진다.

답　1. 다른　2. 금속박

꼼꼼 단어 돋보기

● 접지

대전된 물체나 전기 회로를 땅에 연결하는 것

탄탄 실력 다지기

01 맑고 건조한 날, 플라스틱 빗으로 마른 머리를 빗다 보면 머리카락이 빗에 달라붙는다. 이러한 현상과 관계가 깊은 것은? 2007년 2회

① 관성
② 원심력
③ 자기장
④ 마찰 전기

02 털가죽으로 문질러 (−) 전기를 띤 에보나이트 막대를 검전기의 금속판에 가까이 가져갔을 때 나타나는 현상은?

2009년 1회

에보나이트
막대
금속판
금속
막대
금속박

① 금속판이 밀린다.
② 금속박이 벌어진다.
③ 금속박이 오므라든다.
④ 아무런 변화가 없다.

03 다음 현상과 관련이 깊은 것은? 2009년 2회

> • 건조한 날, 플라스틱 빗으로 머리를 빗으면 머리카락이 잘 달라붙는다.
> • 고무풍선을 털옷에 문질러 작은 종잇조각에 가까이 하면 잘 달라붙는다.

① 중력
② 탄성력
③ 전기력
④ 구심력

04 전기를 띤 물체 사이에 작용하는 힘은? 2011년 1회

① 자기력
② 전기력
③ 마찰력
④ 탄성력

05 건조한 상태에서 플라스틱 빗으로 머리를 빗을 때, 머리카락이 빗에 달라붙는 원인이 되는 것은? 2013년 1회

① 관성
② 부력
③ 풍력
④ 정전기

06 그림과 같이 전하를 띠지 않은 두 금속구 A, B를 붙여 놓은 후 (−)대전체를 A에 가까이 하였다. A, B가 띠는 전하의 종류는?

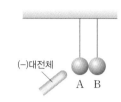

	A	B
①	(+)	(+)
②	(+)	(−)
③	(−)	(+)
④	(−)	(−)

07 물체가 전기를 띠는 현상을 무엇이라고 하는가?

① 대전
② 전압
③ 저항
④ 검전기

08 겨울에 금속으로 만든 손잡이를 잡을 때 찌릿함을 느끼는 것과 가장 관련 있는 힘은?

① 중력
② 자기력
③ 전기력
④ 부력

주목

09 전자를 잃은 물체에 대한 설명으로 옳은 것은?

① (+)전하로 대전된다.
② (−)전하로 대전된다.
③ (+)전하와 (−)전하의 양이 같다.
④ (+)전하보다 (−)전하의 양이 많다.

10 다음과 같이 매달린 두 대전체의 모습으로 옳은 것은?

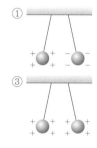
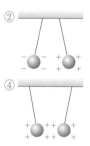

11 다음과 같이 각각 (+), (−)로 대전된 두 개의 고무 풍선이 서로 당기는 힘은?

① 중력
② 자기력
③ 전기력
④ 마찰력

12 검전기로 알 수 있는 사실이 <u>아닌</u> 것은?

① 물체의 대전 여부
② 물체에 대전된 전하의 양
③ 물체에 대전된 전하의 종류
④ 물체의 종류

13 다음 A 구조의 이름은?

① 금속판
② 금속 막대
③ 금속박
④ 유리병

주목
14 다음과 같이 (−)전하로 대전된 플라스틱 막대를 가까이 할 때 검전기의 대전 상태로 옳은 것은?

Ⅱ 물리

전류, 전압, 전기 저항

1 전류(I)

전선을 따라 이동하는 전하의 흐름

(1) 전류의 방향: 전자의 이동 방향과 반대

① **전류의 방향:** 전지의 (+)극 → (−)극 쪽
② **전자의 이동 방향:** 전지의 (−)극 → (+)극 쪽

전류가 흐르지 않을 때	전류가 흐를 때
자유 전자 / 원자	(−)극에 연결 / (+)극에 연결
전자들이 여러 방향으로 불규칙하게 움직임	전자들이 전지의 (−)극에서 (+)극으로 이동

(2) 전류의 세기(I): 1초 동안 도선의 한 단면을 지나는 전하의 양
➡ 단위: A(암페어)

쏙쏙 이해 더하기 전류계의 사용법

전류계의 눈금을 읽을 때에는 전기 회로에 연결된 (−)단자에 해당하는 눈금을 읽는다.
예 (−)단자 5A에 연결되었으므로 전류의 세기가 3A임을 알 수 있다.

전기 회로 연결 방법	단자 연결 방법
• 직류용인지 교류용인지 확인 • 영점 조절 나사로 영점을 조정 • 회로에 직렬로 연결 • 전지에 직접 연결하지 않음	• 전류계의 (+)단자는 전지의 (+)극에, (−)단자는 전지의 (−)극에 연결함 • (−)단자 선택 시 최댓값이 가장 큰 단자부터 연결함

50mA 500mA 5A (+)

(−)단자 (+)단자

참고 전하량 보존 법칙

전기 회로에 전류가 흐를 때 전하는 새로 생기거나 없어지지 않는다.

콕콕 개념 확인하기

1. 전류의 방향은 전지의 _____극 → _____극 쪽이다.
2. 전류의 단위는 _____(이)다.
3. 전류계는 회로에서 측정하려는 저항에 _____(으)로 연결한다.

답 1. +, − 2. A 3. 직렬

2 전압(V)

전기 회로에 전류를 흐르게 하는 능력 ➡ 단위: V(볼트)

☆(1) **전지의 직렬연결과 전압**: 연결한 전지의 개수에 비례

➡ 높은 전압을 얻을 수 있어 전류의 세기가 세져 전구의 밝기가 밝아짐

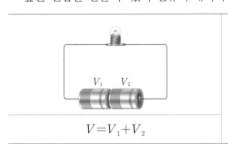

$$V = V_1 + V_2$$

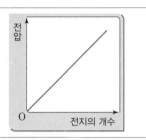

☆(2) **전지의 병렬연결과 전압**: 전지 1개의 전압과 같음

➡ 전지를 오랫동안 사용할 수 있음(전구를 오래 켤 수 있음)

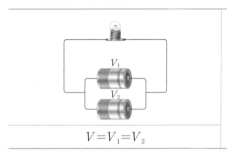

$$V = V_1 = V_2$$

참고 물의 흐름과 전기 회로의 비유

• 물의 흐름 − 전류
• 물레방아 − 전구
• 밸브 − 스위치
• 수도관 − 도선
• 펌프 − 전지
• 수압 − 전압

쓱쓱 이해 더하기 | 전압계의 사용법

전류계의 눈금을 읽는 방법과 같이, 전기 회로에 연결된 (−)단자에 해당하는 눈금을 읽는다.

전기 회로 연결 방법	단자 연결 방법
• 직류용인지 교류용인지 확인 • 영점 조절 나사로 영점을 조정 • 회로에 병렬로 연결 • 전지에 직접 연결	• 전류계의 (+)단자는 전지의 (+)극에, (−)단자는 전지의 (−)극에 연결함 • (−)단자 선택 시 최댓값이 가장 큰 단자부터 연결함

(3) 전기 기호

전지	전구	저항	스위치	전류계	전압계
$\dashv\vdash$ (−) (+)	─◯─	─W─	─o/─	─Ⓐ─	─Ⓥ─

콕콕 개념 확인하기

1. 전압의 단위는 _____(이)다.
2. 전류의 세기는 전압에 (비례, 반비례) 한다.

답 1. V   2. 비례

3 전기 저항(R)

전기 회로에서 전류의 흐름을 방해하는 정도 ➡ 단위: Ω(옴)

자유 전자   원자

$(-)$ $(+)$

● 자유 전자가 이동할 때 원자와의 충돌이
많을수록 전기 저항이 크다.

(1) 전기 저항에 영향을 주는 요인
① 물질의 종류 : 물질마다 원자의 배열 상태가 다름
② 도선의 길이 : 도선의 길이가 길수록 저항이 커짐
③ 도선의 단면적 : 도선의 단면적이 좁을수록 저항이 커짐

(2) 저항의 직렬연결[+]: 여러 개의 저항을 한 줄로 연결하는 방법으로, 저항의 길이가 길어지는 것과 같음

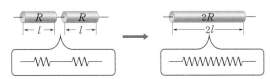

합성 저항: $R = R_1 + R_2$

➡ 직렬로 연결하는 저항의 수가 커질수록 합성 저항이 커짐

쏙쏙 이해 더하기 **저항의 직렬연결에서 전류, 전압, 합성 저항**

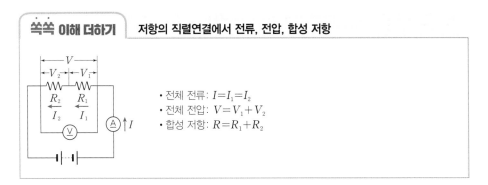

- 전체 전류: $I = I_1 = I_2$
- 전체 전압: $V = V_1 + V_2$
- 합성 저항: $R = R_1 + R_2$

---

(3) 저항의 병렬연결[+]: 여러 개의 저항의 양 끝을 나란히 연결하는 방법으로, 저항의 단면적이 커지는 것과 같음

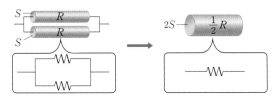

합성 저항: $\dfrac{1}{R} = \dfrac{1}{R_1} + \dfrac{1}{R_2}$

➡ 병렬로 연결하는 저항의 수가 커질수록 합성 저항이 작아짐

참고 도선의 길이와 단면적에 따른 전기 저항

저항$(R) \propto \dfrac{\text{도선의 길이}(\ell)}{\text{도선의 단면적}(S)}$

+ 저항의 직렬연결

R_1 R_2 R_3
—\/\/—\/\/—\/\/— …

$R = R_1 + R_2 + R_3 + R_4$ …

참고 저항의 직렬연결의 예

작은 전구들이 나란히 연결되어 있는 크리스마스트리의 전구 중 하나의 전구가 꺼지면 다른 전구들도 모두 꺼진다.

+ 저항의 병렬연결

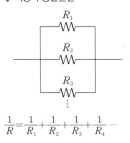

$\dfrac{1}{R} = \dfrac{1}{R_1} + \dfrac{1}{R_2} + \dfrac{1}{R_3} + \dfrac{1}{R_4}$ …

참고 저항의 병렬연결의 예

- 가정에서 사용하는 전기 기구들의 연결
- 멀티탭

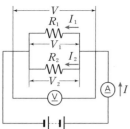

- 전체 전류: $I = I_1 + I_2$
- 전체 전압: $V = V_1 = V_2$
- 합성 저항: $\dfrac{1}{R} = \dfrac{1}{R_1} + \dfrac{1}{R_2}$

콕콕 개념 확인하기

1. 저항의 단위는 _____(이)다.
2. 2Ω의 저항 2개를 병렬로 연결하였을 때 합성 저항은?

답 1. Ω 2. 1Ω

4 옴의 법칙[+]

전류의 세기는 전압에 비례하고, 저항에 반비례함

+ 옴의 법칙

$$\text{전류의 세기}(I) = \frac{\text{전압}(V)}{\text{저항}(R)} \implies I = \frac{V}{R} \quad , \quad V = IR \quad , \quad R = \frac{V}{I}$$

전류와 전압의 관계 그래프	전압과 저항의 관계 그래프	전류와 저항의 관계 그래프
저항: 일정 기울기 $= \dfrac{\text{전류}}{\text{전압}} = \dfrac{1}{\text{저항}}$	전류: 일정 기울기 $= \dfrac{\text{전압}}{\text{저항}} = \text{전류}$	전압: 일정
전류의 세기 $\propto$ 전압	전압 $\propto$ 저항	전류의 세기 $\propto \dfrac{1}{\text{저항}}$

콕콕 개념 확인하기

1. 전류의 세기는 전압에 _____하고, 저항에 _____한다.
2. $6V$의 전압, 2Ω의 저항일 경우 전류의 세기는?

답 1. 비례, 반비례   2. $3A$

탄탄 실력 다지기

정답과 해설 **19**쪽

01 그림과 같이 5Ω과 10Ω의 저항을 직렬로 연결할 때 합성 저항은?　　　　　　　　　　2013년 2회

$$\text{--}\!\!\!\bigwedge\!\!\!\text{--}\!\!\!\bigwedge\!\!\!\text{--}$$
5Ω　　10Ω

① 5Ω　　　　　　　② 10Ω
③ 15Ω　　　　　　　④ 20Ω

02 그림의 전기 회로에서 전류계에 흐르는 전류의 세기는? (단, 도선과 전지 내부의 저항은 무시한다.)　　　　　　　　　　2014년 1회

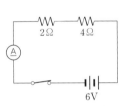

① 1A　　　　　　　② 2A
③ 3A　　　　　　　④ 4A

03 다음 설명에 해당하는 것은?　　2014년 2회

- 단위는 Ω(옴)을 사용한다.
- 전류의 흐름을 방해하는 정도이다.

① 전력　　　　　　　② 전자
③ 전하　　　　　　　④ 저항

04 그림에서 3Ω의 저항에서 9V의 전압이 걸릴 경우 회로에 흐르는 전류의 세기는?　　　　2015년 1회

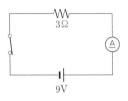

① 1A　　　　　　　② 3A
③ 5A　　　　　　　④ 7A

05 그래프는 니크롬선에 걸리는 전압과 전류의 관계를 나타낸 것이다. 이 니크롬선의 저항은?　　2016년 1회

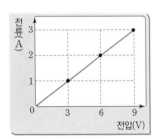

① 1Ω　　　　　　　② 3Ω
③ 5Ω　　　　　　　④ 7Ω

06 그림의 전기 회로에서 3A의 전류가 흐를 때 2Ω의 저항에 걸리는 전압은? (단, 도선의 저항은 무시한다.)　　　　　　　　　　2016년 2회

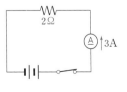

① 2V　　　　　　　② 3V
③ 4V　　　　　　　④ 6V

07 그림의 회로에서 전류계에 나타나는 전류의 세기는?

2017년 1회

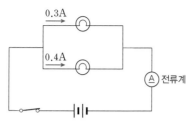

① 0.2A   ② 0.3A
③ 0.5A   ④ 0.7A

10 다음 b 지점에 흐르는 전류의 세기는?

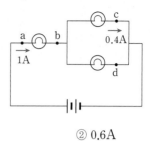

① 1A   ② 0.6A
③ 0.5A   ④ 0.4A

08 그림의 전기 회로에서 전류계 (가)와 (나)에 나타나는 전류 세기의 비는?

2017년 2회

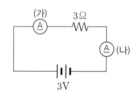

① 1 : 1   ② 1 : 2
③ 2 : 1   ④ 2 : 3

11 다음 d 지점에 흐르는 전류의 세기는?

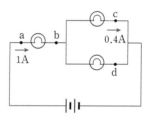

① 1A   ② 0.6A
③ 0.5A   ④ 0.4A

09 그림의 전기 회로도에서 전류계 (가)에 흐르는 전류의 세기는?

2018년 1회

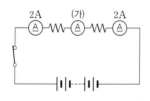

① 1A   ② 2A
③ 3A   ④ 5A

주목
12 다음 전기 회로의 합성 저항은?

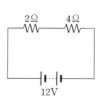

① 2Ω   ② 4Ω
③ 6Ω   ④ 10Ω

13 다음 전기 회로의 합성 저항은?

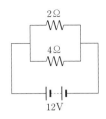

① 2Ω

② $\dfrac{3}{4}$ Ω

③ $\dfrac{4}{3}$ Ω

④ 6Ω

14 다음 전기 회로의 전류의 세기는?

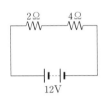

① 1A　　　　② 2A

③ 3A　　　　④ 4A

주목
15 저항 2Ω의 니크롬선에 4A의 전류를 흐르게 하려면 몇 V의 전압을 걸어야 하는가?

① 1V

② 4V

③ 8V

④ 12V

16 45V의 전압, 5A의 전류일 경우 저항의 크기는?

① 5Ω

② 6Ω

③ 9Ω

④ 10Ω

17 다음 중 저항 R의 값은?

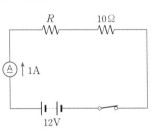

① 1Ω　　　　② 2Ω

③ 3Ω　　　　④ 4Ω

20 전기 에너지, 전류의 자기 작용

Ⅱ 물리

1 전기 에너지

1. 전기 에너지
전류에 의해 발생하는 에너지

(1) 전기 에너지의 전환

전기 에너지	➡ 열에너지	전기밥솥, 전기난로 등
	➡ 빛에너지	형광등, 전등 등
	➡ 운동 에너지	세탁기, 선풍기 등
	➡ 소리 에너지	오디오, 스피커 등

(2) 전기 에너지의 크기

$$전기 에너지(E) = 전압(V) \times 전류(I) \times 시간(t)$$
$$➡ E = VIt$$

(3) 전기 에너지의 단위: J
1J은 1V의 전압으로 1A의 전류가 1초 동안 흐를 때 공급되는 전기 에너지

$$1J = 1V \times 1A \times 1s$$

쏙쏙 이해 더하기　　**전류의 열작용**

모든 물체는 전기 저항이 있어 전류가 흐르는 것을 방해한다.
따라서 물체에 전류가 흐르면 물체 내부의 자유 전자가 이동하면서 원자와 충돌하여 열이 발생하게 된다. 이를 전류의 열작용이라고 한다.
- **전류의 열작용의 이용**: 전기밥솥, 전기다리미 등
- **발열량**: 전류가 흐를 때 발생하는 열의 양

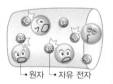
원자　　자유 전자

---

2. 전력(P)
1초 동안 전기 기구에 공급되는 전기 에너지
➡ 단위: W(와트), kW(킬로와트)
　　1W: 1초 동안 1J의 전기 에너지를 소비할 때의 전력
　　　= 1V의 전압으로 1A의 전류가 흐를 때의 전력

$$전력(P) = \frac{전기 에너지(E)}{시간(t)} = \frac{전압(V) \times 전류(I) \times 시간(t)}{시간(t)} = 전압(V) \times 전류(I)$$
$$➡ P = VI$$

＋ 발열량(Q)
발열량은 전기 에너지에 비례한다.

참고 전구의 정격 전압과 정격 소비 전력

100V의 전압을 걸어 주었을 때 이 전구는 200W의 전력을 소비한다.

참고 전력과 일률

전력은 전기 에너지의 일률을 나타낸 것이다.

＋ 킬로와트(kW)
$1kW = 1000W$

3. 전력량(W)

일정 시간 동안 사용한 전기 에너지의 양

➡ 단위: Wh(와트시), kWh(킬로와트시)⁺
    1Wh: 1W의 전력을 1시간 동안 사용할 때의 전력량

＋ 킬로와트시(kWh)
1kWh = 1000Wh

$$전력량(W) = 전력(P) \times 시간(t) = 전압(V) \times 전류(I) \times 시간(t)$$

쏙쏙 이해 더하기   **전기의 안전한 사용 방법**

• 정격 전압에 맞게 사용한다.
• 젖은 손으로 전기 제품을 만지지 않는다.
• 한 콘센트에 여러 개의 전기 제품을 연결하여 사용하지 않는다.
• 용량에 맞는 퓨즈를 사용한다.
• 세탁기와 같은 큰 전기용품은 접지하여 사용한다.

콕콕 개념 확인하기

1. 전기밥솥은 전기 에너지가 _____(으)로 전환된 예이다.
2. 5V의 전압으로 2A의 전류가 1초 동안 흐를 때 공급되는 전기 에너지는 _____(이)다.
3. 1초 동안 10J의 전기 에너지를 소비할 때의 소비 전력은?

답   1. 열에너지   2. 10J   3. 10W

---

2 전류의 자기 작용

1. 자기장

(1) 자기장: 자석 주위와 같이 자기력이 작용하는 공간

   ① 자기장 속에 나침반을 놓았을 때 나침반 자침의 N극이 가리키는 방향
   ② 자기장의 세기 : 자석의 양극에 가까울수록 자기장의 세기가 큼

(2) 자기력: 자석이 쇠붙이를 당기거나, 자석 사이에 작용하는 힘

   ① 서로 같은 극 사이: 척력
   ② 서로 다른 극 사이: 인력

(3) 자기력선: 자기장의 모습을 나타낸 선

   ① 자기력선의 방향: 나침반 자침의 N극이 가리키는 방향
   ② 특징:

      • 항상 N극에서 나와 S극으로 들어감
      • 도중에 교차하거나 끊어지지 않음
      • 자기력선이 촘촘할수록 자기장의 세기가 큼

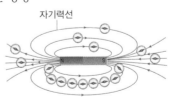

자기력선

쏙쏙 이해 더하기   **막대 자석 사이의 자기력선**

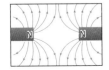 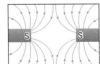 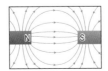 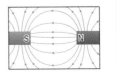

꼼꼼 단어 돋보기

● 접지
전기 기구의 몸체와 지면을 도선으로
연결하여 전기가 흐르게 하는 것

2. 직선 도선 주위의 자기장

직선 도선 주위에 동심원 모양의 자기장이 생김

(1) 자기장의 방향: 오른손의 엄지손가락을 전류의 방향과 일치시키고, 나머지 네 손가락으로 도선을 감아쥘 때, 네 손가락이 가리키는 방향

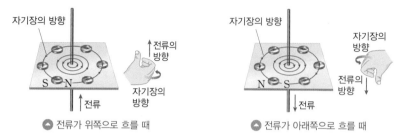

▲ 전류가 위쪽으로 흐를 때   ▲ 전류가 아래쪽으로 흐를 때

(2) 자기장의 세기
① 전류의 세기가 셀수록 큼
② 도선과의 거리가 가까울수록 큼

3. 원형 도선 주위의 자기장

원형 도선은 직선 도선을 구부려 놓은 것으로, 도선의 각 부분을 중심으로 동심원 모양의 자기장이 생김

(1) 자기장의 방향: 오른손의 엄지손가락을 전류의 방향과 일치시키고, 나머지 네 손가락으로 도선을 감아쥘 때, 네 손가락이 가리키는 방향

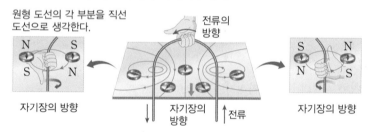

(2) 자기장의 세기
① 원형 도선에 흐르는 전류의 세기가 셀수록 큼
② 원형 도선의 반지름이 작을수록 큼
③ 원형 도선의 중심에서 더욱 커짐

4. 코일 주위의 자기장

여러 개의 원형 도선을 겹쳐 놓은 것과 같으므로 원형 도선에 의한 자기장을 합한 것과 같음

(1) 자기장의 방향: 오른손의 네 손가락을 전류의 방향으로 감아쥘 때 엄지손가락이 가리키는 방향

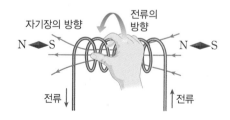

🔍 꼼꼼 단어 돋보기

● **동심원**
중심이 같고 반지름이 다른 두 개 이상의 원

● **코일**
나사나 원통 모양으로 도선을 여러 번 감은 것

(2) 자기장의 세기

　① 코일에 흐르는 전류의 세기가 셀수록 큼

　② 코일을 촘촘히 감을수록 큼

★ 5. 자기장에서 전류가 흐르는 도선이 받는 힘

자석 사이에 있는 도선에 전류가 흐르면 도선이 힘을 받게 되는데, 이를 자기력이라고 함

(1) 힘의 방향: 오른손을 펴고 엄지손가락을 전류의 방향으로 하고, 나머지 네 손가락을 자기장의 방향으로 향할 때 손바닥이 향하는 방향

(2) 힘의 크기

　① 전류의 세기가 셀수록 큼

　② 자기장의 세기가 셀수록 큼

　③ 전류의 방향과 자기장의 방향이 수직일 때 가장 크고, 나란할 때 힘을 받지 않음

(3) 자기장 속에서 전류가 흐르는 도선이 받는 힘을 이용한 경우: 전동기(청소기, 선풍기, 세탁기, 에스컬레이터, 전동차 등), 전류계, 전압계, 스피커(이어폰) 등

쏙쏙 이해 더하기 　전동기

- 코일에 전류가 흐르면 코일 AB에는 위쪽, CD에는 아래쪽으로 힘을 받기 때문에 시계 방향으로 회전하게 된다.
- 코일이 반 바퀴 회전하면 정류자에 의해 코일에 전류가 흐르지 않고, 코일은 관성에 의해 계속 회전한다.
- 코일에 흐르는 전류의 방향이 반대가 되어 AB에는 아래쪽, CD에는 위쪽으로 힘을 받아 시계 방향으로 회전한다.

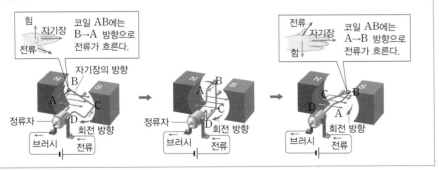

콕콕 개념 확인하기

1. 코일에 흐르는 _____의 세기가 셀수록 자기장의 세기가 세다.
2. 직선 도선의 자기장의 방향은 오른손의 엄지손가락을 _____의 방향과 일치시키고, 나머지 네 손가락으로 도선을 감아쥘 때, 네 손가락이 가리키는 방향이다.

답　1. 전류　2. 전류

📖 **꼼꼼 단어 돋보기**

● 정류자

코일이 계속 같은 방향으로 회전하게 하는 장치

01 전기 기구의 안전한 사용법으로 옳지 <u>않은</u> 것은?

2009년 1회

① 젖은 손으로 전기 기구를 만지지 않는다.
② 과전류를 방지하기 위해 퓨즈를 사용한다.
③ 천둥 번개가 칠 때는 TV 전원 플러그를 뽑아 둔다.
④ 여러 개의 전열기를 한 콘센트에 연결하여 사용한다.

02 전동기는 자기장 속에서 전류가 받는 힘을 이용한 전기 기구이다. 이와 같은 원리로 작동되는 것은?

2011년 1회

① 나침반   ② 저항선
③ 선풍기   ④ 전구

03 다음은 무엇에 대한 설명인가?   2011년 2회

- 단위는 W(와트)를 사용한다.
- 전압과 전류의 곱으로 구할 수 있다.
- 전기 기구가 1초 동안 소비하는 전기 에너지의 양이다.

① 전자   ② 전하
③ 저항   ④ 전력

04 전기 에너지를 절약하는 방법으로 옳지 <u>않은</u> 것은?

2012년 1회

① 냉장고의 문을 자주 여닫지 않는다.
② 세탁물은 모아서 한꺼번에 세탁한다.
③ 냉·난방기는 적정 온도를 유지한다.
④ 전기 기구의 플러그는 항상 꽂아 둔다.

05 전기 에너지의 단위는?   2012년 2회

① kg   ② J
③ cm   ④ N

06 소비 전력이 100W인 텔레비전을 3시간 시청하였을 때 사용한 전력량은?   2017년 2회

① 100Wh   ② 200Wh
③ 300Wh   ④ 400Wh

07 그림의 전기 회로도에서 저항 R의 소비 전력은? (단, 도선의 저항은 무시한다.)   2018년 2회

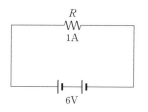

① 4W   ② 6W
③ 8W   ④ 10W

08 정격 소비 전력이 10W인 선풍기를 정격 전압 220V에 연결하여 30Wh의 전력량을 사용하였다. 이 선풍기의 작동 시간은?   2019년 1회

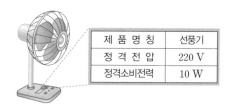

제 품 명 칭	선풍기
정 격 전 압	220 V
정격소비전력	10 W

① 2시간   ② 3시간
③ 4시간   ④ 5시간

09 전기밥솥, 전기난로에서 공통으로 일어나는 에너지 전환은?

① 전기 에너지 → 열에너지
② 전기 에너지 → 빛에너지
③ 전기 에너지 → 역학적 에너지
④ 전기 에너지 → 화학 에너지

10 다음은 무엇에 대한 설명인가?

> 전력×시간으로 계산하며, 일정 시간 동안 전기 기구가 소비한 전기 에너지의 양이다.

① 전력량　　　　② 발열량
③ 전하량　　　　④ 대전량

주목
11 5V의 전압으로 1A의 전류가 2초 동안 흐를 때 공급되는 전기 에너지는?

① 5J　　　　② 10J
③ 15J　　　　④ 20J

12 니크롬선에 10V 전압으로 0.5A의 전류가 10초 동안 흐를 때 공급된 전기 에너지는?

① 10J　　　　② 50J
③ 100J　　　　④ 150J

13 다음 전구를 5시간 동안 이용했을 때 전력량은?

① 100Wh　　　　② 500Wh
③ 1000Wh　　　　④ 1500Wh

14 전동기는 자기장 속에서 전류가 받는 힘을 이용한 전기 기구이다. 이와 같은 원리를 이용한 전기 기구는?

① 나침반　　　　② 세탁기
③ 전구　　　　④ 전기난로

주목
15 자기장에서 전류가 흐르는 도선이 받는 힘의 방향을 알아보기 위해 오른손을 사용한다. 빈칸에 알맞은 말은?

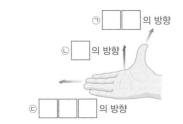

① ㉠: 전압　　　　② ㉠: 저항
③ ㉡: 힘　　　　④ ㉢: 전기력

16 다음 중 도선에 작용하는 힘의 방향은?

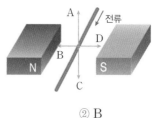

① A　　　　② B
③ C　　　　④ D

17 다음 코일 주위의 자기장의 방향이 옳은 것은?

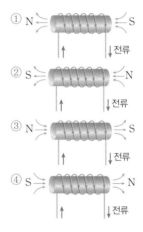

18 직선 도선에 전류가 다음과 같이 흐를 때 나침반의 바늘의 방향이 옳은 것은?

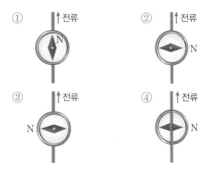

무엇이든 넓게 경험하고 파고들어
스스로를 귀한 존재로 만들어라.

– 세종대왕

화 학

21 기체의 성질

22 물질의 상태 변화

23 원소, 원자, 분자

24 이온

25 물질의 특성

26 혼합물 분리

27 물질의 변화와 화학 반응식

28 질량 보존 법칙

29 일정 성분비 법칙

30 기체 반응 법칙

21

Ⅲ 화학

기체의 성질

1 입자의 운동

1. 입자로 이루어진 물질

(1) 입자
　① 물질을 이루는 입자는 스스로 끊임없이 모든 방향으로 운동함
　② 기체 입자는 서로 멀리 떨어져 있고 입자 사이에 빈 공간이 있음

(2) **입자 모형:** 물질을 이루는 입자를 간단한 모형으로 나타낸 것

★2. 입자의 운동

(1) **확산:** 입자들이 스스로 운동하여 액체나 기체 속으로 퍼져 나가는 현상

　예 ・ 향수 마개를 열면 멀리서도 향수 냄새를 맡을 수 있음

　　・ 물에 잉크를 넣으면 물 전체가 잉크색으로 변함

　　・ 음식 냄새가 집 안에 퍼져 나감

　　・ 바람이 불지 않아도 연기가 주변으로 퍼져 나감

쏙쏙 이해 더하기 　확산 속도

확산 속도	온도	입자의 질량	물질의 상태	일어나는 곳
빠름	높음	작음	고체＜액체＜기체	액체 속＜기체 속＜진공 속

➡ 온도가 높을수록 입자 운동이 활발해져 확산이 더욱 빨리 일어난다.

예 ・ 겨울보다 여름에 냄새가 더 빨리 퍼져 나간다.

　・ 찬물보다 더운물에서 잉크가 더 빨리 확산된다.

---

(2) **증발:** 입자들이 스스로 운동하여 액체의 표면에서 기체 상태로 변하는 현상

　예 ・ 젖은 빨래가 마름

　　・ 염전에서 소금을 얻음

　　・ 풀잎의 이슬이 시간이 지나면 사라짐

　　・ 오징어를 말림

참고 끓음과 증발

끓음과 증발은 모두 액체가 기체로 변하는 기화 현상이지만, 끓음은 높은 온도에서 액체 내부에서도 기화가 일어나는 현상이며, 증발은 액체 표면에서만 기화가 나타나는 현상이다.

쏙쏙 이해 더하기 　증발 속도

증발 속도	온도	습도	바람	표면적	입자 간의 인력
빠름	높음	낮음	강함	넓음	약함

➡ 온도가 높을수록 입자 운동이 활발해져 증발이 더욱 빨리 일어난다.

예 ・ 염전에서 여름에 소금을 더 많이 얻을 수 있음

　・ 여름에 빨래가 더 잘 마름

---

1. 액체의 표면에서 일어나는 기화 현상을 _____(이)라고 한다.
2. 물질을 이루는 분자들이 스스로 운동하여 액체나 기체 속으로 퍼져 나가는 현상을 무엇이라고 하는가?

답 1. 증발 2. 확산

2 압력과 온도에 따른 기체의 부피 변화

1. 기체의 압력
기체 입자들이 끊임없이 운동하면서 용기 벽면에 충돌할 때, 용기 벽의 단위 넓이에 수직으로 작용하는 힘

(1) **기체의 압력이 나타나는 까닭**: 기체 분자들이 끊임없이 운동하면서 용기의 벽면에 충돌하기 때문

(2) **기체의 압력과 방향**: 모든 방향에서 같은 크기로 압력이 작용함

(3) **기체의 압력과 충돌 횟수**
① 기체 입자의 충돌 횟수가 많을수록 압력이 커짐
② 기체 입자 수가 많을수록 충돌 횟수가 증가하여 압력이 커짐
③ 기체 입자 수와 온도가 같을 때, 부피가 작을수록 충돌 횟수가 증가하여 압력이 커짐
④ 기체 입자 수와 부피가 같을 때, 온도가 높아 기체 입자의 운동 속도가 빠를수록 충돌 횟수가 증가하여 압력이 커짐

(4) **풍선에 공기를 불어 넣을 때의 변화**: 풍선에 공기를 불어 넣음 → 풍선 속 기체 분자 수 증가 → 기체 분자의 충돌 횟수 증가 → 풍선 속 공기 압력 증가 → 풍선 커짐

☆ 2. 압력과 기체의 부피 변화
(1) **압력에 따른 기체의 부피 변화**: 온도가 일정할 때, 기체의 부피는 압력이 커지면 감소하고, 압력이 작아지면 증가함

(2) **보일 법칙**: 온도가 일정할 때, 기체의 부피는 압력에 반비례

$$압력(P) \times 부피(V) = 일정$$

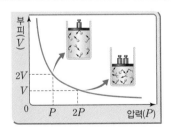

예 • 풍선이 하늘 높이 올라갈수록 커지다가 터짐
  • 과자 봉지를 높은 산 위에 가지고 가면 부풀어 오름
  • 주사기의 피스톤을 누르면 주사기 속 공기의 부피가 줄어듦
  → 압력의 변화로 기체의 부피가 변하더라도 입자의 개수와 크기는 변화 없음

참고 **대기압**
• 지표면에서의 대기압: 1기압
• 대기압의 변화: 높이 올라갈수록 대기의 양이 감소하기 때문에 대기압은 감소한다.

참고 **외부 압력 증가**
기체의 부피 감소 → 기체 분자의 충돌 횟수 증가 → 기체 내부 압력 증가

참고 **외부 압력 감소**
기체의 부피 증가 → 기체 분자의 충돌 횟수 감소 → 기체 내부 압력 감소

꼼꼼 단어 돋보기

● 압력
단위 넓이에 수직으로 작용하는 힘의 크기

● 보일
기체의 부피와 압력의 관계를 알아낸 영국의 과학자

3. 온도와 기체의 부피 변화

(1) 온도에 따른 기체의 부피 변화: 압력이 일정할 때, 기체의 부피는 온도가 높아지면 증가하고 온도가 낮아지면 감소함

(2) 샤를 법칙: 압력이 일정할 때 기체의 부피는 온도가 1℃ 높아지면 0℃ 때 부피의 $\frac{1}{273}$씩 일정한 비율로 증가함

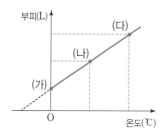

① 기체의 온도: (가)<(나)<(다)

② 기체의 부피: (가)<(나)<(다)

③ 입자 운동 속도: (가)<(나)< 다)

④ 입자 사이의 거리: (가)<(나)<(다)

⑤ 기체의 압력: (가)=(나)=(다)

예 • 따뜻한 물에서 찌그러진 탁구공이 펴짐 → 탁구공 속 기체의 온도가 높아져서 기체의 부피가 증가하기 때문

　　 • 열기구는 커다란 풍선을 달고 하늘을 날아다님 → 열기구 속의 공기의 온도가 높아지면 부피가 증가하면 서 주위 공기보다 가벼워지기 때문

　　 • 여름철에 자동차가 한참 달리면 타이어가 팽팽해짐 → 지면과의 마찰에 의해서 타이어에 들어 있는 기체 의 온도가 높아지게 되어 이로 인해 부피가 증가하게 됨

　　 → 온도의 변화로 기체의 부피가 변하더라도 입자의 개수와 크기는 변화 없음

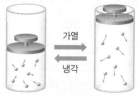

＋샤를 법칙

일정한 압력에서 일정량의 기체의 부피는 온도가 273℃가 되면 0℃일 때의 부피의 2배가 된다.

콕콕 개념 확인하기

1. 같은 온도에서 실린더에 들어 있는 4L의 기체에 가하는 압력을 2배로 증가시키면 부피는 몇 L 가 되는가?

2. (보일, 샤를) 법칙은 압력이 일정할 때 기체의 부피는 온도가 높아지면 일정한 비율로 커진다는 것이다.

답　1. 2L　2. 샤를

01 다음 설명에서 A와 B에 들어갈 것으로 알맞은 것은?

2014년 2회

> • 압력이 일정할 때 온도가 높아지면 기체의 부피는
> (A)한다.
> • 온도가 일정할 때 압력이 커지면 기체의 부피는
> (B)한다.

	(가)	(나)
①	감소	감소
②	감소	증가
③	증가	감소
④	증가	증가

02 그림과 같이 일정한 온도에서 기체 A에 가해지는 압력을 2배로 증가시킬 때 기체 A의 부피 변화는? (단, 기체의 출입은 없다.)

2015년 2회

① 변화 없다.
② 반으로 줄어든다.
③ 2배로 늘어난다.
④ 5배로 늘어난다.

03 다음 설명에 해당하는 분자 운동은?

2015년 2회

> • 액체 표면에서 분자들이 기체로 되는 현상이다.
> • 물에 젖은 빨래가 마른다.

① 융해
② 응결
③ 응고
④ 증발

04 온도가 일정할 때, 기체의 압력과 부피의 관계를 바르게 나타낸 그래프는?

2016년 1회

05 그래프는 온도가 일정할 때 어떤 기체의 압력과 부피의 관계를 나타낸 것이다. 압력이 2기압일 때 이 기체의 부피는?

2016년 2회

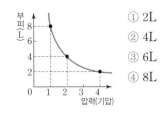

① 2L
② 4L
③ 6L
④ 8L

06 그래프는 온도가 일정할 때 일정량의 기체의 압력과 부피의 관계를 나타낸 것이다. 부피가 6L일 때, 이 기체의 압력 (가)는?

2017년 1회

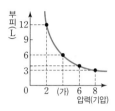

① 3기압
② 4기압
③ 5기압
④ 7기압

07 그림과 같이 스포이트를 이용하여 물에 잉크를 넣었더니 잉크가 스스로 물 전체에 퍼졌다. 이에 해당하는 현상은?

2018년 1회

물에 잉크를 넣는다　　20초 후　　40초 후

① 승화
② 응고
③ 풍화
④ 확산

08 구멍이 나지 않은 찌그러진 탁구공을 뜨거운 물에 넣은 후 나타나는 탁구공의 변화로 가장 적절한 것은?

2018년 1회

① 점점 펴진다.
② 더 찌그러진다.
③ 물속으로 가라앉는다.
④ 찌그러지고 펴지기를 반복한다.

09 그림은 밀폐된 용기 안에 있는 일정량의 기체에 압력을 가했을 때의 변화를 나타낸 것이다. 다음 중 용기 내부에서 변하지 <u>않는</u> 것은? (단, 온도는 일정하다.)

2018년 2회

① 부피
② 분자의 수
③ 분자 사이의 거리
④ 분자의 충돌 횟수

10 압력이 일정할 때, 기체의 온도와 부피의 관계를 나타낸 그래프로 옳은 것은? (단, 기체의 질량은 일정하다.)

2019년 1회

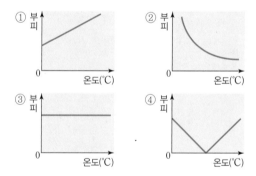

11 다음은 어떤 현상의 예인가?

- 향수 마개를 열면 멀리서도 향수 냄새를 맡을 수 있다.
- 물에 잉크를 넣으면 물 전체가 잉크색으로 변한다.
- 음식 냄새가 집 안에 퍼져 나간다.
- 바람이 불지 않아도 연기가 주변으로 퍼져 나간다.

① 끓음
② 증발
③ 확산
④ 용해

12 기체 압력이 증가하는 경우가 <u>아닌</u> 것은?

① 기체 입자의 충돌 횟수가 많을수록

② 기체 입자 수가 같을 때, 부피가 작을수록

③ 기체 입자 수가 같을 때, 온도가 높을수록

④ 온도와 부피가 같을 때, 입자 수가 적을수록

13 일정한 압력에서 부피가 가장 작은 기체의 온도는? (단, 기체 분자 수는 같다.)

① 5℃

② 10℃

③ 30℃

④ 100℃

14 압력이 일정할 때, 기체의 온도와 부피의 관계를 바르게 나타낸 것은?

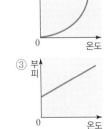

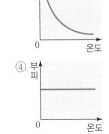

15 같은 온도에서 실린더에 들어 있는 10L의 기체에 가하는 압력을 2배로 증가시키면 부피는?

① 3L

② 5L

③ 10L

④ 20L

주목

16 같은 온도에서 실린더에 들어 있는 40L의 기체에 가하는 압력을 4배로 증가시키면 부피는?

① 3L

② 5L

③ 10L

④ 20L

17 0℃, 1기압에서 부피가 200mL인 기체가 있다. 압력을 일정하게 유지하면서 온도를 273℃로 증가시키면 기체의 부피는 몇 mL가 되겠는가?

① 100mL

② 200mL

③ 273mL

④ 400mL

22 물질의 상태 변화

1 물질의 세 가지 상태와 특징

상태	고체	액체	기체
모양	일정	변함(담는 그릇 모양)	변함(담는 그릇 모양)
부피	일정	일정	변함(온도와 압력)
성질	• 흐르는 성질 없음 • 압축되지 않음	• 흐르는 성질 있음 • 거의 압축되지 않음	• 흐르는 성질 있음 • 압축이 잘 됨
예	얼음, 철, 모래, 설탕, 나무, 플라스틱, 돌 등	물, 주스, 우유, 수은, 알코올 등	공기, 산소, 헬륨, 수소, 수증기, 이산화 탄소 등
분자 모형			
분자 운동	제자리 진동	활발함	매우 활발함
분자 배열	규칙적	불규칙적	매우 불규칙적
분자 사이 거리	매우 가까움	가까움	매우 멂

➕ 물질의 세 가지 상태
고체, 액체, 기체

참고 가루 물질(모래, 설탕, 소금 등)은 고체이다.

콕콕 개념 확인하기

1. 물질의 상태 중 가장 규칙적인 것은 기체이다. (O, X)
2. 고체는 분자 사이의 거리가 가장 멀다. (O, X)

답 1. X 2. X

2 상태 변화

물질의 성질은 그대로 유지되면서 상태가 변하는 현상

1. 상태 변화의 원인: 온도와 압력(주로 온도에 의해 변화)

(1) 온도에 의한 상태 변화: 대부분의 물질을 가열하면 고체 → 액체 → 기체로 상태가 변화함

예 얼음(고체)을 가열하면 물(액체)이 되고, 물(액체)을 가열하면 수증기(기체)가 됨

(2) 압력에 의한 상태 변화: 대부분의 물질에 압력을 가하면 기체 → 액체 → 고체로 상태가 변화함

예 뷰테인 기체는 높은 압력을 가해 액체 상태로 만들어 통 속에 보관함

2. 상태 변화의 종류

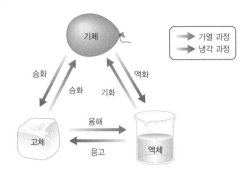

(1) 융해와 응고

융해 (고체 → 액체)	• 얼음이 녹아 물이 됨 • 용광로에서 철이 녹아 쇳물이 됨 • 초콜릿이 녹음 • 아이스크림이 녹아서 흘러내림
응고 (액체 → 고체)	• 흘러내린 촛농이 다시 딱딱하게 굳음 • 냉동실에 넣은 물이 얼음이 됨 • 마그마가 굳어서 화성암이 됨 • 녹인 금을 틀에 부어 반지를 만듦

(2) 기화와 액화

기화 (액체 → 기체)	• 물을 가열하면 끓어 수증기가 됨 • 젖은 빨래가 마름 • 어항 속의 물이 점점 줄어듦
액화 (기체 → 액체)	• 풀잎에 이슬이 맺힘 • 목욕탕 거울에 김이 서림 • 새벽에 짙은 안개가 생김 • 얼음물이 들어 있는 컵 표면에 물방울이 맺힘

(3) 승화

승화 (고체 → 기체)	• 옷장 속의 나프탈렌의 크기가 작아짐 • 드라이아이스를 상온에 놓아두면 크기가 점점 줄어듦 • 영하의 날씨에도 그늘진 곳에 있던 눈의 양이 줄어듦
승화 (기체 → 고체)	• 겨울철 새벽에 서리가 내림 • 추운 겨울날 유리창에 성에가 생김

참고 승화성 물질: 상온에서 고체에서 기체로 쉽게 변하는 물질
예 드라이아이스, 나프탈렌, 아이오딘

(4) 상태 변화 시 변하는 것과 변하지 않는 것

참고 물은 예외적으로 액체에서 고체가 될 때 부피가 증가한다.

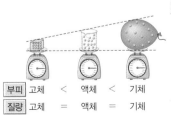

상태 변화 시 변하는 것	상태 변화 시 변하지 않는 것
• 분자의 운동 • 분자의 배열 • 분자 사이의 거리 • 분자 사이의 잡아 당기는 힘	• 분자의 종류 • 분자의 질량 • 분자의 개수 • 분자의 크기
➡ 물질의 부피는 변함	➡ 물질의 질량, 성질은 변하지 않음

부피 고체 < 액체 < 기체
질량 고체 = 액체 = 기체

3 상태 변화와 열에너지

1. 열에너지를 흡수하는 상태 변화

상태 변화가 일어날 때 공급된 열에너지가 상태 변화에 사용되므로 온도가 상승하지 않고 일정(주변 온도가 낮아짐)

(1) 융해(고체 → 액체): 융해열 흡수

예 생선이 든 상자 속에 얼음을 함께 넣어 보관함

(2) 기화(액체 → 기체): 기화열 흡수

예 분수대 옆에 있으면 시원해짐

(3) 승화(고체 → 기체): 승화열 흡수

예 아이스크림을 녹지 않도록 하기 위해 포장할 때 드라이아이스를 넣어 둠

2. 열에너지를 방출하는 상태 변화

상태 변화가 일어날 때 열에너지가 방출되므로 온도가 하강하지 않고 일정(주변 온도가 높아짐)

(1) 응고(액체 → 고체): 응고열 방출

예 이누이트들은 이글루에 물을 뿌려 집 안을 따뜻하게 함

(2) 액화(기체 → 액체): 액화열 방출

예 스팀 난방은 수증기가 방열기에서 액화될 때 액화열을 방출하는 원리를 이용하여 방을 따뜻하게 함

(3) 승화(기체 → 고체): 승화열 방출

예 눈이 올 때는 날씨가 포근해짐

★ 3. 상태 변화와 열에너지

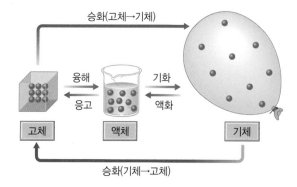

열에너지 방출	열에너지 흡수
• 액화, 응고, 승화(기체 → 고체) • 입자 운동이 둔해짐 • 입자 배열이 규칙적으로 변함 • 입자 사이의 거리가 가까워짐	• 융해, 기화, 승화(고체 → 기체) • 입자 운동이 활발해짐 • 입자 배열이 불규칙적으로 변함 • 입자 사이의 거리가 멀어짐

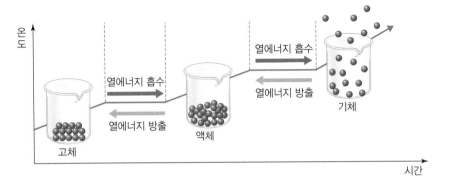

⭐ 4. 물질을 가열하고 냉각할 때의 온도 변화

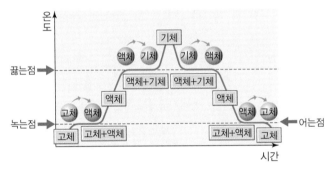

(1) **물질을 가열할 때:** 물질을 가열하면 온도가 높아지는데, 상태 변화가 일어날 때에는 공급된 에너지가 상태 변화에 모두 사용되므로 온도가 일정하게 유지됨

① **끓는점:** 액체가 끓는 동안 일정하게 유지되는 온도
➡ 액체가 끓어 기체로 변하는 온도

② **녹는점:** 고체가 융해되는 동안 일정하게 유지되는 온도(어는점과 동일)
➡ 고체가 녹아 액체로 변하는 온도

(2) **물질을 냉각할 때:** 물질을 냉각하면 온도가 낮아지는데, 상태 변화가 일어날 때에는 방출하는 에너지가 온도가 낮아지는 것을 막아 주기 때문에 온도가 일정하게 유지됨

• **어는점:** 액체가 응고되는 동안 일정하게 유지되는 온도(녹는점과 동일)
➡ 액체가 얼어 고체로 변하는 온도

참고 같은 물질은 끓는점, 녹는점, 어는점이 모두 같다.

콕콕 개념 확인하기

1. 열에너지를 흡수하는 상태 변화에는 (_____, _____, 승화)가 있다.
2. 물질이 열에너지를 방출하여 상태가 변할 때는 입자 운동이 (활발, 둔) 해진다.
3. 열에너지를 방출하는 상태 변화 시 주변 온도가 (높아, 낮아)진다.

답 1. 융해, 기화 2. 둔 3. 높아

🔍 꼼꼼 단어 돋보기

● 배열
일정한 간격에 따라 물체를 벌려 놓음

탄탄 실력 다지기

정답과 해설 23쪽

01 물질의 상태 변화에서 열에너지를 흡수하는 과정을 바르게 고른 것은? 　　　　　2013년 1회

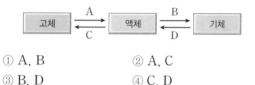

① A, B
② A, C
③ B, D
④ C, D

02 다음에 해당하는 물질의 상태 변화는? 　2014년 1회

- 옷장 속의 나프탈렌이 점점 줄어든다.
- 공기 중에서 드라이아이스의 크기가 줄어든다.

① 기화
② 액화
③ 융해
④ 승화

03 그림은 어떤 물질이 액체에서 기체로 변하는 과정을 모형으로 나타낸 것이다. 이 과정에서 나타나는 현상으로 옳은 것은? 　2015년 1회

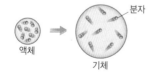

① 부피가 줄어든다.
② 질량이 늘어난다.
③ 분자 운동이 느려진다.
④ 분자 사이의 거리가 멀어진다.

04 그림은 고체 물질의 가열 곡선이다. (가) 구간에서 일어나는 상태 변화는? 　2016년 1회

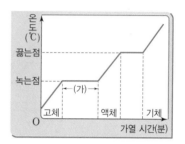

① 기화
② 승화
③ 증발
④ 융해

05 그림은 물의 상태 변화를 나타낸 것이다. A~D 중 열에너지를 방출하는 과정을 고른 것은? 　2016년 2회

① A, B
② A, C
③ B, D
④ C, D

06 그림은 어떤 물질의 세 가지 상태를 분자 모형으로 나타낸 것이다. (가)~(다)의 상태에 해당하는 것은? 　2017년 1회

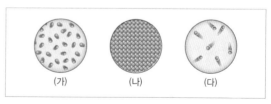

	(가)	(나)	(다)
①	고체	액체	기체
②	기체	액체	고체
③	기체	고체	액체
④	액체	고체	기체

07 그래프는 어떤 고체 물질을 가열할 때, 가열 시간에 따른 온도를 나타낸 것이다. 고체와 액체가 함께 있는 구간은? **2017년 2회**

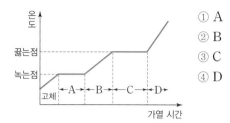

① A
② B
③ C
④ D

08 다음 설명에 해당하는 물질의 상태 변화는? **2018년 2회**

- 액체가 고체로 변하는 현상이다.
- 물이 얼어 얼음이 된다.

① 기화
② 승화
③ 액화
④ 응고

09 그림과 같이 아세톤이 들어 있는 비닐 봉투를 60℃의 물에 넣었더니 아세톤이 기화되어 비닐 봉투가 부풀었다. 다음 중 비닐 봉투 내에서 변한 것은? (단, 비닐 봉투는 완전히 밀폐되었다.) **2019년 1회**

① 분자의 수
② 분자의 종류
③ 분자의 크기
④ 분자 사이의 거리

10 물질의 상태가 같은 것끼리 분류한 것은?

① 이슬, 김, 수증기
② 철, 나무, 돌
③ 산소, 물, 이산화 탄소
④ 수소, 질소, 드라이아이스

11 물의 상태가 변할 때 부피 변화를 바르게 비교한 것은?

① 물＞얼음＝수증기
② 얼음＜물＜수증기
③ 얼음＝물＞수증기
④ 물＜얼음＜수증기

주목
12 다음의 상태 변화를 옳게 짝 지은 것은?

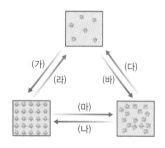

① (가) 액화
② (다) 기화
③ (마) 액화
④ (라) 응고

13 상태 변화가 일어날 때 부피가 가장 많이 증가하는 경우를 고르면?

① 나프탈렌이 점점 작아질 때
② 아이스크림이 녹을 때
③ 새벽에 서리가 내릴 때
④ 나뭇잎에 이슬이 맺힐 때

14 다음 중 얼음물이 들어 있는 컵의 표면에 물방울이 맺히는 까닭은?

① 공기 중의 수증기가 기화한 것이다.
② 공기 중의 수증기가 액화한 것이다.
③ 컵 속의 수증기가 승화하여 달라붙은 것이다.
④ 컵 속의 얼음이 승화하여 달라붙은 것이다.

15 물질이 상태 변화할 때, 열에너지의 출입이 나머지와 다른 것은?

① 추운 새벽에 서리가 내린다.
② 추운 겨울, 창문에 하얀 얼음이 생겼다.
③ 냉장고의 냉동실에 성에가 낀다.
④ 옷장의 나프탈렌은 여름철에 더 빨리 작아진다.

16 다음은 물질의 세 가지 상태를 모형으로 나타낸 것이다. 아침에 풀잎에 이슬이 생겼을 때 일어나는 상태 변화를 모형으로 바르게 나타낸 것은?

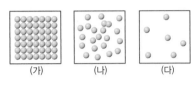

(가)　　　(나)　　　(다)

① (가) → (나)　　　② (가) → (다)
③ (나) → (다)　　　④ (다) → (나)

17 (가)의 경우와 같은 상태 변화는?

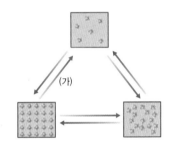

(가)

① 겨울철 차 앞 유리에 성에가 생겼다.
② 그늘에 있던 눈이 녹지 않고 점점 사라진다.
③ 물이 얼음으로 변하였다.
④ 목욕탕 거울이 김으로 뿌옇게 흐려졌다.

주목
18 주위의 온도가 높아지는 경우는?

ㄱ. 마당에 뿌린 물이 점점 말라 없어진다.
ㄴ. 처마에 매달린 고드름이 녹아내린다.
ㄷ. 새벽에 온도가 낮아지면 안개가 생긴다.
ㄹ. 겨울철에 호수의 물이 빙판으로 변한다.

① ㄱ, ㄴ　　　② ㄱ, ㄹ
③ ㄷ, ㄹ　　　④ ㄱ, ㄴ, ㄷ

23

Ⅲ 화학

원소, 원자, 분자

1 원소

1. 원소와 원소 기호

(1) 원소: 더 이상 다른 종류의 물질로 분해되지 않는, 물질을 이루는 기본 성분
- ① 현재까지 120여 종의 원소가 알려져 있음
- ② 종류에 따라 각 원소의 특성이 다름
- ③ 인공적인 방법으로도 만들 수 있음
- ④ 금속 원소와 비금속 원소로 분류할 수 있음

☆**(2) 원소 기호:** 원소를 나타내는 간단한 기호
- ① 현재의 원소 기호는 베르셀리우스가 제안한 것
- ② 원소 이름의 첫 글자를 대문자로 나타냄
- ③ 첫 글자가 같을 때에는 중간 글자를 선택하여 첫 글자 다음에 소문자로 나타냄

➕ 금속 원소와 비금속 원소
- 금속 원소: 구리, 철 등
- 비금속 원소: 산소, 질소 등

원소 이름	원소 기호	원소 이름	원소 기호	원소 이름	원소 기호
수소	H	헬륨	He	리튬	Li
베릴륨	Be	붕소	B	탄소	C
질소	N	산소	O	플루오린	F
네온	Ne	나트륨	Na	마그네슘	Mg
알루미늄	Al	규소	Si	인	P
황	S	염소	Cl	아르곤	Ar
칼륨	K	칼슘	Ca	철	Fe
구리	Cu	수은	Hg	금	Au

나트륨은 소듐이라고도 한다.

칼륨은 포타슘이라고도 한다.

참고 화합물

두 가지 이상의 원소가 화학적으로 결합하여 만들어진 새로운 물질
예 물, 염화 나트륨, 염산 등

쏙쏙 이해 더하기 | 여러 가지 원소의 이용

원소	이용	원소	이용
수소(H)	우주선의 연료, 청정 연료	리튬(Li)	휴대 전화의 배터리
헬륨(He)	광고용 기구 속 기체	알루미늄(Al)	알루미늄박, 비행기의 동체
탄소(C)	숯, 연필심, 다이아몬드	칼슘(Ca)	뼈, 조개껍데기, 시멘트의 성분
질소(N)	공기, 과자 봉지의 충전 기체, 비료	철(Fe)	혈액 속의 산소 운반, 건축물의 재료
산소(O)	공기, 생물의 호흡	구리(Cu)	전선, 파이프, 주방용품
규소(Si)	유리, 반도체의 원료	수은(Hg)	체온계나 전지
염소(Cl)	수돗물의 소독, 표백제	금(Au)	귀금속, 치과 재료, 반도체의 회로

참고 알루미늄박: 알루미늄 포일이라고도 한다.

2. 원소의 확인

☆(1) **불꽃 반응:** 일부 금속 원소를 포함하는 물질을 겉불꽃에 넣을 때 특정한 불꽃색을 나타내는 반응

쏙쏙 이해 더하기 여러 가지 원소의 불꽃색

원소	리튬	스트론튬	나트륨	칼륨	구리
원소 기호	Li	Sr	Na	K	Cu
불꽃색	빨간색	진한 빨간색	노란색	보라색	청록색

(2) **스펙트럼:** 빛을 분광기에 통과시킬 때 빛이 분산되어 생기는 색의 띠
   ① **연속 스펙트럼:** 햇빛을 분광기로 볼 때 무지개처럼 나타나는 연속적인 색의 띠
   ② **선 스펙트럼:** 금속 원소의 불꽃을 분광기로 볼 때 나타나는 밝은 색 선의 띠
      ➡ 선 스펙트럼은 원소의 종류에 따라 다르게 나타나므로, 원소의 불꽃색이 비슷한 경우에도 선 스펙트럼을 비교하여 원소를 구별할 수 있음

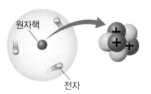

+ 스펙트럼
햇빛
나트륨
칼슘

콕콕 개념 확인하기

1. 원소 기호는 원소 이름의 _____(을)를 알파벳 대문자로 쓴다.
2. 산소의 원소 기호: _____
3. 질소의 원소 기호: _____

답 1. 첫 글자 2. O 3. N

---

2 원자와 분자

1. 원자의 구조와 모형

(1) **원자:** 물질을 구성하는 기본 입자로, 더 이상 쪼갤 수 없는 가장 작은 알갱이
   ① 크기 : 지름 약 10^{-16}m
   ② 구조: 중심에 (+)전하를 띠는 원자핵이 있고, 그 주위를 (−)전하를 띠는 전자가 돌고 있음

원자핵
전자

   ③ 특징
   • 원자핵의 (+)전하량과 전자의 (−)전하량이 같아 원자는 전기적으로 중성임
   • 원자의 종류에 따라 (+)전하량과 전자의 수가 다름

원자	수소(H)	탄소(C)	산소(O)
원자핵의 전하량	+1	+6	+8
전자의 수	1	6	8

꼼꼼 단어 돋보기

● **분광기**
빛을 파장에 따라 나누어 스펙트럼을 관찰하는 장치

● **분산**
파장이 다른 여러 개의 빛이 각각의 색의 띠로 갈라지는 현상

● **전하**
물체가 띠고 있는 전기의 성질이나 양

2. 분자

(1) 분자: 원자가 전자들을 공유함으로써 이루어진 화학적 결합으로 만들어진 물질

(2) 분자식을 나타내는 방법
① 분자를 이루는 원자의 원소 기호를 씀
② 이루는 원자의 수를 원소 기호의 오른쪽 아래 작은 숫자로 씀(1은 생략)
③ 분자의 개수는 분자식 앞에 큰 숫자로 씀

참고 분자가 원자로 나누어지면 물질의 성질을 잃는다.

참고 단원자 분자(일원자 분자)

헬륨, 네온 등은 원자 1개로 이루어져 있는 고유한 성질을 가지는 분자이다.

분자의 수 ─── 원자의 종류

$$3H_2O$$

원자의 수

분자의 종류	물
분자의 개수	3개
분자를 이루는 원소	수소(H), 산소(O)
분자 1개를 이루는 원자의 개수	3개
총 원자 수	9개

☆(3) 분자식으로 알 수 있는 것: 분자의 종류, 분자의 개수, 분자를 이루는 원소의 종류, 분자 1개를 이루는 원자의 개수, 원자의 총 개수 등을 알 수 있음

(4) 분자 모형: 분자 모형은 분자를 구성하는 원자의 종류와 수, 배열 상태를 나타낸 모형

참고 화합물

두 가지 이상의 성분으로 이루어진 물질

예 물(H_2O), 이산화 탄소(CO_2), 암모니아(NH_3) 등

구분	수소	산소	질소	염소
분자 모형	H H	O O	N N	Cl Cl
분자식	H_2	O_2	N_2	Cl_2

구분	물	이산화 탄소	암모니아	메테인
분자 모형	H O H	O C O	H N H / H	H C H / H H
분자식	H_2O	CO_2	NH_3	CH_4

쏙쏙 이해 더하기 원자 모형과 화합물

원자를 볼트와 너트로 생각하고 화합물을 모형으로 표현하였다.

볼트(B) + 너트 2개(2N) → BN_2

콕콕 개념 확인하기

1. 원자는 (−)전하를 띠는 _____(와)과 (+)전하를 띠는 원자핵으로 이루어져 있다.
2. 암모니아 분자식: _____

답 1. 전자 2. NH_3

탄탄 실력 다지기

정답과 해설 **24**쪽

01 분자 모형을 그림과 같이 나타낼 수 있는 분자식은?

2014년 1회

① HCl   ② H₂O
③ NH₃   ④ CH₄

02 이산화 탄소(CO_2)의 분자 모형에 해당하는 것은?

2014년 2회

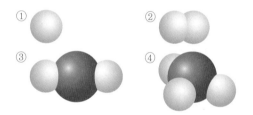

03 수소(H_2) 분자 모형에 해당하는 것은?

2015년 2회

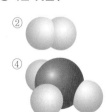

04 원자핵의 전하량이 $+2$인 헬륨 원자의 모형으로 옳은 것은?

2016년 1회

05 다음에 해당하는 분자식은?

2017년 1회

- 암모니아 분자이다.
- 질소 원자 1개와 수소 원자 3개로 이루어져 있다.

① H₂   ② CO₂
③ NH₃   ④ H₂O₂

06 다음 설명에 해당하는 분자식은?

2018년 1회

- 물 분자이다.
- 수소 원자 2개와 산소 원자 1개로 구성된다.

① H₂   ② O₂
③ H₂O   ④ NH₃

07 불꽃 반응을 하였을 때 불꽃색이 청록색으로 나타나는 물질은?

① 염화 나트륨, 염화 칼슘
② 황산 구리(Ⅱ), 질산 구리(Ⅱ)
③ 질산 스트론튬, 황산 칼륨
④ 염화 스트론튬, 염화 구리(Ⅱ)

08 다음 표는 원소 이름과 원소 기호를 나타낸 것이다. ㉠~㉤에 들어갈 내용을 바르게 짝 지은 것은?

원소 이름	원소 기호	원소 이름	원소 기호
아연	(㉠)	철	(㉡)
금	Au	(㉢)	H
(㉣)	Cu	산소	(㉤)

	㉠	㉡	㉢	㉣	㉤
①	Zn	F	탄소	헬륨	O
②	Sn	B	수소	염소	O
③	Zn	Fe	수소	구리	O
④	Sn	Fe	구리	헬륨	H

09 다음 중 원소 기호와 원소 이름을 바르게 짝 지은 것은?

① C – 염소
② Cl – 황
③ Fe – 구리
④ Mg – 마그네슘

주목

10 물질을 구성하는 기본 입자로, 더 이상 쪼갤 수 <u>없는</u> 가장 작은 알갱이를 무엇이라고 하는가?

① 원자
② 이온
③ 분자
④ 화합물

11 다음 모형은 볼트와 너트를 이용하여 화합물을 만드는 과정이다.

볼트(B)   너트 2개(2N) BN_2

볼트 2개와 너트 4개로 만들 수 있는 이 화합물의 최대 수는?

① 1개   ② 2개
③ 3개   ④ 4개

12 다음 중 수소 원자 2개와 산소 원자 1개로 이루어진 분자는?

① O_2
② H_2O
③ NH_3
④ HCl

13 NH_3(암모니아)를 이루는 원자의 종류는?

① 질소, 수소
② 수소, 산소
③ 탄소, 수소
④ 헬륨, 수소

주목

14 다음 중 물 분자(H_2O)를 나타낸 분자 모형은?

①
②
③
④

15 다음과 같은 분자 모형으로 나타낼 수 있는 것은?

① O_2
② H_2O
③ NH_3
④ HCl

16 다음과 같은 분자 모형으로 나타낼 수 있는 것은?

① O_2
② He
③ NH_3
④ HCl

17 다음과 같은 분자 모형으로 나타낼 수 <u>없는</u> 분자는?

① O_2
② N_2
③ H_2
④ CO_2

24 이온

1 이온

1. 이온

원자가 전자를 잃거나 얻어서 전하를 띠는 입자

(1) **양이온**: 원자가 전자를 잃어 (+)전하를 띠는 입자

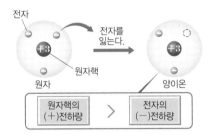

(2) **음이온**: 원자가 전자를 얻어 (−)전하를 띠는 입자

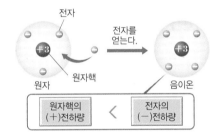

(3) 원자가 전자를 잃거나 얻어도 원자핵의 •전하량은 변하지 않음

2. 이온의 표시

(1) **양이온의 표시**

① 원소 기호의 오른쪽 위에 잃은 전자의 수와 + 기호를 표시함 〔예〕 나트륨 이온

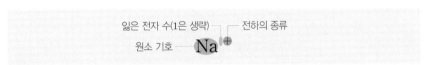

② 이름은 원소 이름 뒤에 '이온'을 붙임

〔예〕 H^+: 수소 이온, Na^+: 나트륨 이온, Ca^{2+}: 칼슘 이온, NH_4^+: 암모늄 이온 등

(2) **음이온의 표시**

① 원소 기호의 오른쪽 위에 얻은 전자의 수와 − 기호를 표시함 〔예〕 황화 이온

📖 **꼼꼼 단어 돋보기**

● **전하량**

물질이 가진 전기의 양

② 이름은 원소 이름 뒤에 '화 이온'을 붙임. 단, 원소의 이름이 소로 끝나는 경우에는 '소'를 빼고, '화 이온'을 붙임

　　예 S^{2-}: 황화 이온, Cl^-: 염화 이온, O^{2-}: 산화 이온, OH^-: 수산화 이온, NO_3^-: 질산 이온 등

참고 이온이 있는 수용액에 전류를 흘려주면 양이온은 ($-$)극으로, 음이온은 ($+$)극으로 이동한다.

쏙쏙 이해 더하기 　전류가 흐르는 물질과 전류가 흐르지 않는 물질

① **전류가 흐르는 물질**

물에 녹아 양이온과 음이온으로 나뉘는 물질

예 염화 나트륨이 물에 녹아 나트륨 이온과 염화 이온으로 나뉘고, 이때 전원 장치를 연결하면 전류가 흐른다.

　　고체 염화 나트륨　　　염화 나트륨 수용액　　　염화 나트륨 수용액

② **전류가 흐르지 않는 물질**

물에 녹아도 이온으로 나뉘어지지 않는 물질　**예** 설탕, 포도당

쏙쏙 이해 더하기 　이온화

① **이온화**: 물질이 물에 녹아 양이온과 음이온으로 나누어지는 현상

　　　　염화 나트륨　　　　　　　　　염화 칼슘

② **이온화식**: 이온화 과정을 화학식을 이용하여 나타낸 식

예 • 염화 나트륨: $NaCl \rightarrow Na^+ + Cl^-$　　　• 염화 구리: $CuCl_2 \rightarrow Cu^{2+} + 2Cl^-$

　　• 염화 칼슘: $CaCl_2 \rightarrow Ca^{2+} + 2Cl^-$　　• 수산화 나트륨: $NaOH \rightarrow Na^+ + OH^-$

　　• 질산 칼륨: $KNO_3 \rightarrow K^+ + NO_3^-$　　　• 황산 구리: $CuSO_4 \rightarrow Cu^{2+} + SO_4^{2-}$

콕콕 개념 확인하기

1. _____(은)는 원자가 전자를 잃어 ($+$)전하를 띠는 입자이다.
2. 수소 이온(H^+)은 전자를 (　　)개 잃어 만들어진 이온이다.
3. _____: 탄산 이온

　　　　　　　　　　　　　　　　　　답　1. 양이온　2. 1　2. CO_3^{2-}

---

2 앙금 생성 반응

서로 다른 전해질⁺ 수용액을 섞었을 때 양이온과 음이온이 결합하여 물에 녹지 않는 앙금을 생성하는 반응

(1) 앙금 생성 반응에서의 알짜 이온 반응식: 앙금 생성 반응에서 반응에 참여한 이온만으로 나타낸 화학 반응식

＋ 전해질
물에 녹아 수용액 상태가 되었을 때 전류가 흐르는 물질을 말한다.

① 염화 은(AgCl) 앙금의 생성: 염화 나트륨(NaCl) 수용액과 질산 은(AgNO₃) 수용액을 섞으면, 흰색 앙금인 염화 은(AgCl)이 생성됨

② NaCl+AgNO₃ 반응에서 알짜 이온 반응식

$$Ag^+ + Cl^- \rightarrow AgCl\downarrow \ (단, \downarrow 은 \ 앙금을 \ 뜻함)$$

⭐ (2) 여러 가지 앙금 생성 반응

양이온	음이온	앙금	
Ca²⁺(칼슘 이온)	CO₃²⁻(탄산 이온)	CaCO₃(탄산 칼슘)	흰색
Ba²⁺(바륨 이온)	SO₄²⁻(황산 이온)	BaSO₄(황산 바륨)	흰색
Pb²⁺(납 이온)	I⁻(아이오딘화 이온)	PbI₂(아이오딘화 납)	노란색
	S²⁻(황화 이온)	PbS(황화 납)	검은색
Cu²⁺(구리 이온)	S²⁻(황화 이온)	CuS(황화 구리)	검은색
Cd²⁺(카드뮴 이온)	S²⁻(황화 이온)	CdS(황화 카드뮴)	노란색

참고 앙금을 생성하지 않는 이온

나트륨 이온(Na^+), 칼륨 이온(K^+), 암모늄 이온(NH_4^+), 질산 이온(NO_3^-) 등은 다른 이온과 반응했을 때 앙금이 잘 생성되지 않는다.

(3) 앙금 생성 반응을 이용한 이온의 확인 방법

① 수돗물 속의 염화 이온(Cl^-)이 은 이온(Ag^+)과 결합하여 앙금을 생성함
② 폐수 속의 카드뮴 이온(Cd^{2+})이 황화 이온(S^{2-})과 결합하여 앙금을 생성함
③ 폐수 속의 납 이온(Pb^{2+})이 황화 이온(S^{2-}), 아이오딘화 이온(I^-)과 결합하여 앙금을 생성함

참고 앙금을 생성할 수 있는 양이온이나 음이온을 반응시켰을 때, 앙금이 생성되는지의 여부와 생성된 앙금의 색깔로 이온을 검출한다.

쏙쏙 이해 더하기 | **앙금과 관련된 생활 속 현상의 예**

석회암 지대의 종유석이나 석순은 칼슘 이온과 탄산 이온이 만나 생성된 탄산 칼슘(CaCO₃)임		X선 촬영 검사를 할 때 조영제인 황산 바륨(BaSO₄)을 복용하면 인체 내부를 잘 관찰할 수 있음	
지하수를 보일러 용수로 사용하면, 보일러 관 안에 관석(탄산 칼슘(CaCO₃))이 쌓여 열이 잘 전달되지 않음		조개는 탄산 이온을 흡수하여 칼슘 이온과 반응시켜 생성된 탄산 칼슘(CaCO₃)으로 껍데기를 만듦	

콕콕 개념 확인하기

1. 수돗물 속 염화 이온이 _____ 이온과 결합하여 앙금을 생성한다.
2. 앙금 생성 반응을 통해 수용액에 들어 있는 이온의 (종류, 수)(을)를 알 수 있다.

답 1. 은 2. 종류

탄탄 실력 다지기

정답과 해설 25쪽

01 염화 이온(Cl^-)과 만나 흰색의 앙금을 생성하는 이온은? 2015년 1회

① 은 이온(Ag^+)
② 칼륨 이온(K^+)
③ 리튬 이온(Li^+)
④ 마그네슘 이온(Mg^{2+})

02 다음 중 불꽃 반응에서 염화 나트륨과 같은 불꽃색을 나타내는 것은? 2015년 2회

① 질산 구리
② 질산 리튬
③ 질산 칼륨
④ 질산 나트륨

03 다음 중 원자가 이온이 되었을 때, 전자를 가장 많이 잃은 이온은? 2015년 2회

① H^+
② K^+
③ Mg^{2+}
④ Al^{3+}

04 다음은 염화 은($AgCl$)의 앙금 생성 반응이다. (가)에 알맞은 것은? 2016년 1회

$$Ag^+ + (\ 가\ ) \rightarrow AgCl\downarrow (흰색\ 앙금)$$

① 염화 이온(Cl^-)
② 질산 이온(NO^{3-})
③ 칼륨 이온(K^+)
④ 마그네슘 이온(Mg^{2+})

05 다음 설명에 해당하는 이온은? 2016년 2회

- 원자가 전자 1개를 잃어서 형성되는 이온이다.
- 염화 이온(Cl^-)과 반응하여 염화 은($AgCl$) 앙금을 생성한다.

① Ag^+
② Mg^{2+}
③ Ca^{2+}
④ Cu^{2+}

06 다음은 이온이 생성되는 과정을 나타낸 것이다. (가)에 해당하는 것은? 2017년 1회

- $Na \rightarrow Na^+ + \ominus$
- $Ca \rightarrow (\ 가\ ) + 2\ominus$

① Ca^+
② Ca^{2+}
③ Ca^-
④ Ca^{2-}

07 칼슘 이온(Ca^{2+})과 염화 이온(Cl^-)으로 구성된 염화 칼슘의 화학식은? 2017년 2회

① $AgCl$
② $NaOH$
③ $NaCl$
④ $CaCl_2$

08 다음 중 이온이 만들어지는 과정을 바르게 나타낸 것은?

① $Cl \rightarrow Cl^- + \ominus$
② $O + 2\ominus \rightarrow O^{2-}$
③ $Mg + \ominus \rightarrow Mg^{2-}$
④ $Al \rightarrow Al^{3-} + 2\ominus$

09 다음 중 이온에 대한 설명으로 옳지 <u>않은</u> 것은?

① 전하를 띤 입자이다.
② 수용액에서 전류를 흐르게 해 주는 입자이다.
③ Ca^{2+}은 Ca 원자보다 전자의 수가 2개 더 적다.
④ 중성인 원자가 원자핵을 잃으면 음이온이 된다.

10 염소 원자가 전자 1개를 얻어 만들어진 이온은?

① Cl^+
② Cl^{2+}
③ Cl^-
④ Cl^{2-}

주목

11 은 이온(Ag^+)과 만나 앙금을 생성하는 이온은?

① Cl^-
② Mg^{2+}
③ Cu^{2+}
④ O^{2-}

12 황산 이온(SO_4^{2-})에 대한 설명으로 옳지 <u>않은</u> 것은?

① 두 가지 원소로 이루어져 있다.
② 황산 이온 1개에 들어 있는 원자 수는 모두 7개이다.
③ 황산 이온은 전체적으로 −2의 전하를 띠는 음이온이다.
④ 황산 이온에는 산소 원자가 황 원자의 4배 들어 있다.

13 물에 녹아 수용액 상태에서 전류가 흐르는 물질이 아닌 것은?

① 소금
② 포도당
③ 수산화 나트륨
④ 염화 수소

14 다음 빈칸에 들어갈 알맞은 말은?

$$NaCl \rightarrow Na^+ + [\qquad]$$

① $2Cl^-$
② Cl^+
③ Cl^-
④ O^{2-}

15 다음 이온을 잘못 읽은 것은?

① 염화 이온: Cl^-
② 산소 이온: O^{2-}
③ 칼슘 이온: Ca^{2+}
④ 암모늄 이온: NH_4^+

16 전자 2개를 잃어 만들어진 이온은?

① O^{2-}
② Mg^{2+}
③ Cl^-
④ NH_4^+

25 Ⅲ 화학
물질의 특성

1 물질의 특성 – 끓는점, 녹는점, 어는점

1. 물질의 특성
물질이 가진 성질 중 그 물질만이 나타내는 고유한 성질
- 예 겉보기 성질, 녹는점, 어는점, 끓는점, 밀도, 용해도 등

참고 물질의 특성이 아닌 것
부피, 질량, 무게, 온도, 길이, 넓이, 농도 등

2. 끓는점
액체가 끓기 시작하여 기체로 기화할 때의 온도

(1) 끓는점의 성질
① 물질의 양이나 불꽃의 세기에 관계없이 일정한 세기의 성질임
② 다른 물질과 구별되는 고유한 성질로, 물질의 종류에 따라 끓는점이 다름
➡ 물질의 특성
- 물질의 종류가 다를 때 끓는점이 다름
- 물질의 질량이 다를 때 끓는점에 도달하는 시간은 다르지만, 끓는점은 일정함(질량이 작을수록 끓는점에 빨리 도달함)
- 불꽃의 세기가 다를 때 끓는점에 도달하는 시간은 다르지만, 끓는점은 일정함(불꽃의 세기가 강할수록 끓는점에 빨리 도달함)

(2) 외부 압력과 끓는점의 변화: 외부 압력에 따라 끓는점이 달라짐

외부 압력이 높을 때	끓는점이 높아짐	예 압력밥솥으로 밥을 하면 100℃보다 높은 온도에서 끓게 되므로 밥이 빨리 됨
외부 압력이 낮을 때	끓는점이 낮아짐	예 높은 산 위에서 밥을 지으면 물이 100℃보다 낮은 온도에서 끓어서 밥이 설익음

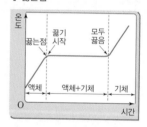

+ 끓는점

3. 녹는점과 어는점

녹는점	고체가 녹아 액체로 변하는 동안 일정하게 유지되는 온도
어는점	액체가 얼어 고체로 변하는 동안 일정하게 유지되는 온도

(1) 녹는점과 어는점의 성질
① 물질의 양이나 불꽃의 세기에 관계없이 일정한 세기의 성질임
② 다른 물질과 구별되는 고유한 성질로, 물질의 종류에 따라 녹는점과 어는점이 다름
➡ 물질을 이루는 입자 사이의 인력이 다르기 때문
➡ 분자 사이의 인력이 강한 물질은 녹는점이 높고, 인력이 약한 물질은 녹는점이 낮음

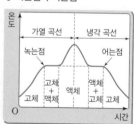

+ 녹는점과 어는점

③ 같은 물질의 녹는점과 어는점은 서로 같음
　➡ 물의 어는점과 얼음의 녹는점은 0℃로 같음
④ 녹는점과 어는점에서는 고체와 액체가 함께 존재함

(2) 생활 속의 녹는점의 이용

녹는점이 높은 물질을 사용해야 하는 경우	거푸집, 우주선, 선체, 방화복, 조리 기구 등
녹는점이 낮은 물질을 사용해야 하는 경우	퓨즈, 땜납, 수은 온도계 등

쏙쏙 이해 더하기　물질의 상태

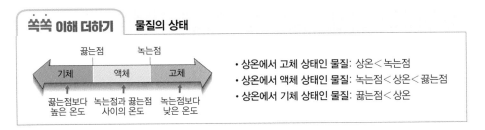

• 상온에서 고체 상태인 물질: 상온<녹는점
• 상온에서 액체 상태인 물질: 녹는점<상온<끓는점
• 상온에서 기체 상태인 물질: 끓는점<상온

콕콕 개념 확인하기

1. _____(은)는 액체가 끓기 시작하여 기체로 기화할 때의 온도이다.
2. 외부 압력이 높을 때 끓는점은 _____진다.
3. 고체가 녹아 액체로 변하는 동안 일정하게 유지되는 온도는?

답　1. 끓는점　2. 높아　3. 녹는점

② 물질의 특성 – 밀도, 용해도

1. 밀도

(1) **밀도**: 단위 부피에 대한 물질의 질량 ➡ 단위: g/cm^3, g/mL, kg/m^3 등

$$밀도 = \frac{질량}{부피}$$

① 물질의 종류에 따라 다르므로 물질의 특성임
② 같은 종류의 물질은 물질의 양에 관계없이 밀도가 일정함

☆(2) 밀도의 변화

① 온도와 압력에 따른 밀도의 변화

상태	압력에 따른 밀도의 변화	온도에 따른 밀도의 변화
고체, 액체	압력의 영향을 거의 받지 않음	온도 증가 → 부피 약간 증가 → 밀도 약간 감소
기체	압력 증가 → 부피 크게 감소 → 밀도 크게 증가	온도 증가 → 부피 크게 증가 → 밀도 크게 감소

➡ 고체와 액체의 밀도를 나타낼 때는 온도를 함께 표시하고, 기체의 밀도를 나타낼 때는 온도와 압력을 함께 표시

② 상태에 따른 밀도의 비교

구분	부피	밀도
일반적인 물질	고체＜액체≪기체	고체＞액체≫기체
물	액체＜고체≪기체	액체＞고체≫기체

③ 기체의 밀도는 고체나 액체에 비하여 매우 작음
④ 밀도가 큰 물질은 밑으로 가라앉고, 밀도가 작은 물질은 위로 뜸

(3) 생활 속 밀도의 예
① 배: 배 내부에는 빈 공간이 많아 배의 질량에 비해 부피가 훨씬 크므로 배의 밀도는 작아서 물에 뜨게 됨
② 이산화 탄소 소화기: 이산화 탄소는 공기보다 밀도가 크므로 화재가 난 곳에 뿌리면, 이산화 탄소가 바닥에 가라앉아 산소를 차단함
③ 열기구: 열기구 안의 공기를 가열하면 공기의 부피가 증가하므로 밀도가 작아져 공기 중에 띄울 수 있음
④ 잠수함: 잠수함 안의 수조에 물을 채우면 가라앉고, 물을 빼면 떠오름

2. 용해도

(1) 용해와 용액
① 용해: 한 물질이 다른 물질에 녹아 균일하게 섞이는 현상
② 용질: 용액 속에 녹아 있는 물질
③ 용매: 용질을 녹이는 물질
④ 용액: 용질이 용매에 녹아서 고르게 섞여 있는 물질

　　예 식초, 이온음료, 합금, 바닷물 등

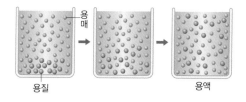

참고 용해에 따른 부피와 질량 변화

부피 변화	부피 감소 ➡ 큰 입자 사이의 틈으로 작은 입자가 들어가기 때문
질량 변화	질량 일정 ➡ 용매 입자와 용질 입자의 개수가 변하지 않기 때문

(2) 용액의 종류

불포화 용액	포화 용액보다 용질이 적게 녹아 있는 용액
포화 용액	용질이 용매에 최대로 녹아 있는 용액
과포화 용액	포화 용액보다 용질이 많이 녹아 있는 용액

(3) 용해도: 어떤 온도에서 용매 100g에 최대로 녹을 수 있는 용질의 g수 ➡ 물질의 특성
① 일정한 온도에서 같은 용매에 대한 용해도는 물질의 종류에 따라 다름
② 용매와 용질의 종류, 온도에 따라 용해도가 달라짐

☆(4) 용해도 곡선⁺
① 온도에 따른 용해도 변화를 나타낸 그래프
• 곡선의 기울기가 클수록 온도 변화에 따른 용해도 차이가 큼
• 용해도 곡선에서의 위치로 용액의 종류를 알 수 있음

➕ 용해도 곡선

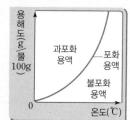

• 용액을 냉각할 때 석출되는 용질의 양을 알 수 있음

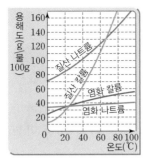

② 용액을 냉각할 때 석출되는 용질의 양=처음 온도에서 녹아 있던 용질의 양—냉각한 온도에서 최대로 녹을 수 있는 용질의 양
  • 석출량은 온도에 따른 물질의 용해도 변화에 의해 결정됨
  • 용해도 곡선의 기울기가 클수록 석출량이 많음

(5) 고체와 기체의 용해도

① 고체의 용해도
  • 일반적으로 온도가 높아질수록 용해도가 증가함
  • 압력에 따른 용해도 변화는 거의 없음
  ➡ 고체의 용해도를 나타낼 때에는 용매의 종류와 온도를 표시해야 함

② 기체의 용해도
  • 온도가 낮아질수록 용해도가 증가함
  • 압력이 높아질수록 용해도가 증가함
  ➡ 기체의 용해도를 나타낼 때에는 용매의 종류와 온도, 압력을 표시해야 함
  • 기체의 용해도와 관계있는 현상
    – 온도에 의한 기체의 용해도 현상: 더운 날, 물고기가 수면 위로 입을 내밀고 뻐끔거림 ➡ 물의 온도가 높아지면 물에 녹아 있는 산소의 용해도가 감소하기 때문
    – 압력에 의한 기체의 용해도 현상: 탄산음료의 뚜껑을 열면 거품이 남 ➡ 병 내부의 압력이 낮아지면 탄산음료에 녹아 있던 이산화 탄소의 용해도가 감소하기 때문

콕콕 개념 확인하기

1. 밀도$=\dfrac{(\quad)}{\text{부피}}$

2. 한 물질이 다른 물질에 녹아 균일하게 섞이는 현상을 무엇이라고 하는가?

3. 기체의 용해도는 온도가 낮아질수록 용해도가 _____한다.

답 1. 질량 2. 용해 3. 증가

꼼꼼 단어 돋보기

● 석출
용질이 녹아 있지 못하고 결정이 되는 것

탄탄 실력 다지기

정답과 해설 26쪽

01 그림에서 밀도가 가장 작은 것은?　　　2013년 1회

　스티로폼(스타이로폼)
　식용유
　물
　동전

① 물
② 동전
③ 식용유
④ 스티로폼(스타이로폼)

02 그래프에서 온도 변화에 따른 용해도 차가 가장 큰 것은?　　　2014년 1회

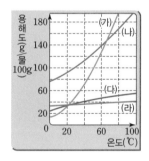

① (가)
② (나)
③ (다)
④ (라)

03 높은 산에 올라가서 밥을 지었더니 기압이 달라져 쌀이 설익었다. 이 현상과 관계있는 물질의 특성은?
　　　2014년 2회

① 녹는점
② 어는점
③ 끓는점
④ 용해도

04 다음 설명에서 이용되는 물질의 특성은?　　　2015년 2회

> • 물과 에탄올의 혼합물을 가열하여 분리한다.
> • 원유를 분별, 증류하여 휘발유, 등유, 경유 등으로 분리한다.

① 부피
② 질량
③ 끓는점
④ 용해도

05 그래프는 어떤 고체 물질의 가열 곡선이다. A~D 중 끓는점에 해당하는 온도는?

2016년 2회

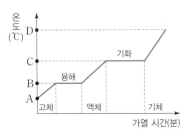

① A
② B
③ C
④ D

06 그림은 물에 동전과 나무를 넣었을 때의 모습이다. 물에서 나무가 뜨고 동전이 가라앉는 현상과 관련 있는 물질의 특성은?

2018년 1회

① 밀도
② 끓는점
③ 녹는점
④ 어는점

07 다음 중 끓는점에 대한 설명으로 옳지 <u>않은</u> 것은?

① 끓는점은 물질의 양에 관계없이 일정하다.
② 높은 산에서는 끓는점이 낮아진다.
③ 끓는점은 외부 압력과 관계없이 일정하다.
④ 분자 사이 인력이 강할수록 끓는점은 높다.

주목

08 다음 그래프는 어떤 고체 물질의 가열·냉각 곡선을 나타낸 것이다.

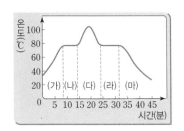

(나) 구간과 (라) 구간에서의 온도를 각각 무엇이라고 하는가?

	(나) 구간	(라) 구간
①	끓는점	어는점
②	끓는점	녹는점
③	녹는점	어는점
④	어는점	녹는점

09 그림에서 밀도가 가장 큰 것은?

① 물
② 동전
③ 식용유
④ 스티로폼(스타이로폼)

10 소금물에 오래된 달걀과 신선한 달걀을 넣었더니 오래된 달걀은 물 위에 떠오르고, 신선한 달걀은 가라앉았다. 다음 중 물질의 밀도를 옳게 비교한 것은?

① 오래된 달걀 > 소금물 > 신선한 달걀
② 오래된 달걀 > 신선한 달걀 > 소금물
③ 신선한 달걀 > 오래된 달걀 > 소금물
④ 신선한 달걀 > 소금물 > 오래된 달걀

11 다음 표는 몇 가지 금속 물질의 밀도를 나타낸 것이다.

물질	알루미늄	철	은	납	금
밀도 (g/cm³)	2.7	7.8	10.5	11.3	19.3

어떤 금속 물질 $30cm^3$의 질량이 234g이었다. 이 물질이라고 생각되는 것은?

① 알루미늄　　　② 철
③ 은　　　　　　④ 납

12 소금물에 녹아 있는 소금을 무엇이라고 하는가?

① 용해　　　　　② 용질
③ 용매　　　　　④ 용액

주목
13 다음 중 온도에 따른 용해도 차이가 가장 작은 물질은?

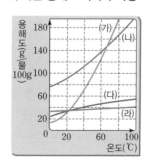

① (가)　　　　　② (나)
③ (다)　　　　　④ (라)

14 고체가 녹아 액체로 변하는 동안 일정하게 유지되는 온도를 무엇이라고 하는가?

① 어는점　　　　② 녹는점
③ 이슬점　　　　④ 끓는점

15 밀도를 측정하기 위해 알아야 하는 것은?

① 부피, 질량
② 길이, 부피
③ 온도, 질량
④ 부피, 온도

16 다음 중 물에 넣었을 때 가라앉는 물질은? (단, 모두 물에 녹지 않으며, 물의 밀도는 $1g/cm^3$이다.)

	물질	질량(g)	부피(cm³)
①	A	24	10
②	B	15	30
③	C	36	60
④	D	5	15

26 혼합물 분리

Ⅲ 화학

1 순물질과 혼합물

1. 순물질

(1) **순물질:** 다른 물질이 섞이지 않고 한 가지 물질로 이루어진 물질

　예 산소, 금, 이산화 탄소, 물 등

(2) **성질:** 한 가지 성분의 성질만 나타내며, 녹는점, 끓는점, 밀도 등이 일정함

(3) **분리법:** 물리적 방법으로 분리할 수 없음

(4) **가열·냉각 곡선:** 수평한 구간이 나타난다.

참고 순물질과 혼합물의 가열 냉각 곡선

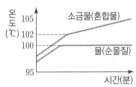

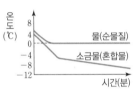

홑원소 물질	한 가지 원소로만 이루어진 물질 **예** 산소, 수소, 구리 등
화합물	두 가지 이상의 원소로 이루어진 물질 **예** 물, 소금, 황화 철 등

☆ 2. 혼합물

(1) **혼합물:** 두 가지 이상의 순물질이 섞여 있는 물질 **예** 공기, 소금물, 우유, 식초 등

(2) **성질:** 성분 물질의 성질을 그대로 가지고, 혼합 비율에 따라 녹는점, 끓는점, 밀도 등이 다름

(3) **분리법:** 물리적 방법으로 분리 가능

(4) **가열·냉각 곡선:** 수평한 구간이 나타나지 않거나 여러 군데 나타남

균일 혼합물	성분 물질들이 고르게 섞여 있는 물질 **예** 공기, 땜납, 설탕물 등
불균일 혼합물	성분 물질들이 고르지 않게 섞여 있는 물질 **예** 암석, 흙탕물, 과일 주스 등

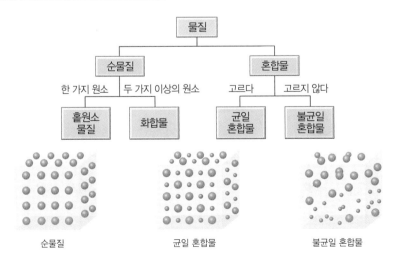

2 끓는점 차이를 이용한 혼합물 분리

1. 증류

(1) 증류: 끓는점 차이가 큰 물질이 섞여 있는 경우, 그 혼합물을 가열할 때 끓어 나오는 기체를 냉각하여 순수한 액체를 얻는 방법

(2) 특징: 한 가지 액체 성분만 얻을 수 있음 **예** 탁한 술로 맑은 소주 만들기, 바다에서 식수 얻기 등

2. 물과 에탄올의 혼합물 분리: 끓는점이 낮은 에탄올이 먼저 끓어 나오고, 물이 나중에 끓어 나옴

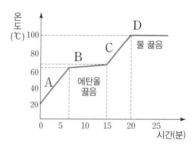

A	혼합물의 온도 상승
B	에탄올이 먼저 끓음 ➡ 에탄올 끓는점보다 조금 높은 온도에서 끓음
C	물의 온도 상승
D	물이 끓음

3. 원유의 분리: 원유를 높은 온도로 가열하여 증류탑으로 보내면 끓는점이 낮은 물질은 위쪽에서 먼저 증류되고, 끓는점이 높은 물질은 아래쪽에서 나중에 분리됨

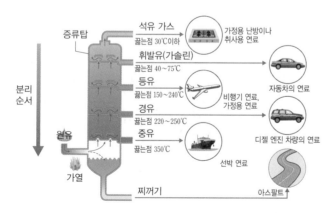

참고 원유의 분별 증류

원유를 가열하여 증류탑으로 보내면 원유의 성분 물질이 기화와 액화를 반복하면서 끓는점 차에 의해 분리된다.

끓는점	끓는점
낮다 ⬇ 높다	석유 가스 휘발유(나프타) 등유(비행기 연료) 경유(디젤 기관 연료) 중유(선박 연료) 찌꺼기(아스팔트)

🔍 꼼꼼 단어 돋보기

● 원유
땅 속에서 뽑아낸 가공하지 않은 기름

녹는점이 낮아짐	끓는점이 높아짐
• 금속을 용접할 때 땜납(납＋주석)을 이용함 • 전류 차단기에 퓨즈(납＋안티모니)를 이용함	• 달걀이나 국수를 삶을 때 물에 소금을 조금 넣음
어는점이 낮아짐	단단해짐
• 눈이 내린 도로에는 염화 칼슘을 뿌림 • 겨울철 자동차의 냉각수에는 부동액을 넣음	• 건축 재료로 강철(철＋탄소)을 이용함 • 장신구를 만들 때 18K 금(금＋구리)을 이용함

콕콕 개념 확인하기

1. 물과 에탄올을 끓이면 끓는점이 (낮은, 높은) 에탄올이 먼저 끓는다.
2. 증류탑을 이용하여 원유를 분리할 때 위쪽에서 끓는점이 (낮은, 높은) 물질이 분리된다.

답 1. 낮은 2. 낮은

3 용해도 차이를 이용한 혼합물 분리 – 용매(거름 장치 이용)

1. 용매에 대한 용해도 차이를 이용한 혼합물 분리

(1) **거름**: 어떤 용매에 잘 녹는 고체와 녹지 않는 고체가 섞여 있는 혼합물을 거름 장치를 이용하여 분리하는 방법

혼합물
용매에 잘 녹지 않는 고체가 남는다.

① 거름종이 위에는 용매에 녹지 않는 물질이 남고, 용매에 녹는 물질은 거름종이를 통과함

② 거름 장치로 분리할 수 있는 혼합물의 예

혼합물	용매	거름종이 위에 남는 물질	거른 용액
소금과 모래	물	모래	소금물
소금과 황	물	황	소금물

(2) **추출**: 혼합물에서 특정한 성분을 잘 녹이는 용매를 사용하여 물질을 분리하는 방법

예 녹차 우려내기, 향수 만들기, 커피 만들기, 드라이크리닝 등

2. 온도에 대한 용해도 차이를 이용한 혼합물 분리

(1) 재결정을 이용한 분리

① 재결정: 고체 혼합물을 용매에 녹인 다음, 용액을 서서히 냉각시켜 순수한 고체 물질을 얻는 방법 ➡ 두 물질의 온도에 따른 용해도 차이를 이용

• 소량의 불순물: 소량의 황산 구리(Ⅱ)가 섞여 있는 질산 칼륨을 높은 온도의 물에 녹인 다음, 온도를 낮추면 질산 칼륨이 석출됨 ➡ 불순물들은 소량이 녹아 있어 포화 상태에 도달하지 못하므로 석출되지 않음

- 분별 결정: 온도에 따른 용해도 차가 큰 물질과 작은 물질이 섞인 혼합물의 분리
  - 염화 나트륨 30g과 붕산 30g을 90℃ 물 100g에 완전히 녹임
  - 혼합 용액을 20℃로 냉각하여 거름 ➡ 붕산 25g이 석출됨

구분	90℃ 물 100g에 녹은 양	20℃ 물 100g에 녹을 수 있는 최대 양 (용해도)	20℃ 물 100g
염화 나트륨	30g	35.9g	30g 모두 녹아 있음
붕산	30g	5g	30－5＝25g 석출됨

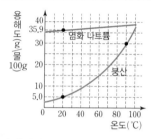

② 재결정을 이용하는 예: 천일염의 정제, 아스피린의 정제 등

4 밀도 차이를 이용한 혼합물 분리와 크로마토그래피

1. 밀도 차이를 이용한 혼합물 분리

(1) 고체 혼합물의 분리

① 고체 혼합물을 녹이지 않으면서 밀도가 두 고체 물질의 중간 정도인 액체에 넣어 분리함

② 밀도가 큰 물질은 가라앉고, 밀도가 작은 물질은 위로 떠올라 분리됨

＋ 좋은 볍씨 고르기

밀도: 알찬 볍씨>소금물>쭉정이

구분	방법	밀도
좋은 볍씨 고르기＋	볍씨를 소금물에 넣으면 속이 찬 볍씨는 가라앉고, ⦁쭉정이는 위로 뜸	좋은 볍씨>소금물>쭉정이
신선한 달걀 고르기	달걀을 소금물에 넣으면 신선한 달걀은 가라앉고, 오래된 달걀은 위로 뜸	신선한 달걀>소금물>오래된 달걀

(2) 액체 혼합물의 분리

① 밀도가 달라 섞이지 않는 액체 혼합물은 분별 깔때기나 스포이트를 이용하여 분리함

🔍 꼼꼼 단어 돋보기

● 쭉정이
껍질만 있고, 속에 알맹이가 없는 곡식

② 밀도가 큰 액체는 아래층, 밀도가 작은 액체는 위층으로 분리됨

△ 분별 깔때기

2. **크로마토그래피:** 혼합물을 용매에 녹여 거름종이와 같은 흡착제에 스며들게 할 때, 성분 물질이 용매를 따라 이동하는 속도의 차이를 이용하여 분리하는 방법

예 도핑 테스트, 수성 사인펜의 색소 분리 등

참고 크로마토그래피 이용 시 주의 사항
• 색소점은 물에 잠기지 않도록 한다.
• 색소점은 작고 진하게, 여러 번 찍는다.
• 마개를 막아 자연 증발을 막는다.

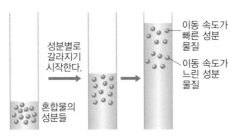

(1) **크로마토그래피의 특징**
① 매우 적은 양의 혼합물도 분리 가능
② 성질이 매우 비슷한 물질의 혼합물도 쉽게 분리 가능
③ 많은 종류의 성분이 혼합되어 있어도 한 번에 분리 가능
④ 실험 방법이 비교적 간단함
⑤ 분리하는 데 걸리는 시간이 짧음

(2) **크로마토그래피의 결과 분석**
① 순물질: A, C, E
② 혼합물: B, D
③ 용매를 따라 이동하는 속도: C > A > E
➡ 높이 올라갈수록 이동 속도가 빠름

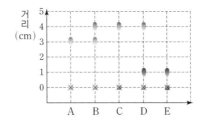

01 그림과 같은 실험 장치로 분리하기에 가장 적절한 것은?

2011년 1회

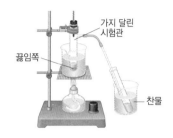

① 물과 에탄올의 혼합물
② 수성 사인펜 잉크의 색소
③ 스타이로폼 가루와 모래의 혼합물
④ 질산칼륨과 염화나트륨의 혼합물

02 그림과 같이 소금물을 이용하여 좋은 볍씨를 골라낼 때 활용하는 물질의 특성은?

2013년 2회

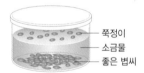

① 밀도의 차이
② 끓는점의 차이
③ 녹는점의 차이
④ 용해도의 차이

03 〈보기〉에서 순물질을 고른 것은?

2014년 2회

보기	
ㄱ. 구리	ㄴ. 공기
ㄷ. 설탕물	ㄹ. 염화 나트륨

① ㄱ, ㄷ
② ㄱ, ㄹ
③ ㄴ, ㄷ
④ ㄴ, ㄹ

04 각 성분 물질의 끓는점 차이를 이용하여 액체 혼합물을 분리할 수 있는 실험 장치로 가장 적절한 것은?

2014년 1회

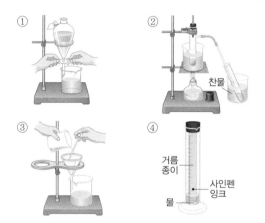

05 그림과 같은 실험 장치로 분리할 수 있는 혼합물은?

2014년 2회

① 물과 석유
② 소금과 설탕
③ 모래와 스타이로폼
④ 질산 칼륨과 염화 칼륨

06 그림과 같이 서로 잘 섞이지 않는 액체 혼합물을 분별 깔때기를 사용하여 분리할 때 이용되는 물질의 특성은?

2017년 2회

① 밀도
② 녹는점
③ 끓는점
④ 어는점

07 그림과 같이 소금과 모래가 섞인 혼합물을 분리할 때 사용할 수 있는 실험 장치는? 2018년 2회

① 거름 장치
② 전기 분해 장치
③ 분별 증류 장치
④ 크로마토그래피 장치

08 다음 중 순물질인 것은? 2019년 2회

① 소금물
② 흙탕물
③ 알루미늄
④ 오렌지 주스

09 다음에 설명하는 (가), (나)에 해당하는 물질은?

- (가): 한 가지 물질로 이루어진 것
- (나): 두 가지 이상의 순물질이 섞여 있는 것

	(가)	(나)
①	금	증류수
②	증류수	공기
③	흙탕물	구리
④	소금물	흙탕물

10 물과 기름을 분리할 때 사용할 수 있는 이 실험 기구의 이름은?

① 분별 깔때기
② 스포이트
③ 거름 장치
④ 크로마토그래피

11 다음 표는 여러 가지 물질의 물과 에탄올에 대한 용해성을 나타낸 것이다. (단, ○는 녹음, ×는 녹지 않음을 의미한다.)

용질\용매	설탕	소금	나프탈렌	아이오딘
물	○	○	×	×
에탄올	×	×	○	○

표를 참고로 할 때 거름 장치를 이용하여 분리할 수 없는 혼합물은?

① 소금과 아이오딘
② 설탕과 나프탈렌
③ 설탕과 아이오딘
④ 나프탈렌과 아이오딘

주목

12 그림은 온도에 따른 여러 가지 고체의 용해도를 나타낸 곡선이다. 분별 결정으로 분리하기 가장 쉬운 혼합물은 어떤 물질끼리 섞여 있는 경우인가?

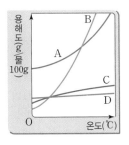

① A와 B
② B와 C
③ B와 D
④ A와 D

13 다음 중 혼합물이 <u>아닌</u> 것은?

① 공기　　　　　　② 소금물
③ 우유　　　　　　④ 이산화 탄소

14 소금과 모래 혼합물을 분리하는 가장 좋은 방법은?

① 분별 증류
② 끓음 장치
③ 밀도 차이 이용
④ 거름 장치

15 그림은 잉크의 색소를 분리하기 위한 크로마토그래피 장치이다. 이에 대한 설명으로 옳지 <u>않은</u> 것은?

① 색소점은 물에 잠기게 한다.
② 색소점은 작고 진하게 찍으며, 여러 번 찍어도 된다.
③ 마개를 막는 것은 용매의 증발을 막아 거름종이가 마르지 않게 하기 위해서이다.
④ 잉크 색소에 포함된 최소한의 물질은 분리된 물질의 수와 같다.

16 다음의 경우에 이용할 수 있는 가장 적절한 혼합물 분리 방법은?

> • 운동선수 약물 복용 검사
> • 수성 사인펜 잉크의 색소 분리

① 거름 장치　　　　② 분별 증류
③ 크로마토그래피　　④ 끓음 장치

주목

17 다음 크로마토그래피의 결과에 대한 설명으로 옳지 <u>않</u>은 것은?

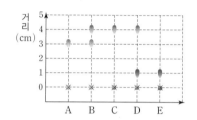

① A는 순물질이다.
② B에는 A가 포함되어 있다.
③ B, C, D 에는 같은 물질이 있다.
④ E에는 C가 포함되어 있다.

18 다음은 황산 구리(Ⅱ)와 질산 칼륨의 온도에 따른 용해도(g/물100g)이다.

구분	0℃	40℃	80℃
황산 구리(Ⅱ)	13	39	55
질산 칼륨	13	64	169

80℃ 물 100g에 황산 구리(Ⅱ) 10g과 질산 칼륨 20g을 넣어 모두 녹인 후 0℃로 냉각하였을 때, 석출되는 물질과 그 양은?

① 황산 구리(Ⅱ), 10g
② 황산 구리(Ⅱ), 3g
③ 질산 칼륨, 3g
④ 질산 칼륨, 7g

Ⅲ 화학

물질의 변화와 화학 반응식

1 물질의 변화

1. 물리 변화

물질의 고유한 성질은 변하지 않으면서 모양, 상태 등이 변하는 현상

(1) **물리 변화의 특징**: 물질을 이루는 분자의 배열은 변하지만, 분자 자체는 변하지 않음 ➡ 물질의 성질이 변하지 않음

(2) **물리 변화의 예**

① 그릇이 깨짐 ➡ 모양 변화

② 물에 넣은 잉크가 퍼짐 ➡ 확산

③ 용광로에서 철이 녹음 ➡ 상태 변화

④ 설탕이 물에 녹음 ➡ 용해

참고 물질의 상태 변화는 물리 변화에 속한다.

2. 화학 변화

어떤 물질이 성질이 전혀 다른 새로운 물질로 변하는 현상

(1) **화학 변화의 특징**: 분자를 이루는 원자의 배열이 달라져 새로운 분자가 생성됨 ➡ 물질의 성질이 변함

(2) **화학 변화의 예**

① 철로 만든 못이 녹슮

② 고기를 익히면 냄새와 색깔이 변함

③ 깎아 놓은 사과의 색깔이 변함

④ 종이가 타서 재가 됨

＋ 화학 변화의 예
· 색깔, 냄새, 맛 등의 변화
· 빛과 열 발생
· 기체 발생
· 앙금 생성

참고 연소

물질이 산소와 빠르게 반응하여 빛과 열을 내면서 다른 물질로 변하는 화학 변화

물리 변화	화학 변화
물 ➡ 수증기	물 ➡ 수소+산소

쏙쏙 이해 더하기 물리 변화와 화학 변화

구분	물리 변화	화학 변화
변하는 것	· 분자 배열	· 원자 배열, 분자의 종류와 개수 · 물질의 성질
변하지 않는 것	· 원자 배열, 원자의 종류와 개수 · 분자의 종류와 개수 · 물질의 성질과 총 질량	· 원자의 종류와 개수 · 물질의 총 질량

1. 물리 변화가 일어날 때 (분자 배열, 분자 성질)이 변한다.
2. 그릇이 깨지는 것은 (물리, 화학) 변화이다.
3. 화학 변화가 일어날 때 변하지 않는 것은 (원자의 종류와 개수, 물질의 성질)이다.

답 1. 분자 배열 2. 물리 3. 원자의 종류와 개수

2 화학 반응식

1. 화학 반응식

원소 기호를 이용한 *화학식과 기호, *계수 등으로 화학 반응을 나타낸 식

2. 화학 반응식 만들기

(1) 반응물과 생성물을 화학식으로 나타냄 ➡ H_2, O_2, H_2O

(2) 화살표를 기준으로 반응물은 왼쪽, 생성물은 오른쪽에 씀 ➡ $H_2 + O_2 \rightarrow H_2O$

(3) 반응 전후 원자의 종류와 개수가 같도록 계수를 맞춤 ➡ $2H_2 + O_2 \rightarrow 2H_2O$

참고 화학 반응식을 통해 알 수 없는 사실
- 원자의 크기, 모양, 질량
- 분자의 크기, 모양, 질량
- 반응 물질과 생성 물질의 질량

3. 화학 반응식으로 알 수 있는 사실

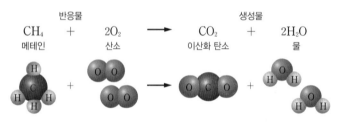

구분	반응 물질		생성 물질	
분자	메테인 분자 1개	산소 분자 2개	이산화 탄소 분자 1개	물 분자 2개
원자	탄소 원자 1개 수소 원자 4개	산소 원자 4개	탄소 원자 1개 산소 원자 2개	산소 원자 2개 수소 원자 4개
분자 수 비	메테인 : 산소 : 이산화 탄소 : 물 = 1 : 2 : 1 : 2			

(1) 반응 물질과 생성 물질의 종류

(2) 반응 물질과 생성 물질을 이루는 원자와 분자의 종류와 개수

(3) 반응 물질과 생성 물질의 계수비＝분자 수 비＝부피비(물질이 모두 기체인 경우)

(4) **질량 보존 법칙의 성립:** 반응 전후 물질의 총 질량이 같음

(5) **일정 성분비 법칙의 성립:** 화합물을 구성하는 원자 사이에 일정한 질량비가 성립함

참고 화학 반응의 종류
- 화합: 두 종류 이상의 물질이 결합하여 새로운 한 종류의 물질을 생성하는 화학 반응
  예 염소＋나트륨 → 염화 나트륨

- 분해: 한 종류의 화합물이 두 종류 이상의 물질로 나누어지는 화학 반응
  예 물 → 수소＋산소
  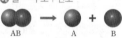
- 치환: 화합물을 구성하던 성분의 일부가 다른 성분으로 바뀌는 화학 반응
  예 질산 은＋구리 → 질산 구리＋은
  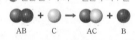

1. 화학 반응을 물질의 화학식으로 나타낸 것을 _____(이)라고 한다.
2. 화학 반응식에서 계수비는 각 물질의 _____(을)를 나타낸다.

답 1. 화학 반응식 2. 분자 수 비

🔍 **꼼꼼 단어 돋보기**

● **화학식**
물질을 원소 기호와 숫자를 이용하여 나타낸 식

● **계수**
화학 반응식에서 화학식 앞에 쓰는 숫자

01 〈보기〉에서 화학 변화에 속하는 것을 모두 고른 것은?

2009년 1회

> **보기**
> ㄱ. 설탕이 물에 녹아 설탕물이 된다.
> ㄴ. 음식물이 소화 기관에서 소화된다.
> ㄷ. 철문이 공기 중에서 붉게 녹슨다.
> ㄹ. 호박엿이 떨어져 여러 조각이 된다.

① ㄱ, ㄴ ② ㄱ, ㄷ
③ ㄴ, ㄷ ④ ㄴ, ㄹ

02 화학 변화를 가장 잘 설명한 것은?

2009년 2회

① 아이스크림이 녹는다.
② 바람이 불면 빨래가 잘 마른다.
③ 나무가 빛과 열을 내면서 탄다.
④ 암모니아수 병을 열면 냄새가 난다.

03 물리 변화에 해당하는 것은?

2011년 1회

① 음식물이 상했다.
② 종이가 불에 탔다.
③ 쇠못이 녹이 슬었다.
④ 얼음이 녹아 물이 되었다.

04 화학 변화에 해당하는 것은?

2012년 1회

① 물을 얼린다.
② 종이를 태운다.
③ 소금을 물에 녹인다.
④ 모래에서 금을 골라낸다.

05 다음은 물질 변화의 예이다. ㉠, ㉡에 대한 설명으로 옳지 않은 것은?

2017년 2회

> ㉠ 사과를 4조각으로 나누어 접시에 오래 놓아두었더니,
> ㉡ 사과의 표면이 갈색으로 변했다.

① ㉠은 물리 변화이다.
② ㉠에서 원자의 종류가 달라졌다.
③ ㉡은 화학 변화이다.
④ ㉡에서 새로운 물질이 만들어졌다.

06 다음은 물질의 변화를 설명한 것이다. A에 해당하는 것은?

2018년 1회

> Ⅰ. 물질의 변화
>   1. 물리 변화
>   • 물질의 고유한 성질은 변하지 않고, 모양이나 상태가 변하는 것
>   예 나무가 쪼개진다.
>   2. 화학 변화
>   • 물질의 화학적 성질이 변하여 새로운 물질로 변하는 것
>   예 A

① 얼음이 녹는다. ② 유리컵이 깨진다.
③ 종이가 불에 탄다. ④ 고무줄이 늘어난다.

07 다음은 메테인(CH_4)이 산소와 반응하여 이산화 탄소와 물을 생성하는 화학 반응식이다. ㉠에 해당하는 물질은?

2021년 1회

$$CH_4 + 2\boxed{㉠} \rightarrow CO_2 + 2H_2O$$

① O_2(산소) ② H_2(수소)
③ N_2(질소) ④ CO(일산화 탄소)

08 다음 중 물리 변화에 해당하는 것은?

① 음식이 상했다.
② 종이가 타서 재가 되었다.
③ 껍질을 벗긴 사과의 색이 변한다.
④ 드라이아이스의 크기가 작아진다.

09 물리 변화가 일어날 때 변하는 것은?

① 분자의 종류와 개수
② 분자 배열
③ 원자의 종류와 개수
④ 원자 배열

10 원자의 배열이 바뀌어 성질이 달라지는 변화는?

① 빨래가 마른다.
② 향수 냄새가 퍼진다.
③ 음식물이 소화 기관에서 소화된다.
④ 설탕이 물에 녹는다.

11 다음 현상들에 대한 설명으로 옳지 <u>않은</u> 것은?

> • 철로 만든 못이 녹슨다.
> • 깎아 놓은 사과의 색깔이 변한다.
> • 고기를 익히면 냄새와 색깔이 변한다.
> • 종이가 타서 재가 된다.

① 화학 변화이다.
② 물질의 성질이 변한다.
③ 원자의 배열은 변하지 않는다.
④ 원자의 종류는 변하지 않는다.

12 화학 반응식에 대한 설명으로 옳은 것은?

① 물리 변화를 나타낸 것이다.
② 화학식 앞의 계수는 분수로 나타낸다.
③ 화학식 앞의 계수 1은 생략한다.
④ 반응 물질과 생성 물질에 존재하는 총 원자의 수는 변한다.

주목

13 다음 수증기를 생성하는 화학 반응식에 들어갈 숫자로 옳은 것은?

$$2H_2 + O_2 \rightarrow (\quad)H_2O$$

① 2
② 3
③ 4
④ 5

14 다음 화학 반응식에 대한 설명으로 옳은 것은?

$$2H_2 + O_2 \rightarrow 2H_2O$$

① 반응 물질은 물, 생성 물질은 수소와 산소이다.
② 수소 분자 3개와 산소 분자 1개가 반응한다.
③ 생성 물질은 수소 원자 1개와 산소 원자 2개로 이루어진 분자이다.
④ 반응 전후의 수소 원자의 개수는 같다.

28 Ⅲ 화학
질량 보존 법칙

1 질량 보존 법칙

☆ 1. 질량 보존 법칙

화학 반응이 일어날 때 반응 전 물질의 총 질량과 반응 후 생성된 물질의 총 질량은 같음

> **참고** 질량 보존 법칙은 물리 변화와 화학 변화에서 모두 성립한다.

> 반응 물질의 총 질량＝생성 물질의 총 질량

2. 질량 보존 법칙이 성립하는 까닭

반응 전후에 원자가 새로 생기거나 없어지지 않고, 전체 원자의 수와 종류는 같기 때문

(1) **물리 변화**: 분자의 배열만 변하고 분자의 종류와 개수는 일정함

(2) **화학 변화**: 반응 후 분자의 종류는 변하지만, 원자의 종류와 총 개수는 변함없음

> **콕콕 개념 확인하기**
>
> 1. 반응 물질의 총 질량 (>, =, <) 생성 물질의 총 질량
> 2. 물리 변화도 질량 보존 법칙을 따른다. (O, X)
>
> 답 1. = 2. ○

2 여러 가지 반응에서 질량 보존

1. 앙금 생성 반응[+]: 앙금이 생성되는 반응이 일어나도 반응 전후 물질의 총 질량은 같음

＋ 앙금 생성 반응

염화 나트륨   질산 은   혼합 용액
수용액   수용액

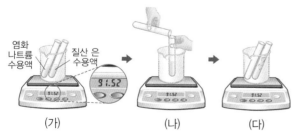

(가)   (나)   (다)

(1) **실험 결과**: 반응 전 (가)와 반응 후 (다)의 질량이 같음

(2) **질량 관계**: (염화 나트륨＋질산 은)의 질량＝(질산 나트륨＋염화 은)의 질량

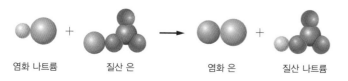

염화 나트륨   질산 은   염화 은   질산 나트륨

2. 기체 발생 반응: 밀폐된 용기에서 발생한 이산화 탄소 기체가 빠져나가지 못하므로 반응 전후 질량이 일정함

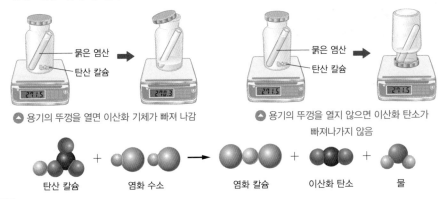

△ 용기의 뚜껑을 열면 이산화 기체가 빠져 나감   △ 용기의 뚜껑을 열지 않으면 이산화 탄소가 빠져나가지 않음

참고 두 물질이 반응하여 발생한 기체의 질량을 고려하면 반응 전후의 질량은 변하지 않는다.
예 • 염산+아연 → 수소↑+염화 아연
• 과산화 수소 → 산소↑+물
• 탄산수소 나트륨→이산화 탄소↑ + 탄산 나트륨+물

탄산 칼슘   염화 수소   →   염화 칼슘   이산화 탄소   물

★ 3. 연소 반응

(1) 나무의 연소 반응: 나무+산소 → 재+이산화 탄소+수증기

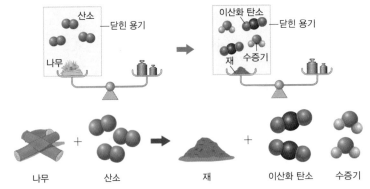

나무   산소   →   재   이산화 탄소   수증기

① **열린 공간:** 발생한 기체가 공기 중으로 날아감 ➡ 질량 감소
② **닫힌 공간:** 발생한 기체가 그대로 있음 ➡ 질량 일정
③ (나무+산소)의 질량=(재+이산화 탄소+수증기)의 질량

✚ 열린 공간

기체 발생 반응 시 생성된 기체가 날아가므로 질량이 감소한다.

(2) 강철 솜의 연소 반응: 철+산소 → 산화 철(Ⅱ)

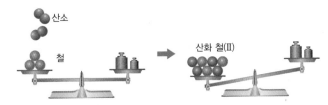

① **열린 공간:** 철이 공기 중의 산소와 결합 ➡ 질량 증가
② **닫힌 공간:** 닫힌 공간에 있던 산소와 결합 ➡ 질량 일정
③ (철+산소)의 질량=산화 철(Ⅱ)의 질량

콕콕 개념 확인하기

1. 앙금 생성 반응이 일어나기 전 질량과 일어난 후의 질량은 항상 _____.
2. 강철 솜을 공기 중에서 연소시키면 반응 후 질량이 _____.
3. 나무를 닫힌 공간에서 연소시키면 반응 후 질량이 _____.

답 1. 같다 2. 증가한다 3. 같다

01 철가루 7g이 황가루와 모두 반응하여 황화 철 11g이 생성되었다. 이때 철가루와 반응한 황가루의 질량은?

2011년 2회

① 2g
② 4g
③ 7g
④ 11g

02 구리와 산소는 4 : 1의 질량비로 반응하여 산화 구리(Ⅱ)를 생성한다. 다음 반응에서 생성된 산화 구리(Ⅱ)의 질량 ㉠은?

2016년 1회

2Cu	+	O₂	→	2CuO
구리		산소		산화 구리(Ⅱ)
8g		2g		(㉠)g

① 1
② 3
③ 7
④ 10

03 마그네슘 3g을 공기 중에서 연소시켰더니 산소와 결합하여 산화 마그네슘 5g이 생성되었다. 이때 결합한 산소의 질량 A는?

2018년 2회

마그네슘 3g + 산소 (A) → 산화 마그네슘 5g

① 2g
② 6g
③ 10g
④ 20g

04 그래프는 구리와 산소가 반응하여 산화 구리(Ⅱ)가 생성될 때, 구리와 산화 구리(Ⅱ)의 질량 관계를 나타낸 것이다. 4g의 구리가 모두 반응하였을 때, 반응한 산소의 질량은?

2019년 1회

① 1g
② 3g
③ 6g
④ 8g

05 수소 4g과 산소 32g이 모두 반응하여 물을 생성하였다. 이때 만들어진 물의 질량은?

① 28g
② 30g
③ 36g
④ 44g

주목
06 구리와 산소 2g을 반응시켜 산화 구리(II) 10g을 얻었다. 이때 반응한 구리의 질량은?

① 10g
② 8g
③ 6g
④ 4g

07 질량 보존 법칙에 대하여 잘못 설명한 것은?

① 기체 생성 반응에서도 성립한다.
② 앙금 생성 반응에서는 성립하지 않는다.
③ 물리 변화에서도 성립한다.
④ 원자의 종류나 수가 변하지 않으므로 질량이 반응 후에도 같다.

08 열린 공간에서 반응이 일어날 때, 반응 후 질량 변화가 감소하는 것이 아닌 것은?

① 나무 도막에 불을 붙여 태운다.
② 과산화 수소가 물과 산소로 분해된다.
③ 묽은 염산과 탄산 칼슘을 반응시킨다.
④ 마그네슘을 연소시켜 산화 마그네슘을 만든다.

09 반응 전후 질량이 같지 않은 것은?

① 열린 공간에서 양초를 연소시킨다.
② 닫힌 공간에서 구리 가루를 연소시킨다.
③ 열린 공간에서 앙금 생성 반응을 한다.
④ 닫힌 공간에서 탄산수소 나트륨을 분해하였다.

29 일정 성분비 법칙

① 일정 성분비 법칙

1. 일정 성분비 법칙

화합물을 구성하는 성분 원소 사이에는 일정한 질량비가 성립함

예 수소 + 산소 → 물

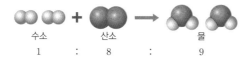

수소		산소		물
1	:	8	:	9

구리 + 산소 → 산화 구리(Ⅱ)

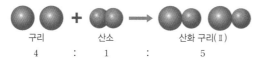

구리		산소		산화 구리(Ⅱ)
4	:	1	:	5

마그네슘 + 산소 → 산화 마그네슘

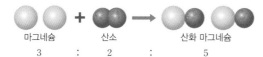

마그네슘		산소		산화 마그네슘
3	:	2	:	5

**(1) 일정 성분비 법칙이 성립하는 까닭:** 화합물을 이루는 원자가 항상 일정한 개수비로 결합하기 때문

물 분자는 항상 수소 원자 2개와 산소 원자 1개로 이루어짐
- 수소 원자 1개 : 산소 원자 1개 질량비 = 1 : 16
- 물 분자를 이루는 수소 : 산소 질량비 = 1 : 8
➡ 모든 물 분자는 수소와 산소의 질량비가 1 : 8로 일정

참고 일정 성분비 법칙은 화합물에서는 성립하지만, 혼합물에서는 성립하지 않는다.

(2) 물과 과산화 수소: 화합물을 구성하는 성분 원소의 종류가 같아도 질량비가 다르면 다른 물질임

구분	물	과산화 수소
모형		
원자의 개수비	수소 : 산소 = 2 : 1	수소 : 산소 = 1 : 1
질량비	수소 : 산소 = 1 : 8	수소 : 산소 = 1 : 16

2. 일정 성분비 법칙과 모형(분자 모형에서 성분 원소의 질량비 확인하기)

원자의 상대적인 질량: 수소=1, 탄소=12, 질소=14, 산소=16

구분	물	이산화 탄소	암모니아
분자 모형			
원자의 개수비	수소 원자 : 산소 원자 =2 : 1	탄소 원자 : 산소 원자 =1 : 2	수소 원자 : 질소 원자 =3 : 1
성분 원소의 질량비	수소 : 산소=1 : 8	탄소 : 산소=3 : 8	수소 : 질소=3 : 14

콕콕 개념 확인하기

1. _____(이)란 화합물을 구성하는 성분 원소 사이에는 일정한 질량비가 성립한다는 것이다.
2. 일정 성분비 법칙은 혼합물에서도 성립한다. (O, X)

답 1. 일정 성분비 법칙 2. X

2 여러 가지 반응에서 일정 성분비 법칙

1. 금속의 연소 반응(마그네슘 연소)

(1) 반응하는 마그네슘과 산소의 질량비는 3 : 2으로 항상 일정함

(2) 마그네슘 : 산소 : 산화 마그네슘의 질량비 = 3 : 2 : 5

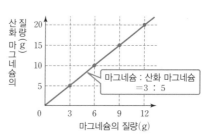

마그네슘 : 산화 마그네슘 =3 : 5

★2. 앙금 생성 반응에서 질량비(아이오딘화 납 생성 반응[+])

반응: 아이오딘화 이온과 납 이온은 2 : 1의 개수비로 결합

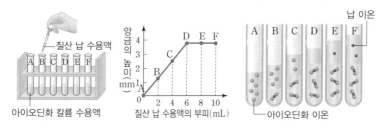

- B와 C에는 아이오딘화 이온이 아직 남아 있음
- D는 납 이온과 아이오딘화 이온이 모두 반응함
- E와 F에는 아이오딘화 이온이 없으므로 앙금 생성 반응을 하지 못함

콕콕 개념 확인하기

1. 물이 생성 될 때 물 분자를 이루는 수소와 산소의 질량비는 (:   )이다.
2. 구리를 연소시켜 산화 구리(Ⅱ)가 생성될 때 반응하는 구리와 산소의 질량비는 (:   )이다.

답 1. 1, 8 2. 4, 1

+ 아이오딘화 납 생성 반응
아이오딘화 칼륨 수용액과 질산 납 수용액을 반응시키면 노란색 아이오딘화 납이 생성된다.

참고 질량 보존 법칙과 일정 성분비 법칙

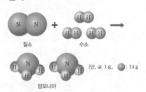

① 질량 보존 법칙
- 질소+수소의 질량은 암모니아의 질량과 같다.
- $2 \times 14g + 3 \times (2 \times 1g) = 2 \times 17g$
② 일정 성분비 법칙
- 암모니아를 이루는 질소와 수소의 질량비는 일정하다.
- 질소 : 수소=14g : 3×1g = 14 : 3

탄탄 실력 다지기

01 물이 합성될 때 반응하는 수소 기체와 산소 기체의 질량비는 1 : 8이다. 수소 기체 2g과 산소 기체 16g이 완전히 반응할 때 생성되는 물의 질량은? 2012년 2회

① 2g ② 8g
③ 16g ④ 18g

02 다음은 수소 기체 2g과 산소 기체 16g이 모두 반응하여 물 18g을 생성하는 화학 반응식을 나타낸 것이다. 이때 반응하는 수소 기체와 산소 기체의 질량비는?

2016년 2회

$$2H_2 + O_2 \rightarrow 2H_2O$$
$$(2g) \quad (16g) \quad (18g)$$

① 1 : 4 ② 1 : 8
③ 1 : 9 ④ 8 : 9

03 그래프는 마그네슘이 연소할 때 반응한 마그네슘과 산소의 질량을 나타낸 것이다. 반응한 마그네슘과 산소의 질량비는? 2017년 2회

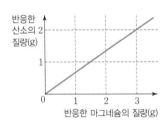

① 1 : 1 ② 2 : 1
③ 3 : 2 ④ 3 : 5

04 황화 철을 이루는 철과 황의 질량 비율은 7 : 4이다. 황화 철 5.5g을 얻기 위해 필요한 황의 질량은?

① 2g ② 3g
③ 4g ④ 5g

05 일정 성분비 법칙이 성립하지 <u>않는</u> 경우는?

① 수소 + 산소 → 물
② 질소 + 수소 → 암모니아
③ 암모니아 + 물 → 암모니아수
④ 마그네슘 + 산소 → 산화 마그네슘

주목

06 다음은 아이오딘화 칼륨 수용액에 질산 납 수용액을 첨가하면서 앙금의 높이를 측정한 것이다. 옳지 <u>않은</u> 것은?

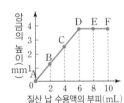

① 노란색 앙금이 생성된다.
② B 시험관에는 아이오딘화 이온이 있다.
③ C 시험관에는 납 이온이 있다.
④ E 시험관에는 납 이온이 있다.

07 다음 모형은 볼트와 너트를 이용하여 화합물을 만드는 과정이다.

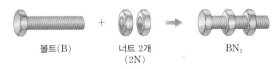

볼트 2개와 너트 5개로 만들 수 있는 이 화합물의 최대 수는?

① 1개 ② 2개
③ 3개 ④ 4개

30 Ⅲ 화학
기체 반응 법칙

① 기체 반응 법칙

1. 기체 반응 법칙[+]

일정한 온도와 압력에서 기체들이 반응하여 새로운 기체가 생성될 때 각 기체의 부피 사이에는 항상 간단한 정수비가 성립

예 • 수증기 생성 반응

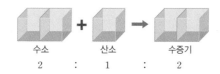

수소	:	산소	:	수증기
2		1		2

• 암모니아 생성 반응

수소	:	질소	:	암모니아
3		1		2

[+] 기체 반응 법칙
1808년, 게이뤼삭에 의하여 발표되었다.

2. 아보가드로 법칙[+]

온도와 압력이 같을 때 모든 기체는 같은 부피 속에 같은 개수의 분자가 들어 있음

예 온도와 압력이 같을 때 1L에 들어 있는 산소 분자와 이산화 탄소 분자의 수는 같음

[+] 아보가드로 법칙
1811년, 아보가드로가 주장한 것으로 돌턴의 원자설에 어긋나지 않으면서 기체 반응 법칙을 설명하기 위해 처음에는 가설로 도입한 후 나중에 실험적으로 확인이 되어 법칙으로 인정되었다.

(1) 수증기 생성 반응

구분	수소	산소	수증기
부피비	2	1	2
분자 수 비	2	1	2

(2) 암모니아 생성 반응

구분	수소	질소	암모니아
부피비	3	1	2
분자 수 비	3	1	2

콕콕 개념 확인하기

1. 일정한 온도와 압력에서 기체들이 반응하여 새로운 기체가 생성될 때 각 기체의 부피 사이에는 항상 간단한 _____(이)가 성립한다.
2. 수증기 생성 반응에서 수소와 산소의 부피비는 (   ) : (   )이다.
3. _____ 법칙: 온도와 압력이 같을 때 모든 기체는 같은 부피 속에 같은 개수의 분자가 들어 있다.

답   1. 정수비   2. 2, 1   3. 아보가드로

2 화학 반응에서 에너지 출입

☆1. 발열 반응[+]

화학 반응 시 열에너지를 방출하는 반응 ➡ 주변의 온도가 높아짐

예 연소, 금속이 녹스는 반응, 금속과 산의 반응, 산과 염기의 반응

☆2. 흡열 반응[+]

화학 반응 시 열에너지를 흡수하는 반응 ➡ 주변의 온도가 낮아짐

예 열분해, 광합성, 물의 전기 분해

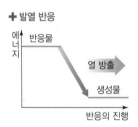

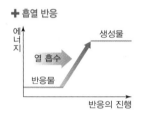

3. 화학 반응에서 출입하는 열에너지 이용

(1) **연료의 연소:** 음식을 하거나 난방을 한다.

(2) **휴대용 손난로:** 철가루가 산소와 반응할 때 방출하는 열을 이용한다.

(3) **제설제:** 염화 칼슘이 물에 용해될 때 열을 방출하며 눈을 녹인다.

(4) **휴대용 냉각 팩:** 질산 암모늄이 물에 용해될 때 열을 흡수하여 시원해진다.

콕콕 개념 확인하기

1. 열을 흡수하는 반응을 _____(이)라고 한다.
2. 발열 반응이 일어나면 주변의 온도는 (높아, 낮아)진다.

답   1. 흡열 반응   2. 높아

탄탄 실력 다지기

정답과 해설 30쪽

01 표는 수소 기체와 산소 기체가 모두 반응하여 수증기가 생성될 때의 부피를 나타낸 것이다. 부피 (가)는? (단, 온도와 압력은 일정하다.) 2017년 1회

구분	반응한 수소 기체 부피(mL)	반응한 산소 기체 부피(mL)	생성된 수증기 부피(mL)
실험 1	10	5	10
실험 2	20	10	20
실험 3	30	(가)	30

① 5　② 7
③ 10　④ 15

02 다음에서 설명하는 법칙은?

> 온도와 압력이 같을 때 모든 기체는 같은 부피 속에 같은 개수의 분자가 들어 있다.

① 아보가드로 법칙
② 기체 반응 법칙
③ 질량 보존 법칙
④ 일정 성분비 법칙

03 기체 반응 법칙이 성립하는 반응은?

① 수증기 생성 반응
② 산화 구리(Ⅱ) 생성 반응
③ 황화 철 생성 반응
④ 염화 나트륨 생성 반응

04 기체 반응 법칙이 성립하지 않는 반응은?

① 수소＋질소 → 암모니아
② 구리＋산소 → 산화 구리(Ⅱ)
③ 염소＋수소 → 염화 수소
④ 수소＋산소 → 수증기

05 다음은 아보가드로 법칙을 설명한 것이다. 빈칸에 들어갈 말은?

> 온도와 압력이 같을 때 모든 기체는 같은 부피 속에 같은 개수의 (   )가 들어 있다.

① 원자
② 이온
③ 분자
④ 전자

06 온도와 압력이 같을 때 1L의 공간에 가장 많이 들어 있는 기체는?

① 헬륨
② 수소
③ 산소
④ 모두 같다.

07 화학 반응에서의 열의 출입에 대한 설명으로 옳지 않은 것은?

① 흡열 반응이란 열을 흡수하는 반응이다.
② 발열 반응 시 주변의 온도는 낮아진다.
③ 자동차가 녹스는 반응은 발열 반응이다.
④ 흡열 반응에서 반응물의 에너지 합은 생성물의 에너지 합보다 작다.

느리더라도 꾸준하면 경주에서 이긴다.

– 이솝(Aesop)

IV

지구과학

31 지구계와 지권

32 암석

33 지권의 운동

34 수권의 구성과 순환

35 기권

36 기압과 날씨

37 지구와 달

38 태양계

39 별

40 은하와 우주

31

Ⅳ 지구과학
지구계와 지권

1 지구계

지구를 이루는 암석, 토양, 공기, 강과 바다, 생물 등이 서로 영향을 주고 받으며 이루고 있는 하나의 시스템

(1) 지구계의 구성 물질: 물, 흙, 암석, 공기, 생물 등으로 구성

(2) 지구계의 구성 요소

지권	• 토양과 암석으로 이루어진 지구의 표면과 내부 • 대부분 고체 • 수권이나 기권보다 큰 부피 예 암석, 흙, 산 등
수권	• 지구의 물 부분 • 해수가 대부분을 차지함 • 극지방과 고산 지대 ➡ 빙하로 분포 • 기권과 상호 작용하여 지구의 온도를 일정하게 유지 예 해수, 빙하, 강, 호수 등
기권	• 지구 표면을 둘러싼 공기 층 • 비, 눈, 바람, 구름 등 날씨 변화가 생김 • 태양에서 오는 유해한 빛을 차단 • 생명체가 살기에 적당한 온도 유지 • 광합성과 호흡에 필요 성분 포함 예 산소, 수소, 질소 등
생물권	지권, 수권, 기권에 있는 모든 생명체 예 동물, 식물, 미생물 등
외권	• 기권 바깥의 우주 공간 • 외권에 있는 태양으로부터 에너지가 공급됨 예 태양, 달, 별 등

(3) 지구계의 상호 작용

지구계를 구성하는 요소들이 서로 영향을 주고 받으면서 다양한 자연 현상이 일어남

참고 계(시스템)

어떤 기능을 수행하기 위해 상호 작용하는 구성 요소들의 집합을 말한다.
예 생태계, 태양계, 순환계, 배설계, 지구 환경 시스템, 컴퓨터 시스템, 교통 통제 시스템 등

① 지권 ↔ 지권: 판의 운동에 의한 지형 변화

② 지권 ↔ 수권: 지진 해일(쓰나미)발생, 석회 동굴 형성

③ 지권 ↔ 기권: 화산 활동으로 기체 방출, 대기에 의한 풍화 침식

④ 지권 ↔ 생물권: 대륙 이동에 의한 서식지 변화, 화석 연료의 생성

⑤ 수권 ↔ 수권: 해수의 혼합

⑥ 수권 ↔ 기권: 이산화 탄소의 흡수 방출, 강수 현상

⑦ 수권 ↔ 생물권: 세포 내의 물 공급, 해수에 용해된 물질 제거

⑧ 기권 ↔ 기권: 기단끼리의 상호 작용

⑨ 기권 ↔ 생물권: 종자와 포자의 이동, 생물의 광합성, 호흡

⑩ 생물권 ↔ 생물권: 먹이사슬

콕콕 개념 확인하기

1. 지구계는 지권, 수권, _____, _____, _____(으)로 구성되어 있다.
2. 바람이 불면 씨앗이 멀리 퍼지는 것은 기권과 _____의 상호 작용이다.

답 1. 기권, 생물권, 외권 2. 생물권

2 지권

1. 지권의 구성

(1) **지권:** 지구의 겉부분인 지각과 지구 내부로 이루어짐

(2) **지각의 구성:** 지각은 암석으로, 암석은 광물로, 광물은 원소로 구성

지각	지구의 단단한 겉 부분
암석	지각을 구성하는 주된 물질 **예** 화강암, 현무암, 역암 등
광물	암석을 이루는 기본 알갱이 **예** 석영, 장석 등
원소	더 이상 분해되지 않는 물질의 구성 성분 **예** 산소, 규소 등

2. 광물

(1) **광물:** 암석을 이루고 있는 기본 알갱이

① 광물의 구성: 대부분 두 가지 이상의 원소로 이루어져 있으나, 하나의 원소로만 만들어진 광물도 존재(금강석, 흑연)

② 조암 광물: 암석을 이루는 주요 광물로 약 20여 종이 있음

③ 주요 조암 광물: 장석, 석영, 운모, 각섬석, 휘석, 감람석 등

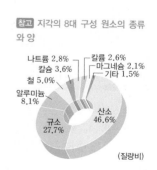

참고 지각의 8대 구성 원소의 종류와 양

④ 주요 조암 광물의 구성 요소: 대부분 산소와 규소를 포함함

☆(2) 광물의 구별 방법

색	광물의 겉보기 색으로, 광물을 가장 쉽게 구별할 수 있는 성질					
	장석	석영	휘석	각섬석	흑운모	감람석
	분홍색, 흰색	무색, 흰색	검은색, 녹색	검은색, 녹색	검은색	황록색
	밝은 색		어두운 색(철, 마그네슘을 많이 포함함)			

조흔색+	조흔판에 광물을 긁었을 때 보이는 광물 가루의 색					
	광물	금	황동석	황철석	흑운모	자철석	적철석
	겉보기 색	노란색			검은색		
	조흔색	노란색	녹흑색	검은색	흰색	검은색	붉은색

+ 조흔색

조흔판보다 단단한 광물은 직접 부수어서 광물 가루의 색을 관찰한다. 주요 조암 광물은 모두 조흔색이 흰색이다.

결정형	광물에서 나타나는 독특하고 규칙적인 겉모양					
	석영	장석	흑운모	방해석	황철석	금강석
	육각 기둥	두꺼운 판	얇은 육각 판	마름모	정육면체	팔면체

쪼개짐	광물이 외부로부터 힘을 받았을 때 일정한 방향으로 나누어지는 성질 예 흑운모, 방해석, 방연석 등
깨짐	광물이 외부로부터 힘을 받았을 때 불규칙한 방향으로 나누어지는 성질 예 석영, 흑요석, 감람석 등

굳기

광물의 단단하고 무른 정도
① 굳기 비교: 두 광물을 서로 긁었을 때 무른 광물이 단단한 광물에 긁힘

긁히지 않는 광물 > 긁히는 광물

② 모스 굳기계: 10가지 표준 광물의 상대적인 굳기를 숫자로 비교한 것

모스 굳기계									
1	2	3	4	5	6	7	8	9	10
활석	석고	방해석	형석	인회석	정장석	석영	황옥	강옥	금강석

- 숫자는 상대적인 굳기 순서임
- 숫자가 클수록 단단한 광물임
- 두 표준 광물 사이의 굳기는 □.5로 나타냄

자성	자석에 달라붙거나 철가루를 끌어당기는 성질 예 자철석
염산과의 반응	염산과 반응하여 이산화 탄소가 발생하는 성질 예 방해석

콕콕 개념 확인하기

1. 암석을 구성하는 주된 광물을 _____(이)라고 한다.
2. 금, 황동석, 황철석은 (색, 조흔색)을 비교하여 구분할 수 있다.
3. _____(은)는 자성을 가지는 광물이다.

답 1. 조암 광물 2. 조흔색 3. 자철석

🔍 꼼꼼 단어 돋보기

● 조흔판
초벌구이한 도자기 판

탄탄 실력 다지기

정답과 해설 31쪽

01 다음 설명에 해당하는 지구계의 구성 요소는?

2017년 1회

> • 다양한 종류의 암석과 토양으로 이루어져 있다.
> • 판의 이동으로 인한 지진 활동이 일어나기도 한다.

① 기권   ② 수권
③ 지권   ④ 생물권

02 다음 설명에 해당하는 광물은?

2018년 2회

> • 자석의 성질을 가지고 있다.
> • 겉보기 색과 조흔색 모두 검은색이다.

① 석영   ② 장석
③ 자철석   ④ 황동석

03 그림과 같이 어떤 광물을 철 클립에 가까이 가져가 보니 달라붙었다. 이를 통해 알 수 있는 광물의 성질은?

2019년 1회

① 광택
② 굳기
③ 자성
④ 쪼개짐

04 다음 ( ) 안에 들어갈 말은?

> 수증기가 응결하여 (   )에서 구름을 만든다.

① 기권   ② 지권
③ 수권   ④ 생물권

05 다음은 어떤 지구계의 영역인가?

> • 기권 바깥의 우주 공간이다.
> • 태양, 달, 별 등이 있다.

① 외권   ② 생물권
③ 지권   ④ 수권

06 파도가 해안 지형을 깎아 동굴을 만드는 것은 지구계의 어떤 요소들이 상호 작용한 것인가?

① 지권과 기권
② 수권과 외권
③ 생물권과 수권
④ 수권과 지권

07 암석을 이루는 주요 광물을 무엇이라고 하는가?

① 주된 광물
② 조암 광물
③ 원소
④ 암석

08 겉보기 색이 노란색이고, 조흔색은 검은색인 광물은?

① 금
② 황철석
③ 흑운모
④ 방해석

09 자석에 달라붙는 자성을 가진 광물은?

① 자철석
② 방해석
③ 흑운모
④ 금

10 염산과 반응하여 이산화 탄소가 발생하는 광물은?

① 자철석
② 방해석
③ 흑운모
④ 금

11 가장 단단한 광물은?

① 활석
② 인회석
③ 석영
④ 금강석

주목
12 활석과 석고를 서로 긁었을 때 나타날 수 있는 반응은?

① 활석이 긁힌다.
② 석고가 긁힌다.
③ 둘 다 긁힌다.
④ 둘 다 긁히지 않는다.

32 암석

1 암석

1. 암석

(1) **암석:** 광물로 이루어져 있고, 지각을 구성하는 기본 단위

(2) **암석의 분류:** 생성 과정에 따라 화성암, 퇴적암, 변성암으로 분류

암석	생성 원인
화성암	마그마가 식어서 굳어짐
퇴적암	퇴적물이 굳어서 단단해짐
변성암	암석이 열과 압력에 의해 변성됨

(3) **화성암:** 마그마가 식어서 굳어진 암석 ➡ 마그마가 식는 위치에 따라 광물의 종류, 크기, 모양이 서로 다른 암석이 생성

① 심성암과 화산암

구분	생성 위치	냉각 속도	결정 크기	예
심성암	지하 깊은 곳	느림	큼	반려암, 섬록암, 화강암
화산암	지표 부근	빠름	작음	현무암, 안산암, 유문암

② 화성암의 분류⁺

구분		어두움	⬅ 색깔 ➡	밝음
결정	작음	현무암⁺	안산암	유문암
	큼	반려암	섬록암	화강암⁺

(4) **퇴적암:** 여러 가지 퇴적물이 퇴적되어 오랜 시간동안 다져지고 굳어져 만들어진 암석 ➡ 퇴적물의 종류에 따라 서로 다른 암석이 생성

① 퇴적암의 생성 과정

풍화·침식 ➡ 운반 ➡ 퇴적 ➡ 다져짐 ➡ 굳어짐 ➡ 퇴적암

참고 **암석의 분포**
- 지표 근처: 퇴적암이 가장 많다.(풍화 작용)
- 지각 전체: 화성암과 변성암이 대부분이다.

➕ 화성암의 분류

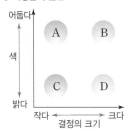

- A: 현무암
- B: 반려암
- C: 유문암
- D: 화강암

➕ 현무암과 화강암

현무암	구분	화강암
지표 부근	생성 위치	지하 깊은 곳
빠름	냉각 속도	느림
작음	결정 크기	큼
어두움	밝기	밝음
각섬석, 휘석 등 어두운 색 광물	주요 광물	석영, 장석 등 밝은 색 광물
돌하르방	이용	축대, 비석

🔍 **꼼꼼 단어 돋보기**

● **마그마**
지하 깊은 곳에서 암석이 녹아 있는 것

② **퇴적암의 특징**
  • 층리: 종류와 색이 다른 퇴적물이 쌓여 만들어진 줄무늬 구조
  • 화석: 과거 생물의 유해나 흔적이 퇴적물과 함께 쌓여 지층 속에 남아 있는 것
③ **퇴적암의 분류**: 퇴적물의 크기와 종류에 따라 분류함

큼 ←	입자의 크기 ⇒	작음
자갈, 모래, 진흙	모래, 진흙	진흙
역암	사암	셰일
화산재	석회질 물질	소금
응회암	석회암	암염

(5) **변성암**: 지하 깊은 곳에서 열과 압력을 받아 만들어진 암석 ⇒ 변성 작용을 받기 전 암석의 종류와 변성 작용을 받는 정도에 따라 서로 다른 암석이 생성됨
① **큰 결정**: 원래의 암석보다 암석을 이루는 결정 크기가 큼
② **엽리**: 변성암의 특징으로 광물 결정이 압력의 수직 방향으로 눌려 납작해지면서 생기는 줄무늬를 의미함
  예 편암, 편마암
③ **변성암의 분류**

원래 암석	변성암
사암	→ 규암
석회암	→ 대리암
셰일	→ 편암 → 편마암
화강암	→ 편마암

참고 석회암과 대리암의 염산 반응
탄산 칼슘을 포함하기 때문에 묽은 염산과 반응하여 이산화 탄소 기체를 발생시킨다.

쏙쏙 이해 더하기 | **변성암의 결정의 크기**

암석이 열에 의해 녹았다가 다시 굳어지면서 결정 크기가 커진다(재결정 작용).

압력

열에 의한 변성	• 암석이 녹았다가 다시 굳어지면서 광물의 결정 크기가 커짐 **예** 규암, 대리암
	• 새로운 광물이 만들어지면서 서로 단단하게 결합함 **예** 혼펠스
압력에 의한 변성	• 압력에 수직인 방향으로 평행한 줄무늬(엽리)가 생김 **예** 편암, 편마암

⭐ 2. 암석의 순환[+]

(1) 생성된 암석은 주변 환경의 영향을 받아 다른 암석으로 변하면서 순환함

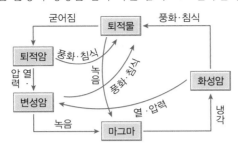

[+] 암석의 순환

태양 복사 에너지와 지구 내부 에너지를 받아 순환하면서 화성암, 퇴적암, 변성암과 같은 다양한 종류의 암석이 생성된다.

(2) 암석의 순환 과정

① 암석이 지하 깊은 곳에서 녹으면 ➡ 마그마

② 마그마가 식으면 ➡ 화성암

③ 암석이 지표에 드러나 풍화·침식 작용을 받으면 ➡ 퇴적물

④ 퇴적물이 다져지고 굳어지면 ➡ 퇴적암

⑤ 암석이 지하 깊은 곳에서 열과 압력을 받으면 ➡ 변성암

⑥ 변성암이 더 높은 열을 받으면 ➡ 녹아서 마그마가 되고, 다시 순환

쏙쏙 이해 더하기   광물과 암석의 이용

• **광물 자원**: 광물에서 얻은 금, 은, 구리, 철 등과 같은 물질

➡ 매장량이 한정되어 있으므로 신소재 개발이 필요하다.

• 광물과 암석의 이용

종류	이용	종류	이용
석영	유리, 반도체	황동석	구리, 전선
흑연	연필심, 윤활제	대리암	조각, 건물 내부 장식재
철광석	철	사암	장식재, 숫돌
방해석	시멘트 원료, 토양 첨가제	석회암	시멘트의 원료
장석	세라믹 유약, 도자기	현무암	건축 재료, 맷돌
금강석	드릴, 연마제, 보석	화강암	건물의 외벽, 건축용 석재, 비석

콕콕 개념 확인하기

1. 암석을 분류하는 기준은 무엇인가?

2. 지각을 이루고 있는 암석을 크게 세 종류로 분류하면?

3. 퇴적암의 특징은 줄무늬 구조 _____(와)과 _____(이)다.

답 1. 생성 과정   2. 화성암, 퇴적암, 변성암   3. 층리, 화석

2 풍화와 토양의 생성

1. 풍화

(1) 풍화: 지표의 암석이 오랜 시간에 걸쳐 잘게 부서지거나 성분이 변하는 현상

(2) 풍화의 주요 원인

① 압력 감소: 암석이 지표로 나오면서 압력이 약해져서 얇게 떨어짐

② 물: 암석의 틈으로 스며든 물이 얼면서 부피가 커져 부서짐

③ 식물: 암석 틈으로 뿌리가 자라 부서짐

④ 산소: 암석의 철 성분이 반응하여 붉어짐

⑤ 이끼: 이끼가 배출하는 성분이 암석을 녹임

⑥ 지하수: 이산화 탄소가 녹아 있는 지하수가 석회암을 녹여 석회 동굴을 만듦

2. 토양의 생성

(1) 토양: 암석이 풍화를 받아 잘게 부서져 식물이 자랄 수 있는 흙이 된 것

(2) 토양의 생성 과정

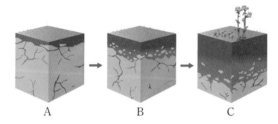

① A: 암석이 풍화되어 잘게 부서지는 과정이 반복됨

② B: 식물이 자랄 수 있는 겉 부분 흙이 생성

③ C: 물에 녹은 물질과 진흙이 아래로 쌓임

쏙쏙 이해 더하기 | **토양의 단면**

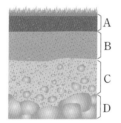

- A: 생명 활동이 가장 활발한 층
- B: 지표 부근의 토양에서 빗물에 녹은 물질이 쌓여 만들어진 층
- C: 암석 조각과 모래로 이루어진 층
- D: 풍화 작용을 거의 받지 않은 층
- 생성된 순서: D → C → A → B

콕콕 개념 확인하기

1. 지표의 암석이 오랜 시간 동안 부서지거나 성분이 변하는 현상을 _____(이)라고 한다.
2. _____(은)는 암석이 오랫동안 풍화를 받아 만들어진 흙으로 식물이 자랄 수 있다.

답 1. 풍화 2. 토양

01

그림은 제주도에서 볼 수 있는 어두운색 화산암으로 만들어진 돌하르방이다. 이 암석에 해당하는 것은?

2016년 1회

① 사암
② 역암
③ 대리암
④ 현무암

02

다음 설명에 해당하는 암석은?

2016년 2회

- 퇴적물이 다져지고 굳어져서 만들어진다.
- 화석이 발견되기도 한다.

① 셰일
② 편마암
③ 현무암
④ 화강암

03

그림은 퇴적물이 쌓여서 어떤 암석이 만들어지는 과정이다. 이에 해당하는 암석은?

2018년 1회

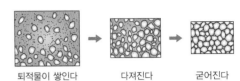

퇴적물이 쌓인다   다져진다   굳어진다

① 변성암
② 퇴적암
③ 현무암
④ 화강암

04

그림은 암석의 순환 과정 일부이다. A에 해당하는 암석은?

2018년 2회

① 사암
② 역암
③ 석회암
④ 화성암

05 그림은 암석의 순환 과정을 나타낸 것이다. A~D 중 퇴적암에 해당하는 것은?

2021년 1회

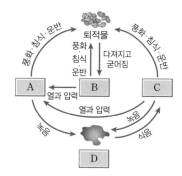

① A
② B
③ C
④ D

06 지하 깊은 곳에서 느리게 식어서 만들어진 화성암은?

① 현무암
② 화강암
③ 안산암
④ 유문암

주목
07 퇴적암에 대한 설명으로 옳지 않은 것은?

① 퇴적물이 쌓이고 굳어져 만들어진 암석이다.
② 현무암, 대리암 등이 있다.
③ 자갈, 모래, 진흙 등이 쌓여 역암을 만든다.
④ 퇴적암의 특징은 층리와 화석이다.

08 퇴적물이 쌓여 만들어진 줄무늬 구조를 무엇이라고 하는가?

① 층리
② 엽리
③ 단층
④ 부정합

09 석회질 물질이 퇴적되어 만들어진 암석은?

① 석회암
② 대리암
③ 유문암
④ 암염

10 암석이 열과 압력에 의해 변성되어 만들어진 암석은?

① 편마암
② 유문암
③ 화강암
④ 셰일

11 다음 중 퇴적물과 퇴적암이 바르지 <u>않은</u> 것은?

① 자갈, 모래, 진흙 — 역암

② 진흙 — 사암

③ 석회질 물질 — 석회암

④ 화산재 — 응회암

12 다음 설명 중 옳지 <u>않은</u> 것은?

① 화성암이 풍화·침식되면 퇴적물이 된다.

② 퇴적물이 굳어지면 퇴적암이 된다.

③ 퇴적암은 열과 압력을 받으면 화성암이 된다.

④ 변성암이 녹으면 마그마가 된다.

13 풍화 작용을 일으키는 주요 요인은?

① 물

② 불

③ 햇빛

④ 자동차

14 암석의 풍화 작용과 관계 <u>없는</u> 것은?

① 산소에 의해 암석이 붉게 변했다.

② 암석 틈 사이의 물이 얼어 암석이 부서졌다.

③ 화산 활동으로 암석이 만들어졌다.

④ 이끼에 의해 암석의 성분이 변했다.

주목

15 토양에 대한 설명으로 옳지 <u>않은</u> 것은?

① 식물이 살 수 있는 흙이다.

② 토양이 유실되거나 오염되면 복원하는 데 오랜 시간이 걸린다.

③ 오랜 시간 암석의 풍화를 받아야 한다.

④ 가장 깊은 부분에는 식물에게 필요한 영양분이 매우 풍부하다.

16 다음 토양의 단면에서 먼저 생성된 순서대로 나열한 것은?

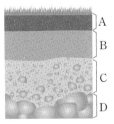

① A−B−C−D

② D−C−B−A

③ D−C−A−B

④ A−B−D−C

33 IV 지구과학 지권의 운동

1 지구의 내부 구조

1. 지구 내부 조사 방법

(1) 직접적인 방법
① **시추법**: 직접 땅에 구멍을 뚫어 땅속에 있는 물질을 조사하는 방법
② **화산 분출물 조사**: 화산 분출 시 나오는 지구 내부의 물질을 조사함

(2) 간접적인 방법
① **지진파 분석**: 지진파를 연구하는 방법으로, 가장 효과적인 방법임
② **운석 연구**: 지구 내부와 비슷한 물질로 구성된 운석을 연구
③ **광물 합성 실험**: 지구 내부와 비슷한 조건을 만들어 광물을 합성하여 연구

2. 지진파

(1) 지진에 의해 생긴 파동
① 지진파는 성질이 다른 물질에 부딪치면 경계면에서 반사 또는 굴절됨
② 지진파의 속도는 통과하는 물질의 종류에 따라 변화함

(2) 지진파의 속도 변화
① 지구 내부를 이루는 물질의 상태와 종류가 다르기 때문에 지구 내부를 통과하는 지진파의 속도가 변함
② 지진파의 속도 변화 분석
- 지진파의 속도가 급격히 변화하는 곳: 깊이 5~35km, 2900km, 5100km
- 깊이 0~2900km: P파, S파 모두 도달
- 깊이 약 2900km: S파가 전달되지 않음
- 깊이 약 5100km: P파의 속도가 갑자기 증가함

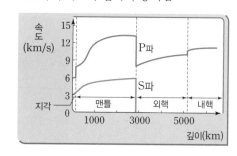

3. 지구 내부의 구조
(1) **지구 내부의 구조**: 지진파의 속도 변화를 기준으로 지각, 맨틀, 외핵, 내핵의 4개의 층으로 구분

참고 지구 내부의 경계면
- 모호면: 지각과 맨틀 사이
- 구텐베르크면: 맨틀과 외핵 사이
- 레만면: 외핵과 내핵 사이

✚ P파(Primary)
지진계에 지진이 발생할 때 가장 먼저 기록되는 파로, 물질의 진동 방향과 파의 진행 방향이 평행한 종파이다.

✚ S파(Secondary)
지진계에 지진이 발생할 때 두번째로 기록되는 파로, 물질의 진동 방향과 파의 진행 방향이 수직인 횡파이다.

🔍 꼼꼼 단어 돋보기

● **지진파**
지진이 발생할 때 생긴 진동이 사방으로 전달되는 것

☆(2) 지구 내부 각 층의 특징

① 지각(지표면~모호면*): 암석으로 되어 있으며, 대륙 지각과 해양 지각으로 나뉨

• 대륙 지각: 평균 두께 약 35km, 화강암질 암석, 밀도 $2.7g/cm^3$

• 해양 지각: 평균 두께 약 5km, 현무암질 암석, 밀도 $3.0g/cm^3$

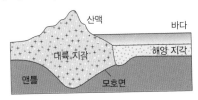

② 맨틀(모호면~지하 약 2900km)

• 지구 전체 부피의 약 80%를 차지

• 지각보다 무거운 유동성이 있는 물질

③ 외핵(지하 약 2900~5100km): S파가 통과하지 못하므로 액체 상태로 추정

④ 내핵(지하 약 5100km~지구 중심): 지구 내부 구조 중 온도와 압력이 가장 높은 곳으로, P파 속도가 갑자기 증가하므로 고체 상태로 추정

쏙쏙 이해 더하기 | **지구 내부 구조의 부피와 밀도**

① 부피비
맨틀>외핵>내핵>지각

② 밀도
내핵>외핵>맨틀>해양 지각>대륙 지각

콕콕 개념 확인하기

1. 지구 내부의 구조를 연구하는 데 가장 효과적인 방법은?
2. 지구 내부의 구조 중에서 전체 부피의 약 80% 이상을 차지하는 부분은?
3. 지진파의 속도가 갑자기 빨라지는 지각과 맨틀의 경계면은?

답 1. 지진파 분석 2. 맨틀 3. 모호면

2 지권의 운동

1. 대륙의 이동

(1) 대륙 이동설(1912년, 베게너): 하나였던 대륙이 분리되고 이동하여 현재와 같은 대륙 분포를 이루게 되었다는 이론

① 대륙 이동설의 증거
- 해안선의 일치: 마주 보는 두 대륙의 해안선 모양이 일치
- 지질 구조의 연속성: 멀리 떨어진 대륙에서 나타나는 지질 구조가 연속적
- 고생물 화석의 분포: 동일한 생물의 화석이 여러 대륙에서 발견
- 고생대 말 빙하 퇴적층의 분포: 여러 대륙에서 같은 시기의 빙하가 남긴 흔적이 나타남

② 대륙 이동설의 한계: 대륙이 이동하는 원동력을 설명하지 못해 받아들여지지 않음

2. 판

(1) **판:** 지각과 맨틀의 윗 부분을 이루는 단단한 암석층
① 판의 구조: 판＝지각＋상부 맨틀
② 해양판: 해양 지각을 포함하는 판으로, 두께가 얇고, 밀도가 높음
③ 대륙판: 대륙 지각을 포함하는 판으로, 두께가 두껍고, 밀도가 작음

(2) **판의 이동과 경계**
① 판의 이동: 판 아래 맨틀의 대류에 따라 서로 다른 방향과 속력으로 판이 느리게 이동함
② 판의 경계: 판의 이동에 따라 판과 판이 멀어지거나 부딪치고, 어긋나는 경계가 나타남
③ 판구조론: 지구의 표면은 여러 개의 판으로 이루어져 있고, 각각의 판이 맨틀의 대류를 따라 움직이면서 화산 활동, 지진과 같은 지각 변동이 일어남

참고 맨틀 대류설

대륙이 맨틀 대류에 따라 이동한다는 학설이다.

참고 해저 확장설

해저의 맨틀 물질이 상승하는 곳에서 새로운 해양 지각이 만들어지고 이동하면서 바다가 넓어진다는 학설이다.

3. 지진대와 화산대

(1) **지진:** 지구 내부의 급격한 변화로 생긴 진동이 지표로 전달되는 현상
① 진원: 지진이 발생한 지점
② 진앙: 진원 바로 위 지표면의 지점

참고 화산 활동

지하 깊은 곳에서 형성된 마그마가 지각의 약한 틈을 뚫고 지표로 분출되는 현상이다.

③ 지진의 세기
- 규모: 지진이 발생한 지점에서 방출된 에너지의 양, 숫자가 클수록 강한 지진임
- 진도: 지진이 일어났을 때 특정 지역에서 땅이 흔들린 정도나 피해 정도를 나타낸 값, 일반적으로 지진 발생 지점에서 가까울수록 큼

(2) 지진대와 화산대

① **지진대**: 지진이 자주 발생하는 지역을 연결했을 때, 띠 모양으로 나타나는 지역
② **화산대**: 화산 활동이 자주 발생하는 지역을 연결했을 때, 띠 모양으로 나타나는 지역

➡ 지진과 화산 활동 같은 지각 변동은 판의 경계에서 주로 발생하므로 대체로 지진대와 화산대는 판의 경계와 거의 일치함

환태평양 지진대와 화산대
태평양의 가장자리를 따라 분포하는 지진대와 화산대로 전 세계 화산, 지진의 약 80% 이상이 발생한다. 불의 고리라고도 한다.

쏙쏙 이해 더하기 | 화산 활동과 지진과 우리 생활

① 화산 활동의 피해와 이용

피해	• 배출된 화산 가스는 토양의 산성화에 영향 • 하늘로 올라간 화산재는 햇빛을 차단하여 기후 변화를 일으킴 • 분출된 용암과 화산 분출물에 의해 화재 발생. 건물이나 농경지, 도로 등이 파괴
이용	• 화산에서 나오는 열을 이용해 난방이나 발전에 이용 • 나중에 비옥한 토양이 형성되고, 온천이 만들어져 관광 자원으로 이용

② 지진의 피해와 대책

피해	• 건물이 무너지거나 화재, 산사태, 홍수 등이 발생 • 쓰나미(지진해일)가 해안가를 덮쳐 큰 피해가 발생
대책	건축물 내진 설계 및 지진 대피 훈련 실시

콕콕 개념 확인하기

1. 과거에 하나로 붙어 있던 대륙이 분리되었다는 학설을 _____(이)라고 한다.
2. 판은 지각과 _____의 상부를 이루는 단단한 암석층이다.
3. 지진대와 화산대는 _____(와)과 거의 일치한다.

답 1. 대륙 이동설 2. 맨틀 3. 판의 경계

탄탄 실력 다지기

01 그림은 지구 내부의 층상 구조를 나타낸 것이다. 지구 전체에서 가장 많은 부피를 차지하는 것은? 2015년 1회

지각 ─── 5~35km
맨틀 ───
2,900km
외핵 ───
5,100km
내핵 ───
6,400km

① 지각
② 맨틀
③ 외핵
④ 내핵

02 다음 설명에 해당하는 것은? 2015년 2회

> • 지각 내부의 급격한 변화로 땅이 흔들리는 현상이다.
> • 판과 판의 경계에서 주로 발생한다.

① 지진
② 오로라
③ 우각호
④ 태양풍

03 지구 내부를 탐사하는 가장 효과적인 방법은?

① 시추
② 화산 분출물
③ 인공위성
④ 지진파 분석

주목
04 지구 내부 구조 중 부피가 가장 큰 곳은?

① 지각
② 맨틀
③ 외핵
④ 내핵

05 모호면이 나타내는 위치는?

① 지각과 맨틀의 경계면
② 맨틀과 외핵의 경계면
③ 외핵과 내핵의 경계면
④ 내핵과 지각의 경계면

06 하나였던 대륙이 분리되고 이동하여 현재와 같은 대륙 분포를 이루게 되었다는 이론은?

① 대륙 이동설
② 맨틀 대류설
③ 해저 확장설
④ 판 구조론

07 과거에는 그림 (가)와 같이 하나였던 대륙이, 현재는 그림 (나)와 같이 분리되었다. 이와 같이 대륙을 이동시킨 원동력은?

 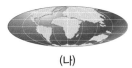

(가)　　　　　　　　(나)

① 대기의 순환
② 맨틀의 대류
③ 해류의 순환
④ 내핵의 운동

08 판에 대한 설명으로 옳지 <u>않은</u> 것은?

① 대륙판과 해양판으로 구분된다.
② 판은 지각과 맨틀의 상부를 포함한다.
③ 지구 표면은 하나의 판으로 되어 있다.
④ 판의 운동으로 지각 변동이 일어난다.

09 지진의 세기에 대한 설명으로 옳지 <u>않은</u> 것은?

① 규모가 클수록 강한 지진이다.
② 진도의 숫자가 클수록 피해 정도가 크다.
③ 진원에서 멀어질수록 대체로 진도는 커진다.
④ 규모는 지진 발생 지점에서 방출된 에너지의 양이다.

10 지진대, 화산대, 판의 경계가 거의 일치하는 까닭은?

① 외핵의 움직임으로 판이 이동하기 때문이다.
② 지진과 화산 활동에 의해 판이 움직이기 때문이다.
③ 지진이 발생하면 반드시 화산이 발생하기 때문이다.
④ 판의 경계에서 판들이 멀어지고, 어긋나고, 부딪치면서 지진과 화산 같은 지각 변동이 일어나기 때문이다.

34

수권의 구성과 순환

1 수권의 구성

1. 수권

(1) 지구상의 물의 분포

종류	비율	특징
해수	약 97.2%	지구상의 물 중 가장 많은 양을 차지
육지의 물	약 2.8%	빙하 > 지하수 > 강과 호수 ➡ 일상생활에서 사용하는 물은 강과 호수에서 얻음
대기 중의 수증기	약 0.001%	기상 현상을 일으키는 데 중요한 역할

(2) 수권을 이루는 물의 특징
  ① 물은 상태가 변하면서 많은 양의 열을 흡수하거나 방출함
     ➡ 대기와 바다에서 상태를 바꾸면서 순환하며, 지구의 기온을 일정하게 유지하는 역할
  ② 물은 여러 가지 물질을 잘 녹임
     ➡ 지표의 물질을 녹여 운반하고, 생물의 몸속에서 필요한 영양분을 전달함

(3) 물의 순환으로 나타나는 현상
  ① 강수 현상: 구름에서 비 또는 눈이 내림
  ② 지형의 변화: 물이 순환하는 동안 주변의 지형을 변화시킴

2. 물의 이용

(1) 소중한 수자원
  ① 수자원: 지구상의 물 중에서 자원으로 이용 가능한 물로, 대부분 하천, 호수, 지하수로부터 얻음
  ② 수자원의 분류: 생활용수, 공업용수, 농업용수, 하천 유지용수
  ③ 우리나라의 수자원: 1인당 수자원량은 세계 평균보다 적어 물이 부족한 나라로 분류

(2) 수자원의 오염
  ① 원인: 생활 하수, 공장 폐수, 가축의 분뇨, 농약의 사용
  ② 대책: 수자원 사용량 절감, 폐수 정화 처리 시설 설치, 중수도 설치 등

참고 지구상에 분포하는 물의 구성비
해수 > 육지의 물 > 대기 중의 수증기

참고 수권의 역할
• 기온 유지: 태양 에너지를 운반, 저장한다.
• 생명 활동 유지: 생명체의 주요 성분이다.
• 지형 변화: 물이 이동하면서 지표를 변화시킨다.

참고 수자원 손실을 줄이기 위한 방법
• 절수형 수도꼭지를 사용하거나 절수기를 설치한다.
• 빗물과 중수를 사용한다.
• 세탁물은 모아서 세탁한다.

참고 수자원의 이용
농업용수 > 유지용수 > 생활용수 > 공업용수

콕콕 개념 확인하기

1. 수권의 대부분은 _____의 형태이다.

답 1. 해수

2 해수

1. 해수

(1) 염류: 해수에 녹아 있는 여러 가지 물질(염화 나트륨 > 염화 마그네슘 > 황산 마그네슘 > 황산 칼슘 > 황산 칼륨 > 기타)

　① **염화 나트륨:** 전체 염류 중 가장 많은 양을 차지하며, 소금의 주성분으로 짠맛을 가짐

　② **염화 마그네슘:** 전체 염류 중 두 번째로 많은 양을 차지하며, 쓴맛을 가지고 두부를 만들 때 간수로 이용됨

(2) 염분: 해수 1kg에 녹아 있는 염류의 총량을 g으로 나타낸 것

　예 32‰: 해수 1kg 속에 32g의 염류가 녹아 있음

☆**(3) 염분의 변화:** 강수량과 증발량의 차이, 강물의 유입 정도, 해수의 결빙과 융해

염분이 낮은 지역	• 강수량 > 증발량 • 강물이 유입되는 지역 • 해빙이 일어나는 지역 • 적도(강수량이 많음), 극지방(빙하의 융해)
염분이 높은 지역	• 강수량 < 증발량 • 건조한 사막 지역 • 결빙이 일어나는 지역 • 위도 30° 부근(증발량이 많음)

(4) 우리나라 주변 바다의 염분 분포

　① **동해 > 황해:** 우리나라는 동쪽이 높고 서쪽이 낮은 지형으로, 강물이 대부분 황해 쪽으로 흐르기 때문에, 황해는 동해보다 강물의 유입량이 많아 염분이 낮음

　② **겨울철 > 여름철:** 여름철은 겨울철보다 강수량이 많으므로 염분이 낮음

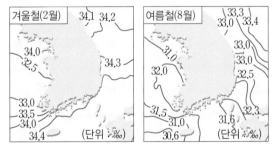

☆**(5) 염분비 일정 법칙:** 해수의 염분은 지역에 따라 다르지만, 각 염류 사이의 비율은 항상 일정함

　예 그린란드 근해나 지중해의 해수에 녹아 있는 염류의 양은 동해보다 많지만, 전체 염류에서 염화 나트륨이나 염화 마그네슘이 차지하는 비율은 거의 일정함

　➡ 바닷물이 항상 움직이면서 서로 섞이기 때문

2. 해수의 수온

☆**(1) 위도에 따른 해수의 수온 분포:** 태양 복사 에너지양의 영향

　➡ 저위도 지역 해수의 수온은 고위도 지역 해수의 수온보다 높음

　➡ 저위도로 갈수록 해수면이 받는 태양 복사 에너지의 양이 많기 때문

✚ 염분
- 단위: ‰(퍼밀), psu(실용염분단위)
- 전 세계 해수의 평균 염분: 35‰, 35psu

참고 표층 염분 분포
- 저위도: 강수량 > 증발량, 염분이 낮다.
- 중위도: 증발량 > 강수량, 염분이 높다.
- 고위도: 빙하가 녹아 염분이 낮다.

(2) 해수 온도의 연직 분포: 깊이에 따른 수온 분포에 따라 혼합층, 수온 약층, 심해층으로 구분

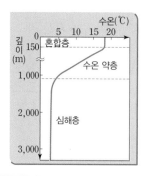

혼합층	• 태양 에너지를 많이 흡수하여 수온이 높음 • 바람에 의해 혼합되어 깊이에 따라 수온이 일정 • 바람이 강할수록 혼합층의 두께가 두꺼워짐
수온 약층	• 수심이 깊어질수록 수온이 급격히 낮아지는 구간 • 매우 안정한 층
심해층[+]	• 태양 복사 에너지가 도달하지 못해 수온이 낮고, 거의 일정 • 위도와 계절에 따른 수온 변화가 거의 없음

(3) 위도별 수온의 연직 분포[+]

적도 지방	• 바람이 약하므로 혼합층의 두께가 얇음 • 수온 약층이 가장 잘 발달
중위도 지방	바람이 강하므로 혼합층의 두께가 가장 두꺼움
극 지방	• 해수의 층상 구조가 나타나지 않음 • 심해층으로만 이루어짐

3. 우리나라 주변의 해류
(1) 우리나라 주변의 해류[+]

난류	근원	쿠로시오 해류	• 북태평양에서 우리나라로 북상하는 해류 • 우리나라 주변 난류의 근원
	지류	황해 난류	쿠로시오 해류에서 갈라져 나와 황해로 흐르는 난류
		동한 난류	• 쿠로시오 해류에서 갈라져 나와 동해로 흐르는 난류 • 겨울철에 동해안의 기온이 서해안보다 높은 원인이 됨
한류	근원	연해주 한류	오호츠크 해에서 우리나라로 남하하는 해류
	지류	북한 한류	연해주 한류에서 갈라져 나와 동해로 흐르는 한류

+ 심해층
심해층은 전체 해수의 80%를 차지한다.

+ 위도별 수온의 연직 분포

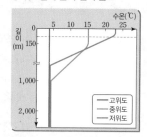

+ 해류
일정한 방향으로 지속적으로 움직이는 해수의 흐름을 말한다.
• 난류: 저위도에서 고위도로 흐르며, 수온이 높다.
• 한류: 고위도에서 저위도로 흐르며, 수온이 낮다.

(2) **조경 수역**: 한류와 난류가 만나는 경계의 해역으로, 플랑크톤이 풍부하여 좋은 어장을 형성하는 곳

    ① 조경 수역의 형성: 동한 난류와 북한 한류가 만나 우리나라 동해에 형성됨

    ② 조경 수역의 이동: 여름에는 난류가 강해 북상하고, 겨울에는 한류가 강해 남하함

(3) **해류와 기후**: 수온이 높은 난류는 해안을 따라 흐르며 주변 지역에 열에너지를 전달하므로 겨울철 해안 지방의 기온이 내륙 지방의 기온보다 높음

4. 조석 현상

(1) **조석**: 밀물과 썰물로 해수면이 주기적으로 높아졌다 낮아지는 현상

    ① 조류: 밀물과 썰물에 의해 일어나는 바닷물의 이동

    ② 만조: 밀물로 해수면이 하루 중에 가장 높을 때

    ③ 간조: 썰물로 해수면이 하루 중에 가장 낮아졌을 때

    ④ 조차: 만조와 간조의 해수면 높이 차이 ➡ 우리나라에서는 황해가 동해보다 큼

    ⑤ 조석 주기: 만조에서 만조, 간조에서 간조까지의 시간(약 12시간 25분)을 의미함

(2) **조석 현상의 이용**

    ① 어업 활동, 갯벌 체험

    ② 조력 발전소, 조류 발전소

콕콕 개념 확인하기

1. 해수 1kg에 녹아 있는 염류의 총량을 g으로 나타낸 것을 _____(이)라고 하며, 단위는 _____(이)다.

2. 깊이에 따른 수온 분포를 기준으로 해수를 세 층으로 분류하시오.

3. 수심이 깊어짐에 따라 수온이 급격히 낮아지는 층을 무엇이라고 하는가?

답   1. 염분, ‰(퍼밀) 혹은 psu   2. 혼합층, 수온 약층, 심해층   3. 수온 약층

탄탄 실력 다지기

정답과 해설 **34**쪽

01 그림은 우리나라 주변의 해류를 나타낸 것이다. 해류 A~D 중 고위도에서 저위도로 흐르는 한류에 해당하는 것은? 2016년 2회

① A ② B
③ C ④ D

02 그림은 어느 바다의 깊이에 따른 수온 분포를 나타낸 것이다. A~D 중 다음 설명에 해당하는 층은? 2017년 1회

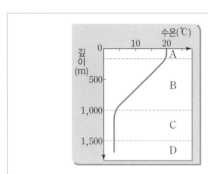

• 수온 약층이다.
• 수심이 깊어질수록 수온이 낮아지는 안정한 층이다.

① A ② B
③ C ④ D

03 그림은 어느 해수에 녹아 있는 염류의 성분비를 나타낸 것이다. (가)에 해당하는 염류는? 2017년 2회

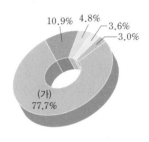

① 황산 칼슘
② 염화 나트륨
③ 염화 마그네슘
④ 황산 마그네슘

04 염분이 32‰인 바닷물 2kg 속에 들어 있는 전체 염류의 양은? 2018년 1회

① 5g
② 10g
③ 64g
④ 90g

05 우리나라 주변 바다 A~D 중 난류와 한류가 만나 조경 수역이 만들어 질 수 있는 곳은? 2019년 1회

① A
② B
③ C
④ D

06 지구상의 물 중 가장 많은 양을 차지하는 것은?

① 해수
② 빙하
③ 지하수
④ 대기 중의 수증기

07 일정한 방향으로 움직이는 해수의 흐름을 무엇이라고 하는가?

① 해류
② 기단
③ 기류
④ 염분

주목

08 해수에 녹아 있는 여러 가지 물질 중 가장 많이 녹아 있는 물질은?

① 염화 나트륨
② 염화 마그네슘
③ 황산 마그네슘
④ 황산 칼슘

09 다음은 해수 1000g에 녹아 있는 염류의 양이다. 이 해수의 염분은?

염류	염화 나트륨	염화 마그네슘	황산 마그네슘	기타
질량(g)	27.3	3.8	1.7	2.2

① 27.3‰
② 30.0‰
③ 35.0‰
④ 40.0‰

10 염분이 낮은 지역이 <u>아닌</u> 곳은?

① 강수량이 증발량보다 적은 지역
② 강물이 유입되는 지역
③ 해빙이 일어나는 지역
④ 적도 지방과 극지방

주목

11 해수 온도의 연직 분포 중 수심이 깊어질수록 수온이 급격히 낮아지는 구간으로 매우 안정한 층은?

① 혼합층
② 수온 약층
③ 심해층
④ 중간층

12 한류와 난류가 만나는 곳으로 플랑크톤이 풍부하여 물고기가 많이 모여 좋은 어장을 형성하는 곳을 무엇이라고 하는가?

① 조경 수역
② 심해층
③ 수온 약층
④ 중간층

13 우리나라 주변 난류의 근원이 되는 해류는 무엇인가?

① 쿠로시오 해류
② 캘리포니아 해류
③ 북태평양 해류
④ 리만 해류

14 다음에서 설명하는 해류는?

- 쿠로시오 해류에서 갈라져 나와 동해로 흐르는 난류
- 겨울철에 동해안의 기온이 서해안보다 높은 원인이 됨

① 황해 난류
② 동한 난류
③ 리만 해류
④ 북한 한류

15 조경 수역을 이루는 해류의 종류는?

① 황해 난류와 동한 난류
② 동한 난류와 북한 한류
③ 동한 난류와 쓰시마 난류
④ 북한 난류와 황해 난류

16 다음 중 난류가 <u>아닌</u> 것은?

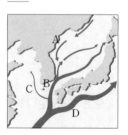

① A
② B
③ C
④ D

35 기권

Ⅳ 지구과학

1 대기

1. 기권

(1) **기권**: 대기로 둘러싸인 지표로부터 높이 약 1000km까지의 영역

⭐ (2) **기권의 구조**: 높이에 따른 기온의 변화를 기준으로 대류권, 성층권, 중간권, 열권으로 구분

열권	• 80~1000km • 오로라 • 공기가 희박하여 밤낮의 기온 차가 큼 • 전파를 반사하는 전리층
중간권	• 50~80km • 대류 현상은 일어나지만, 수증기가 거의 없어 기상 현상은 일어나지 않음 • 유성 관찰 가능
성층권	• 11~50km • 오존층(자외선 흡수) • 기층이 안정하여 비행기 항로로 이용됨
대류권	• 지표면~11km • 대류 현상, 기상 현상 • 전체 대기의 75%가 분포됨(밀도가 가장 큼)

> **쏙쏙 이해 더하기** | 기권의 특징
>
> | 구분 | 높이에 따른 기온 변화 | 대류 현상 | 기상 현상 |
> |---|---|---|---|
> | 대류권 | 하강 | ○ | ○ |
> | 성층권 | 상승 | × | × |
> | 중간권 | 하강 | ○ | × |
> | 열권 | 상승 | × | × |

2. 복사 평형

어떤 물체가 흡수하는 복사 에너지양과 방출하는 복사 에너지양이 같은 상태

(1) **지구의 복사 평형**: 지구는 우주 공간, 대기, 지표면 모두에서 복사 평형 상태임
  ① 지구로 들어오는 태양 복사 에너지양: 100%
  ② 반사되는 태양 복사 에너지양: 30%
  ③ 지구가 흡수하는 태양 복사 에너지양: 70%
  ④ 지구가 방출하는 지구 복사 에너지양: 70%

참고 대기를 이루는 기체
• 질소: 78%
• 산소: 20.9%
• 아르곤: 0.93%

참고 기권의 역할
• 산소를 공급해 준다.
• 지구의 기온을 따뜻하게 유지시킨다.
• 운석이 지표면에 충돌하는 것을 막아 준다.
• 오존층에서 자외선을 차단한다.
• 저위도의 남는 열을 고위도로 운반하여 온도 차를 줄여 준다.

✚ 기권의 구조

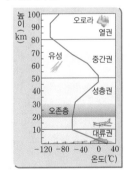

꼼꼼 단어 돋보기

● 대기
지구의 대기권을 이루고 있는 공기

● 복사 에너지
열의 이동 방법 중 하나로 열이 직접 이동하는 것으로 물체는 복사의 형태로 에너지를 방출한다.

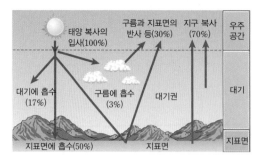

⑤ **지구의 복사 평형**: 지구가 흡수하는 복사 에너지양＝지구가 방출하는 복사 에너지양

(2) 복사 에너지의 위도별 분포

① **저위도 지역**: 흡수하는 태양 복사 에너지양＞방출하는 지구 복사 에너지양
  ➡ 에너지 과잉

② **위도 38° 부근**: 흡수하는 태양 복사 에너지＝방출하는 지구 복사 에너지
  ➡ 에너지 평형

③ **고위도 지역**: 흡수하는 태양 복사 에너지양＜방출하는 지구 복사 에너지양
  ➡ 에너지 부족

참고 고도에 따른 태양 복사 에너지

책상면과 손전등 사이의 각이 클수록 좁은 면적에 에너지가 집중되어 단위 면적에 도달하는 에너지가 많아진다. 이와 같이 저위도 지방으로 갈수록 태양의 고도가 높아지므로 단위 면적 당 도달하는 태양 복사 에너지양이 많아진다.

참고 대기와 해수의 순환

저위도의 과잉 에너지는 대기와 해수의 순환에 의해 고위도로 이동한다.

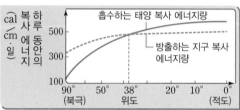

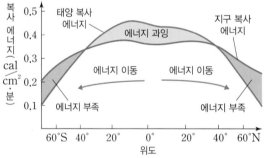

3. 온실 효과

대기 중의 수증기나 이산화 탄소와 같은 온실 기체[+]에 의해 지구 복사 에너지가 흡수된 후 대기와 지표로 재방출되면서 지구의 연평균 기온이 약 15℃로 일정하게 유지되는 현상

＋온실 기체
지구 대기를 이루는 기체 중 지구 복사 에너지를 흡수하여 온실 효과를 일으키는 기체
예 수증기, 이산화 탄소, 메테인 등

4. 지구 온난화[+]

대기 중 온실 기체의 양이 증가하면서 온실 효과가 활발해져 지구의 연평균 기온이 높아지는 현상

(1) 산림 벌채, 도시 개발, 농경지 확장 등으로 인해 식물의 광합성량이 감소하면서 대기 중 이산화 탄소량이 증가

(2) 화석 연료의 사용량 증가로 인해 대기 중 이산화 탄소량이 급격히 증가

[+] 지구 온난화에 의한 변화
• 기상 이변(기온 상승, 폭염, 폭우, 태풍 등)
• 물 부족 현상
• 해수면 상승
• 재배 작물의 변화
• 빙하 면적 감소

콕콕 개념 확인하기

1. 대기권은 높이에 따른 기온의 변화를 기준으로 _____, 성층권, 중간권, 열권으로 구분한다.
2. 어떤 물체가 흡수하는 복사 에너지양과 방출하는 복사 에너지양이 같은 상태를 _____(이)라고 한다.
3. 공기가 희박하고 오로라가 나타나는 기권의 구간은 _____이다.

답 1. 대류권 2. 복사 평형 3. 열권

---

2 포화 수증기량과 상대 습도

1. 포화 수증기량

(1) **포화 상태:** 어떤 온도에서 공기가 최대한 수증기를 포함하고 있는 상태

☆ (2) **포화 수증기량:** 포화 상태의 공기 1kg 속에 포함된 수증기량(g)

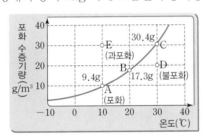

① 기온이 높을수록 포화 수증기량은 증가

② 포화 상태의 공기: A, B, C ➡ 현재 수증기량＝포화 수증기량

③ 불포화 상태의 공기: D ➡ 현재 수증기량＜포화 수증기량

④ 불포화 상태의 공기를 포화 상태로 만드는 방법
  • 공기의 온도를 낮춤
  • 수증기를 공급함

참고 응결이 일어나기 시작할 때
• 포화 상태가 되었을 때
• 상대 습도가 100%가 되었을 때
• 포화 수증기량 곡선 상에 있을 때
➡ 이때의 온도가 이슬점이다.

참고 이슬점 측정 실험
물이 들어 있는 컵에 얼음이 담긴 시험관을 넣고 저어 줄 때 컵 표면에 물방울이 맺히기 시작하는 온도가 이슬점이다.

2. 수증기의 응결과 이슬점

(1) **응결:** 수증기가 냉각되어 물방울로 변하는 현상

(2) **이슬점:** 공기가 냉각되어 수증기의 응결이 일어나기 시작하는 온도
  ① 이슬점의 변화 요인: 현재 수증기량
  ② 이슬점에서의 포화 수증기량: 현재 수증기량
  ③ 응결량＝현재 수증기량－냉각된 온도에서의 포화 수증기량

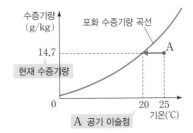

△ 공기 이슬점

🔍 꼼꼼 단어 돋보기

● 응결량
공기가 이슬점 이하로 냉각될 때 생기는 물방울의 양

3. 상대 습도

(1) **습도**: 공기의 습하고 건조한 정도를 수치로 표현한 값

(2) **상대 습도**: 현재 기온의 포화 수증기량에 대한 실제 수증기량의 비율

$$상대\ 습도(\%) = \frac{현재\ 공기\ 중의\ 수증기량}{현재\ 기온에서의\ 포화\ 수증기량} \times 100$$
$$= \frac{이슬점에서의\ 포화\ 수증기량}{현재\ 기온에서의\ 포화\ 수증기량} \times 100$$

① 이슬점에서의 상대 습도는 100%임
② 기온이 일정할 때: 현재 수증기량이 많을수록 상대 습도가 높음
③ 현재 수증기량이 일정할 때: 기온이 높을수록 상대 습도가 낮음

4. 기온, 습도, 이슬점의 변화

(1) 상대 습도는 날씨, 계절, 장소에 따라 변함

(2) **상대 습도의 변화 정도**: 맑은 날 > 흐린 날 > 비 오는 날

(3) **상대 습도의 크기**: 비 오는 날 > 흐린 날 > 맑은 날
① 맑은 날: 기온과 습도의 변화가 거의 반대로 나타남
② 흐린 날: 기온과 습도의 변화가 맑은 날보다 작게 나타남
③ 비 오는 날: 공기 중에 수증기가 많기 때문에 습도가 거의 100%임

(4) **이슬점이 일정할 때의 상대 습도**: 기온과 반대로 나타남
➡ 기온이 높아지면 포화 수증기량이 증가하고, 기온이 낮아지면 포화 수증기량이 감소하기 때문

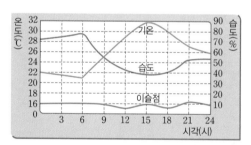

구분	낮	밤
기온	상승	하강
현재 수증기량	일정	일정
포화 수증기량	증가	감소
상대 습도	하강	상승

콕콕 개념 확인하기

1. 어떤 공기가 최대한 수증기를 포함하고 있는 상태를 (포화, 불포화) 상태라고 한다.
2. 공기가 냉각되어 수증기의 응결이 일어나기 시작하는 온도를 _____(이)라고 한다.
3. 이슬점에서의 상대 습도는 _____%이다.

답 1. 포화 2. 이슬점 3. 100

3 구름

1. 구름
공기 중의 수증기가 응결하여 생긴 작은 물방울이나 얼음 알갱이가 하늘 높이 떠 있는 것

(1) 구름의 생성 과정
공기 상승 → 단열 팽창 → 온도 하강 → 이슬점 도달 → 수증기 응결 → 구름 생성

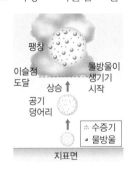

참고 이슬과 안개
• 이슬: 수증기가 응결하여 생긴 물방울이 지표의 물체에 맺혀 있는 것
• 안개: 수증기가 응결하여 생긴 물방울이 지표 근처에 떠 있는 것

공기가 상승할수록 주위 기압이 낮아지기 때문에 공기의 부피가 팽창함 → 공기가 팽창하면서 밖으로 해 준 일만큼 에너지가 줄어들어 온도가 내려감 → 공기가 더욱 냉각되어 이슬점에 도달하면 수증기가 응결함 → 수증기가 응결하여 생긴 작은 물방울이나 얼음 알갱이가 모여 구름이 됨

(2) 구름이 생성되는 경우
① 지표면이 불균등하게 가열될 때
② 저기압 중심으로 공기가 모여들 때
③ 찬 공기와 따뜻한 공기가 만났을 때
④ 공기가 산의 경사면을 타고 올라갈 때

참고 구름의 분류

적운형 구름	층운형 구름
위로 솟는 모양의 구름	옆으로 퍼지는 모양의 구름
공기 덩어리가 빠르게 상승할 때	공기 덩어리가 천천히 상승할 때
좁은 지역 소나기성 비	넓은 지역 지속적인 비

쏙쏙 이해 더하기　　**단열 팽창**

공기가 상승하면 주위의 기압이 낮아져 부피가 팽창하는데, 이때 외부에서 열을 받고 팽창하는 것이 아니라 자체 열을 소모하여 온도가 낮아진다. 이와 같이 외부와의 열 출입 없이 공기가 팽창하면서 온도가 낮아지는 현상을 단열 팽창이라고 한다.

2. 강수
대기 중의 물이 비, 눈, 우박 등의 형태로 지표에 떨어진 것

(1) 빙정설(온대나 한대 지방): 구름 속의 얼음 알갱이(빙정)에 수증기가 달라붙어 커지면 떨어짐 ➡ 떨어지던 얼음 알갱이가 녹으면 비, 녹지 않으면 눈이 됨

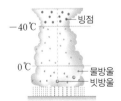

＋ 과냉각 물방울
0℃ 이하에서 얼지 못한 물방울

과냉각 물방울에서 증발한 수증기가 얼음 알갱이에 달라붙음 → 얼음 알갱이가 커짐 → 무거워져 그대로 떨어지면 눈, 녹으면 비

(2) 병합설(열대 지방): 구름 속의 크고 작은 물방울이 서로 충돌하여 합쳐져서 커지면 비가 되어 내림 ➡ 열대 지방은 기온이 높기 때문에 구름이 모두 물방울로 되어 있음

참고 구름 속의 기온이나 수증기량에 따라 눈의 결정 모양이 달라진다.

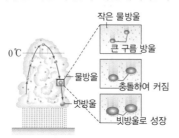

쏙쏙 이해 더하기 구름의 생성 과정 알아보기

페트병에 물을 조금 붓고 액정 온도계를 넣은 후 간이 가압 펌프를 닫는다.

구분	압축시킬 때	팽창시킬 때
압력	증가	감소
온도	상승	하강
상대 습도	하강	상승
페트병 안	맑아짐	뿌옇게 흐려짐
원리	구름의 소멸	구름의 생성

콕콕 개념 확인하기

1. 공기 상승 → _____ → 온도 하강 → 이슬점 도달 → 수증기 응결 → 구름 생성
2. (저기압, 고기압) 중심에서 구름이 생성된다.

답 1. 단열 팽창 2. 저기압

01 그림은 기온에 따른 포화 수증기량을 나타낸 것이다. A~D 중 이슬점이 가장 높은 지점은? 　2015년 1회

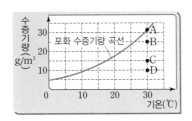

① A
② B
③ C
④ D

02 그림은 대기권의 높이에 따른 기온 변화를 나타낸 것이다. 위로 갈수록 기온이 올라가며, 자외선을 흡수하는 오존층이 있는 곳은? 　2016년 1회

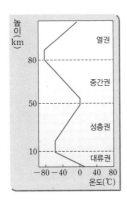

① 열권
② 중간권
③ 성층권
④ 대류권

03 그래프는 기온에 따른 포화 수증기량의 변화를 나타낸 것이다. A 공기의 이슬점은? 　2016년 2회

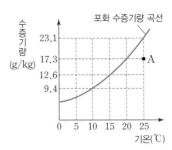

① 10℃
② 15℃
③ 20℃
④ 25℃

04 대기권의 구조 중 위로 올라갈수록 기온이 낮아지고 기상 현상이 나타나는 곳은? 　2017년 1회

① 대류권
② 성층권
③ 중간권
④ 열권

05 그래프는 기온에 따른 포화 수증기량을 나타낸 것이다. A~D 중 상대 습도가 가장 높은 것은? 　2017년 1회

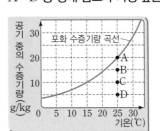

① A
② B
③ C
④ D

06 그래프는 기온에 따른 포화 수증기량을 나타낸 것이다. A~D 중 불포화 상태에 해당하는 것은? 2018년 1회

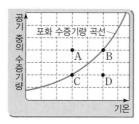

① A
② B
③ C
④ D

07 다음 그림은 기권의 구조를 나타낸 것이다. A~D에 대한 설명으로 옳지 않은 것은?

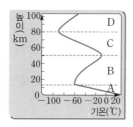

① A에서는 태양 복사의 자외선을 대부분 흡수한다.
② B는 공기의 대류가 일어나지 않는 매우 안정한 층이다.
③ C에서는 대류 현상은 있지만 기상 현상은 없다.
④ D는 기온의 일교차가 매우 크다.

08 대기권을 4개의 층으로 구분하는 기준으로 옳은 것은?

① 높이에 따른 대기의 질량 변화
② 높이에 따른 대기의 기온 변화
③ 높이에 따른 대기의 압력 변화
④ 높이에 따른 대기의 부피 변화

09 대기권의 구조 중 대류 현상은 있지만 기상 현상이 없는 구조는?

① 대류권
② 성층권
③ 중간권
④ 열권

주목
10 자외선 차단이 되는 대기권의 구조는?

① 대류권
② 성층권
③ 중간권
④ 열권

11 지구 대기의 역할에 대한 설명으로 옳지 않은 것은?

① 태양에서 오는 가시광선을 차단해 준다.
② 운석이 지구에 충돌하는 것을 막아 준다.
③ 열이 우주 공간으로 빠져나가는 것을 막아 준다.
④ 저위도의 남는 열을 고위도로 운반하여 온도 차를 줄여 준다.

12 태양 복사 에너지가 단위 면적당 지표면에 가장 많이 도달하는 곳은?

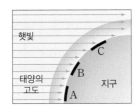

① A
② B
③ C
④ A와 B

13 지구 온난화에 대한 설명으로 옳지 <u>않은</u> 것은?

① 기상 이변이 현재보다 늘어난다.
② 해수면의 상승으로 해안 저지대가 침수될 것이다.
③ 극지방과 고산 지대의 빙하의 면적이 늘어날 것이다.
④ 지구 기온의 상승으로 생태계에 변화가 생길 것이다.

14 다음 그림을 보고 D 공기 3kg을 포화 상태로 만들기 위해 필요한 수증기량은?

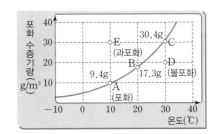

① 5.2g
② 10.4g
③ 20.8g
④ 31.2g

15 열대 지방의 구름 속에서 만들어지는 비의 생성 과정은?

① 구름 속의 물방울이 얼어서 만들어진다.
② 구름 속의 물방울들이 충돌하여 합쳐져 만들어진다.
③ 구름 속의 얼음 알갱이가 떨어지면서 녹아서 만들어진다.
④ 구름 속의 온도가 0℃ 이하로 내려가 만들어진다.

16 구름이 생성될 수 <u>없는</u> 경우는?

① 상공의 찬 공기가 하강할 때
② 따뜻한 공기가 찬 공기를 타고 올라갈 때
③ 지표면이 불균등하게 가열될 때
④ 공기가 산의 경사면을 타고 올라갈 때

17 다음은 비가 생성되는 과정을 나타낸 것이다.

구름의 온도는 0℃ 이상이며 구름 속의 강한 상승 기류를 타고 운동하는 물방울들끼리 충돌하여 커지거나 큰 물방울에 작은 물방울이 흡수되어 더욱 커지면 무게를 지탱하지 못해 비가 되어 떨어진다.

위와 같은 과정으로 비가 만들어지는 지역과 강수 이론이 옳게 짝 지어진 것은?

① 열대 지방 — 병합설
② 극지방 — 병합설
③ 온대 지방 — 빙정설
④ 한대 지방 — 빙정설

36 Ⅳ 지구과학
기압과 날씨

1 기압
단위 면적에 작용하는 공기의 무게에 의해 생기는 압력

(1) 단위: 기압, hPa(헥토파스칼), cmHg, mmHg, N/m^2

(2) 기압의 작용 방향: 모든 방향에서 같은 크기로 작용
➡ 사람이 기압을 느끼지 못하는 이유는 몸 안에서 밖으로 주변 기압과 같은 크기의 압력이 작용하기 때문

(3) 기압의 작용에 의해 나타나는 현상
① 높은 산에 올라가면 귀가 먹먹해짐
② 물을 담은 컵을 종이로 덮고 거꾸로 세워도 쏟아지지 않음
③ 높이 올라갈수록 풍선의 부피가 팽창함
④ 비행기가 이륙할 때 귀가 먹먹해짐

☆(4) 기압의 크기 측정
① 토리첼리 실험

| 길이 1m 유리관에 수은을 가득 채운 후, 수은이 담긴 수조에 거꾸로 세움 | ➡ | 수은 기둥이 내려오다가 수은 면의 약 76cm 높이에서 멈춤 | ➡ | 수은 면에 작용하는 대기압과 수은 76cm 기둥이 누르는 압력이 같음을 알 수 있음 |

수은 면에 작용하는 기압 ≒ 수은 기둥의 압력 ≒ 수은 기둥을 떠받치는 압력

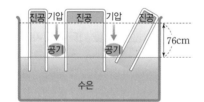

유리관의 굵기나 기울기에 관계없이 수은 기둥의 높이가 일정함

② **1기압의 크기:** 수은 기둥의 높이 76cm에 해당하는 대기 압력

1기압 = 76cmHg = 1013hPa = 약 10m 물기둥의 압력

(5) 기압의 변화
① 공기는 계속 이동하므로 기압은 시간과 장소에 따라 변함
② 높이 올라갈수록 공기가 희박해지므로 기압이 낮아짐
③ 기압: 평지>높은 산 ➡ 높이 올라갈수록 기압이 낮아져, 토리첼리 실험의 수은 기둥의 높이가 낮아지게 됨

참고 1hPa: $1m^2$의 면적에 100N의 힘이 작용할 때의 압력(=$100N/m^2$)

참고 높이 약 5.5km에서 1기압의 절반으로 줄어든다.

1. 단위 면적에 작용하는 공기의 무게에 의해 생기는 압력은?
2. 1기압 = _____cmHg = 1013hPa = 약 10m 물기둥의 압력

답 1. 기압 2. 76

2 바람

1. 바람

기압 차 때문에 생기는 공기의 흐름

(1) 바람의 방향과 크기: 고기압 → 저기압 ➡ 기압 차이가 클수록 바람이 강하게 붐

(2) 해륙풍

① 해안에서 하루를 주기로 부는 바람

해풍⁺	구분	육풍⁺
낮	부는 때	밤
바다 → 육지	바람 방향	육지 → 바다
육지>바다	기온	육지<바다
육지<바다	기압	육지>바다

② 생성 원인: 육지가 바다보다 •비열(열용량)이 작아서 빨리 가열되고 냉각되기 때문
  • 낮: 육지가 바다보다 빨리 가열되어 육지의 기압이 낮아지므로 바다에서 육지로 바람이 붐
  • 밤: 육지가 바다보다 빨리 냉각되어 육지의 기압이 높아지므로 육지에서 바다로 바람이 붐

(3) 계절풍

① 대륙과 해양 사이에서 주기적으로 부는 바람

여름철(남풍)	구분	겨울철(북풍)
해양 → 대륙	바람 방향	대륙 → 해양
대륙>해양	기온	대륙<해양
대륙<해양	기압	대륙>해양

② 생성 원인: 대륙이 해양보다 비열(열용량)이 작아서 빨리 가열되고 냉각되기 때문
  • 여름: 대륙이 해양보다 빨리 가열되어 대륙의 기압이 낮아져 해양에서 대륙으로 바람이 붐
  • 겨울: 대륙이 해양보다 빨리 냉각되어 대륙의 기압이 올라가 대륙에서 해양으로 바람이 붐

1. 바람의 방향: _____ → _____
2. 해풍은 _____에서 _____(으)로 부는 바람이다.

답 1. 고기압, 저기압 2. 바다, 육지

참고 풍향과 풍속

풍향	풍속
바람이 불어오는 방향	m/s

+ 해풍

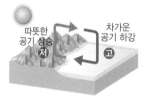

따뜻한 공기 상승 / 차가운 공기 하강 / 저 / 고

+ 육풍

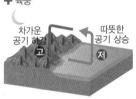

차가운 공기 하강 / 따뜻한 공기 상승 / 고 / 저

꼼꼼 단어 돋보기

● 비열
어떤 물질이 1kg의 온도를 1℃ 높이는 데 필요한 열량

3 기단과 전선

1. 기단

한 장소에 오랫동안 머물러 있어 기온과 습도 등이 비슷해진 큰 공기 덩어리

해양	대륙	고위도	저위도
습함	건조	차가움	따뜻함

참고 기단의 발생 장소

넓은 지역에서 일정한 성질을 가진 바람이 약한 평탄한 지역으로, 주로 대륙이나 해양에서 발생한다.

2. 우리나라에 영향을 주는 기단

참고 우리나라의 계절별 날씨

- 봄: 이동성 고기압과 온대 저기압의 영향으로 비가 자주 내리고, 꽃샘추위와 황사가 나타난다.
- 여름: 북태평양 기단의 영향으로 덥고 습하며 장마와 열대야가 나타난다.
- 가을: 이동성 고기압의 영향으로 맑고, 시베리아 기단의 영향으로 서늘하다.
- 겨울: 시베리아 기단의 영향으로 차고 건조하다.

시베리아 기단	고위도의 대륙	한랭 건조	겨울	한파
양쯔 강 기단	저위도의 대륙	온난 건조	봄, 가을	황사
오호츠크 해 기단	고위도의 해양	한랭 다습	초여름(장마철)	농작물 냉해
북태평양 기단	저위도의 해양	고온 다습	여름	폭염, 열대야
적도 기단	저위도의 해양	고온 다습	여름, 초가을	태풍

3. 전선면과 전선

(1) 전선면: 찬 기단과 따뜻한 기단이 만나 생긴 경계면 ➡ 구름을 형성하고, 날씨 변화가 나타남

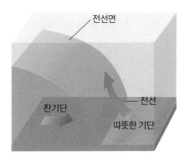

⭐(2) 전선

① 전선: 전선면과 지표면이 만나는 경계선
② 전선의 종류

➕ 폐색 전선

이동 속도가 빠른 한랭 전선이 이동 속도가 느린 온난 전선과 겹쳐져 생기는 전선

➕ 정체 전선

두 기단의 세력이 비슷하여 한 곳에 오랫동안 머무는 전선 ⑩ 장마 전선

③ 한랭 전선과 온난 전선
  • 한랭 전선: 찬 기단이 따뜻한 기단 아래로 파고들면서 생기는 전선
  • 온난 전선: 따뜻한 기단이 찬 기단 위로 올라가면서 생기는 전선

구분	전선면의 기울기	구름	강수	이동 속도	전선 통과 후 기온	전선 통과 후 기압
한랭 전선	급함	적운형	전선이 지나간 후 좁은 지역에 소나기	빠름	하강	상승
온난 전선	완만	층운형	전선이 지나가기 전 넓은 지역에 이슬비	느림	상승	하강

4 기압과 날씨

1. 고기압과 저기압[+]

고기압(H)	저기압(L)
주위보다 기압이 높은 곳 → 맑은 날씨	주위보다 기압이 낮은 곳 → 흐림(비)
• 북반구에서는 시계 방향으로 불어 나감 • 하강 기류 → 맑음	• 북반구에서는 시계 반대 방향으로 불어 들어옴 • 상승 기류 → 흐림

고기압   저기압

☆ 2. 온대 저기압

중위도 지방(온대 지방)에서 발달하는 저기압으로, 온난 전선과 한랭 전선을 함께 동반함

구분	A	B	C
위치	한랭 전선 뒤쪽	한랭 전선과 온난 전선 사이	온난 전선 앞쪽
기온	낮음	높음	낮음
날씨	좁은 지역 소나기	맑음	넓은 지역 이슬비
풍향	북서풍	남서풍	남동풍

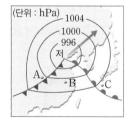

(단위 : hPa) 1004 1000 996 저

탄탄 실력 다지기

정답과 해설 36쪽

01 그림에서 차갑고 건조한 겨울철 우리나라 날씨에 영향을 미치는 기단은?
2014년 2회

① A
② B
③ C
④ D

03 그림에서 우리나라 여름철 날씨에 주로 영향을 주는 고온 다습한 기단은?
2016년 2회

① 양쯔 강 기단
② 북태평양 기단
③ 시베리아 기단
④ 오호츠크 해 기단

02 그림은 7월 어느 날의 일기 예보를 나타낸 것이다. 이 일기 예보에 해당하는 전선은?
2015년 2회

① 온난 전선
② 장마 전선
③ 폐색 전선
④ 한랭 전선

04 다음 설명에 해당하는 전선은?
2018년 2회

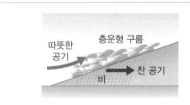

- 따뜻한 공기가 찬 공기를 타고 올라갈 때 만들어진다.
- 이 전선이 지나가면 기온이 상승한다.

① 온난 전선
② 정체 전선
③ 폐색 전선
④ 한랭 전선

05 그림은 기단을 기온과 습도에 따라 분류한 것이다. A ~D 중 고온 다습한 북태평양 기단이 속한 것은?

2018년 2회

① A   ② B

③ C   ④ D

06 다음 설명에 해당하는 전선은?

2019년 1회

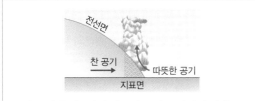

- 찬 공기가 이동하여 따뜻한 공기를 밀어 올린다.
- 이 전선이 통과하면 기온이 낮아진다.

① 온난 전선   ② 정체 전선

③ 한랭 전선   ④ 폐색 전선

주목

07 기압에 대한 설명으로 옳지 않은 것은?

① 공기의 무게 때문에 생기는 압력이다.

② 기압의 단위는 hPa이다.

③ 기압은 항상 아래로 작용한다.

④ 기압은 높이에 따라 달라진다.

08 다음 중 다른 값은?

① 1기압

② 1000hPa

③ 수은 기둥 76cm가 누르는 힘

④ 10m의 물기둥이 누르는 힘

09 높은 산에 올라가면 수은 기둥의 높이 변화와 그 이유를 옳게 설명한 것은?

① 높아진다: 기압이 높아지기 때문에

② 높아진다: 기압이 낮아지기 때문에

③ 변함없다: 기압이 변화하지 않기 때문에

④ 낮아진다: 기압이 낮아지기 때문에

10 해안 지방에서 다음과 같은 바람이 불 때 육지와 바다에서의 기온과 기압의 크기 및 바람의 이름을 바르게 묶은 것은?

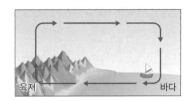

	기온	기압	바람
①	육지 > 바다	육지 < 바다	해풍
②	육지 > 바다	육지 > 바다	육풍
③	육지 < 바다	육지 > 바다	해풍
④	육지 < 바다	육지 < 바다	육풍

11 다음 중 고기압 중심에 대한 설명으로 옳은 것은?

① 바람이 불어 들어온다.
② 주위보다 기압이 낮다.
③ 하강 기류가 있다.
④ 구름이 생성된다.

12 저기압에 대한 설명으로 옳은 것은?

① 주위보다 기압이 높다.
② 일기도에 Ⓗ로 표시한다.
③ 날씨가 흐리거나 비가 온다.
④ 중심부에서 하강 기류가 나타난다.

13 다음 그림은 우리나라 부근에서 발달하는 온대 저기압을 나타낸 모식도이다. 각 지역의 일기 현상을 설명한 것 중 옳지 <u>않은</u> 것은?

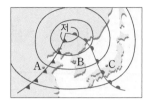

① A 지역에는 적운형 구름이, C 지역에서는 층운형 구름이 발생한다.
② B 지역은 시간이 지남에 따라 점점 넓어진다.
③ 기온이 가장 높은 지역은 B 지역이다.
④ C 지역은 이슬비가 내린다.

14 다음 중 한랭 전선과 온난 전선의 특징을 비교한 것 중 옳지 <u>않은</u> 것은?

	특징	한랭 전선	온난 전선
①	전선면의 기울기	급함	완만함
②	이동 속도	느림	빠름
③	구름	적운형	층운형
④	강수	소나기	이슬비

37

지구와 달

1 지구와 달의 크기

1. 지구의 크기 측정

(1) 에라토스테네스의 지구 크기 측정

① 측정 원리: 원에서 호의 길이는 중심각의 크기에 비례함

② 가정
- 지구는 완전한 구형임
- 지구에 들어오는 태양 광선은 평행함

③ 지구 모형의 반지름 측정
- 유의점
  - 두 막대 중 BB′만 그림자가 생기도록 함
  - 그림자가 지구 모형을 벗어나지 않도록 함
- 측정값
  - AB 지점 사이의 거리: l
  - 막대 BB′와 그림자 끝이 이루는 각: $\angle BB'C(\theta' = \theta)$
- 관계식

  $2\pi R : 360° = l : \theta$

  ➡ 지구의 둘레$(2\pi R) = \dfrac{360°}{\theta} \times l$

> 참고 실제 지구의 크기
> 실제 지구의 둘레는
> 약 40000km, 실제 지구의 반지름은
> 6400km이다.

(2) 위도 차를 이용한 지구 크기 측정

경도가 같은 두 지역의 위도 차를 이용하여 지구의 크기를 측정

① 측정 원리: 원에서 호의 길이는 중심각의 크기에 비례함

② 측정 방법

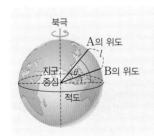

- 경도가 같고 위도가 다른 두 지역의 위도 차는 두 지역 사이의 중심각과 크기가 같으므로, 경도가 같은 두 지역의 위도 차를 구함
- 두 지역 사이의 거리를 측정함

③ 계산 방법

(A의 위도 − B의 위도) : $l = 360° : 2\pi R$

➡ 지구의 둘레$(2\pi R) = \dfrac{360°}{(\text{A의 위도} - \text{B의 위도})} \times l = \dfrac{360°}{\theta} \times l$

꼼꼼 단어 돋보기

● 위도

적도를 기준으로 북위와 남위를 각각 90°로 나눈 가로선

● 경도

지구 위치를 나타내는 좌표축 중에서 동서를 각각 180°로 나눈 세로로 된 것

2. 달의 크기 측정

① 측정 원리: 삼각형의 닮음비 이용 ➡ 서로 닮은 두 삼각형에서 대응변의 길이의 비는 일정함

② 측정 방법
- 관측자와 달 사이에 둥근 물체(동전 등)를 놓고, 물체와 달이 같은 크기로 보이도록 물체의 위치를 조절함
- 물체의 지름(d)과 눈에서 물체까지의 거리(l)를 직접 측정하여 달의 지름을 계산함

실제 달의 지름은 약 3,500km로, 지구 지름의 약 $\frac{1}{4}$배 정도이다.

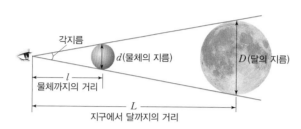

③ 계산 방법: $l : d = L :$ 달의 지름 (D)

➡ 달의 지름$(D) = \dfrac{L \times d}{l}$

콕콕 개념 확인하기

1. 에라토스테네스의 지구 크기 측정은 원에서 호의 길이가 중심각의 크기에 _____함을 이용하였다.
2. 달의 크기 측정 원리: _____의 닮음비를 이용

답 1. 비례 2. 삼각형

---

2 지구의 자전과 공전

1. 지구의 자전

(1) 지구의 자전

① 지구가 자전축을 중심으로 하루에 한 바퀴씩 도는 운동
② 자전 속도: 1시간에 15°씩 회전
③ 자전 방향: 서 → 동

(2) 지구의 자전에 의한 현상

① 낮과 밤의 반복: 태양을 향하는 쪽은 낮이 되고, 태양의 반대쪽은 밤이 됨
② 천체의 일주 운동: 지구가 자전하기 때문에 모든 천체가 하루에 한 바퀴씩 동쪽에서 서쪽으로 회전하는 것처럼 보이는 현상
- 태양의 일주 운동: 태양이 매일 동쪽에서 떠서 서쪽으로 짐
- 별의 일주 운동: 북극성을 중심으로 동에서 서로 하루에 한 바퀴씩 돎
③ 인공위성 궤도의 서편 이동 현상: 지구 주위를 도는 인공위성은 지구가 서에서 동으로 자전하기 때문에 조금씩 서쪽으로 이동한 것처럼 보임
④ 푸코 진자의 왕복 운동 방향 변화: 진자가 왕복 운동하는 방향이 지구의 자전 방향과 반대로 변함

꼼꼼 단어 돋보기

● **자전**
천체가 스스로 도는 운동

● **진자**
고정된 축이나 점을 기준으로 일정한 주기로 왕복 운동하는 물체

북쪽 하늘	동쪽 하늘	남쪽 하늘	서쪽 하늘
북극성을 중심으로 시계 반대 방향으로 회전	오른쪽 위로 비스듬히 떠오름	지평선과 나란하게 동에서 서로 이동	오른쪽 아래로 비스듬히 짐

콕콕 개념 확인하기

1. 지구의 자전 방향: _____ → _____
2. 낮과 밤의 반복은 지구의 _____ 때문에 나타나는 현상이다.

답　1. 서, 동　2. 자전

2. 지구의 공전

(1) 지구의 공전

① 지구가 태양을 중심으로 일 년에 한 바퀴씩 도는 운동

② 공전 속도: 하루에 약 1°씩 회전 ($\frac{360°}{365일}$ ≒10/일)

③ 공전 방향: 서 → 동

(2) 지구의 공전에 의한 현상

① 별의 연주 운동: 매일 같은 시각에 별자리를 관측할 때, 별자리의 위치가 매일 약 1°씩 동에서 서로 이동하여 1년 후에 제자리로 돌아오는 것처럼 보이는 겉보기 운동

② 태양의 연주 운동: 태양이 별자리 사이를 매일 약 1°씩 서에서 동으로 이동하여 1년 후에 제자리로 돌아오는 것처럼 보이는 겉보기 운동

③ 계절에 따른 별자리의 변화: 지구가 태양을 중심으로 공전하기 때문에 계절에 따라 관측되는 밤하늘의 별자리도 달라짐

• 황도 12궁: 천구 상에서 태양이 지나는 길(황도)에 위치한 12개의 별자리

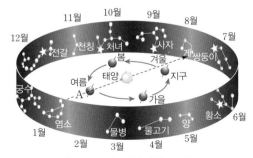

▲ 태양의 연주 운동과 황도 12궁

예 지구가 A위치에 있을 때, 태양이 위치한 별자리(태양 방향)는 게자리이고, 한밤에 남쪽 하늘에서 보이는 별자리(태양 반대 방향)는 염소 자리이다.

꼼꼼 단어 돋보기

● 공전

천체가 다른 천체의 주위를 도는 운동

● 천구

관측자를 중심으로 하여 반지름이 매우 큰 가상의 구로, 그 위에 밤하늘을 투영해서 나타낸 것

④ **계절의 변화:** 지구 자전축이 공전축에 대해 약 23.5° 기울어진 채 공전하므로, 태양의 *남중고도와 낮과 밤의 길이가 달라져 지구상에 계절의 변화가 생김

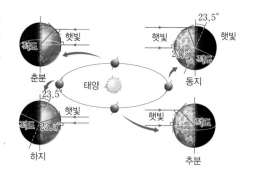

참고 계절별 태양의 일주 운동

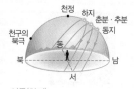

- 여름(하지)
  낮의 길이 > 밤의 길이
- 봄(춘분), 가을(추분)
  낮의 길이 = 밤의 길이
- 겨울(동지)
  낮의 길이 < 밤의 길이
- 태양의 남중고도
  하지 > 춘분, 추분 > 동지

콕콕 개념 확인하기

1. 지구가 공전하기 때문에 천체가 (일주, 연주) 운동을 한다.
2. 지구의 공전 방향: (   ) → (   )
3. 계절에 따른 별자리의 변화는 지구가 태양을 중심으로 _____ 하기 때문에 일어난다.

답 1. 연주 2. 서, 동 3. 공전

3 달의 공전

1. 달의 공전

달이 약 한 달에 한 바퀴씩 지구 주위를 서쪽에서 동쪽으로 회전하는 운동

2. 달의 공전에 의한 현상

(1) 달의 위상(모양) 변화: 지구, 달, 태양의 상대적인 위치에 따라 달의 모양이 달라짐

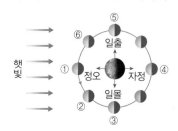

위치, 모양	모습	관측 시기(음력)	위치	남중 시각
① 삭		1일경	태양−달−지구	정오
② 초승달		2~3일경	삭과 상현 사이	
③ 상현달		7~8일경	태양의 동쪽으로 90°	일몰(초저녁)
④ 보름달 (망)		15일경	태양−지구−달	자정
⑤ 하현달		22~23일경	태양의 서쪽으로 90°	일출(새벽)
⑥ 그믐달		27~28일경	하현과 삭 사이	

꼼꼼 단어 돋보기

● 남중고도
천체가 정남쪽에 위치했을 때의 고도

(2) **달의 위치 변화:** 해가 진 직후 같은 장소, 같은 시각에 매일 관측한 달의 위치가 서에서 동으로 이동함

　① 음력 2~3일경: 서쪽 하늘에서 초승달 모양으로 달이 보임
　② 음력 7~8일경: 남쪽 하늘에서 상현달 모양으로 달이 보임
　③ 음력 15일경: 동쪽 하늘에서 보름달 모양으로 보임

3. 일식과 월식

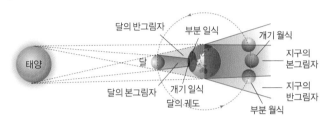

구분	일식	월식
정의	달이 태양을 가려 태양의 전체 혹은 일부가 안 보이는 현상	달이 지구 그림자 속에 들어가 달의 전체 혹은 일부가 가려지는 현상
위치 관계	태양 − 달 − 지구 순으로 배열	태양 − 지구 − 달 순으로 배열
관측 지역	달의 그림자가 지나는 지역	밤이 되는 지역
관측 시간	짧음	긺
달의 위상	삭	망
종류	• 개기 일식 • 부분 일식	• 개기 월식 • 부분 월식

콕콕 개념 확인하기

1. 달의 공전이란 달이 _____(을)를 중심으로 약 한 달에 한 바퀴씩 도는 운동이다.
2. 일식은 달의 위상이 _____일 때 일어나고, 월식은 달의 위상이 _____일 때 일어난다.

　　　　　　　　　　　　답　1. 지구　2. 삭, 망

탄탄 실력 다지기

01 지구의 자전으로 인해 생기는 현상은? 2010년 1회

① 일식
② 계절의 변화
③ 해가 뜨고 지는 현상
④ 계절별 별자리의 변화

02 태양, 지구, 달이 일직선으로 배열될 때, 지구의 그림자에 의해 달이 가려지는 현상은? 2010년 2회

① 삭
② 망
③ 월식
④ 일식

03 그림에서 일식 현상이 일어날 수 있는 달의 위치는?

2011년 2회

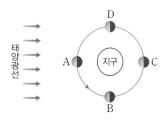

① A
② B
③ C
④ D

04 그림에서 보름달이 되는 달의 위치는? 2012년 1회

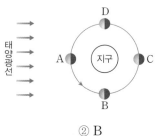

① A
② B
③ C
④ D

05 태양, 달, 지구가 그림처럼 배열되었을 때, 달의 그림자가 생긴 (가) 지역에서 관측할 수 있는 현상은?

2012년 2회

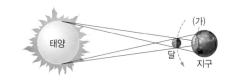

① 상현
② 하현
③ 일식
④ 월식

06 그림은 달의 공전을 나타낸 것이다. 달이 (가)에 있을 때, 서울에 있는 관측자가 볼 수 있는 달의 모양은?

2016년 1회

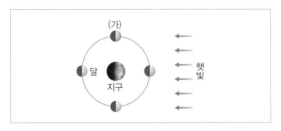

①

②

③

④

07 그림은 우리나라 계절별 태양의 일주 운동을 나타낸 것이다. 1년 중 낮이 가장 긴 것은?

2016년 2회

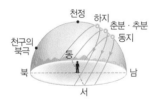

① 춘분
② 하지
③ 추분
④ 동지

08 그림은 달의 공전을 나타낸 것이다. 달이 (가)에 있을 때 서울에 있는 관측자가 맑은 날 새벽에 볼 수 있는 달의 모양은?

2017년 1회

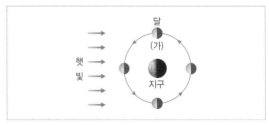

①

②

③

④

09 그림과 같이 우리나라에서 남쪽 밤하늘을 같은 시각에 관측한 별자리가 계절별로 다르게 보이는 원인은?

2017년 2회

여름철

겨울철

① 달의 공전
② 태양의 자전
③ 지구의 공전
④ 지구의 자전

10 그림은 보름 동안 우리나라의 같은 장소에서 같은 시각에 관측한 달의 모습을 나타낸 것이다. 다음 중 달의 위치와 모양이 달라지는 원인은? (단, 날짜는 음력이다.)

2018년 2회

① 오로라   ② 달의 공전
③ 자기 폭풍   ④ 태양의 자전

11 그림은 우리나라에서 몇 시간 동안 북쪽 하늘을 촬영한 별의 일주 운동을 나타낸 것이다. 이 현상이 나타나는 원인은?

2019년 2회

① 달의 공전
② 지구의 공전
③ 지구의 자전
④ 태양의 자전

주목

12 다음 중 달의 크기를 구하는 방법으로 옳지 <u>않은</u> 것은?

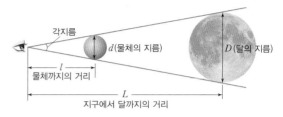

① 달까지의 거리(L)는 미리 알고 있는 값이다.
② 물체가 달보다 크게 보이는 위치에서 측정한다.
③ 물체의 지름(d)이 클수록 눈과 물체까지의 거리는 멀어진다.
④ 물체의 지름(d)은 직접 측정해야 한다.

13 다음 중 에라토스테네스의 지구 크기 측정에 대한 설명으로 옳은 것은?

① 지구는 타원형이라고 가정하였다.
② 같은 위도 상의 두 지점 사이의 거리를 측정하였다.
③ 중심각의 크기는 호의 길이에 반비례한다는 원리를 이용하였다.
④ 지구로 들어오는 햇빛은 모든 지역에서 평행하다고 가정하였다.

14 그림은 지구 모형의 크기를 측정하는 실험 장치를 나타 낸 것이다. 이 실험에서 두 막대 AA′와 BB′ 사이의 거 리가 20cm이고, 중심각(θ)의 크기가 30°일 때, 지구 모 형의 반지름(R)은 얼마인가? (단, $\pi=3$으로 계산한다.)

① 20cm   ② 30cm
③ 40cm   ④ 50cm

15 지구의 자전으로 인해 나타나는 현상으로 옳은 것은?

① 낮과 밤의 길이가 변한다.
② 태양의 남중 고도가 변한다.
③ 태양이 동쪽에서 떠서 서쪽으로 진다.
④ 계절에 따라 볼 수 있는 별자리가 달라진다.

주목

16 월식 현상이 일어나는 달의 위치는?

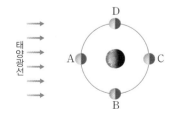

① A   ② B
③ C   ④ D

17 상현달이 뜨는 달의 위치는?

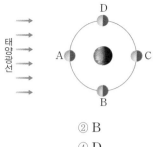

① A   ② B
③ C   ④ D

18 다음은 지구의 공전 궤도와 황도 12궁을 나타낸 것이 다. 12월 한밤 중에 남쪽 하늘에서 볼 수 있는 별자리 는?

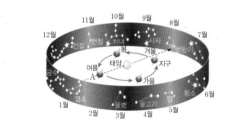

① 전갈자리   ② 황소자리
③ 처녀자리   ④ 궁수자리

38 Ⅳ 지구과학 태양계

1 태양계의 여러 천체

1. 태양계: 태양의 둘레를 공전하는 모든 천체들과 이들이 차지하는 공간

(1) 태양계를 구성하는 천체

(2) 태양, 태양을 중심으로 돌고 있는 8개의 •행성, 왜소 행성

(3) 각 행성들 주위를 돌고 있는 위성, 수 많은 소행성, 혜성, 유성 등

2. 태양: 태양계에서 스스로 에너지를 생성하여 방출하는 유일한 •항성

(1) **태양의 표면(광구)**

① 쌀알 무늬: 태양의 표면에 쌀알을 뿌려 놓은 것과 같은 무늬

② 흑점: 주위보다 약 2000℃ 낮아서 검게 보이는 부분(광구의 평균 온도는 약 6000℃)

(2) **태양의 대기와 대기에서 나타나는 현상**

대기		대기에서 볼 수 있는 현상	
채층	코로나	플레어	홍염
광구 바로 위의 붉은 색을 띤 얇은 대기층	채층 바깥쪽으로 멀리까지 뻗어 있는 대기층	흑점 부근의 폭발로 채층의 일부가 매우 밝아지는 현상	흑점 부근에서 분출한 불기둥으로, 주로 고리 모양

참고 태양 활동의 영향

• 태양 활동이 활발해지면 흑점 수가 늘어나고, •태양풍이 강해진다.
• 태양 활동이 활발해지면 지구에서 오로라가 더 넓은 지역에 발생하고, •자기 폭풍이나 •델린저 현상이 발생한다.

쏙쏙 이해 더하기 　흑점

• 흑점이 많을수록 태양의 활동이 활발한 시기이다.
• 흑점은 지구(북반구)에서 볼 때 동 → 서로 이동한다. 이는 태양이 서 → 동으로 자전하기 때문이다.
• 흑점의 이동 속도는 저위도가 고위도에서 보다 빠르다.

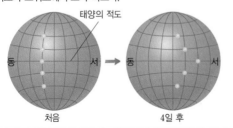

처음　　　　　　4일 후

꼼꼼 단어 돋보기

● **행성**
별 주위를 일정한 주기로 공전하는 천체

● **항성**
스스로 빛을 내는 천체

● **태양풍**
태양에서 우주 공간으로 방출하는 전기를 띤 입자의 흐름

● **자기 폭풍**
지구 자기장이 급격히 변하는 현상

● **델린저 현상**
장거리 무선 통신이 두절되는 현상

3. 행성

(1) 행성의 분류: 8개의 행성을 물리적 특징에 따라 지구형 행성과 목성형 행성으로 분류함

구분	지구형 행성	목성형 행성
종류	수성, 금성, 지구, 화성	목성, 토성, 천왕성, 해왕성
질량	작음	큼
반지름	작음	큼
표면 상태	흙이나 암석	얼어붙은 기체 물질
평균 밀도	큼	작음
위성 수	적거나 없음	많음
고리	없음	있음
자전 주기	긺	짧음

(2) 행성의 질량과 밀도: 지구형 행성은 목성형 행성에 비해 작지만, 표면이 흙이나 암석으로 이루어져 있어 기체 물질로 표면이 이루어진 목성형 행성보다 밀도가 큼

(3) 지구형 행성의 특징

수성	금성
	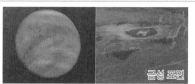
• 태양계 행성 중 태양에 가장 가깝고, 태양 주위를 가장 빨리 돌고 있으며, 크기가 가장 작음 • 대기가 없기 때문에 낮과 밤의 표면 온도 차이가 매우 큼 • 표면에 달처럼 운석 구덩이가 많이 남아 있음	• 태양계 행성 중 지구에서 가장 밝게 보임 • 이산화 탄소로 이루어진 두꺼운 대기가 있음(표면 기압: 약 90기압) • 이산화 탄소에 의한 온실 효과 때문에 표면 온도가 약 470℃로 매우 높음
지구	화성
	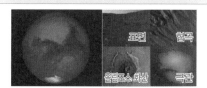
• 물과 대기가 있어 생명체가 살고 있음 • 바다가 존재하여 우주에서는 푸르게 보임 • 위성(달)이 1개 있음	• 표면은 붉은색 암석과 흙으로 덮여 있음 • 과거에 물이 흘렀던 흔적, 협곡, 태양계에서 가장 큰 올림포스 화산이 존재함 • 극 지역에는 극관이 존재함 • 지구에서와 같이 계절의 변화가 나타남

참고 행성들의 물리량 그래프

참고 공전 궤도에 따른 행성의 분류
• 내행성: 수성, 금성 → 지구보다 안쪽에서 공전하는 행성
• 외행성: 화성, 목성, 토성, 천왕성, 해왕성 → 지구보다 바깥쪽에서 공전하는 행성

✚ 극관

물과 이산화 탄소의 얼음으로 이루어져 있는 화성의 양극에서 하얗게 빛나는 부분으로, 극관의 크기는 여름에는 작아지고, 겨울에는 커진다.

(4) 목성형 행성의 특징

목성	토성
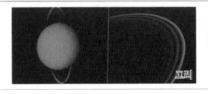	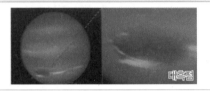
• 태양계 행성 중 크기가 가장 큼 • 표면에 가로줄 무늬가 나타나고, 적도 부근에 대기의 소용돌이로 생긴 대적반(붉은 점)이 나타남 • 고리가 존재 • 갈릴레이 위성(이오, 유로파, 가니메데, 칼리스토) 외에 많은 수의 위성이 있음	• 태양계 행성 중 크기가 두 번째로 크며, 밀도가 가장 작음 • 표면에 가로줄 무늬가 나타남 • 얼음과 암석 조각으로 이루어진 뚜렷한 고리가 존재 • 많은 수의 위성이 있고, 그중 타이탄은 대기를 가지고 있음
천왕성	해왕성
• 대기 중 메테인에 의해 청록색으로 보임 • 자전축이 거의 누운 상태로 자전함 • 고리가 존재	• 파란색으로 보임 • 표면에 대기의 소용돌이로 생긴 대흑점(검은점)이 나타나기도 함 • 가는 고리가 존재

4. 태양계의 작은 천체들

왜소 행성	태양 주위를 공전하는 둥근 천체로, 중력이 충분히 크지 않음
위성	행성 주위를 공전하는 천체로, 위성이 돌고 있는 중심 천체보다 크기와 질량이 작음
소행성	대부분 화성과 목성 궤도 사이에 띠 모양을 이루며 분포하고, 크기와 모양이 불규칙한 천체
혜성[+]	• 태양 주위를 타원 또는 포물선 궤도로 공전하는 작은 천체 • 먼지와 얼음 등으로 이루어짐 • 태양 부근에서 태양 반대쪽으로 꼬리가 생김
유성	지구에 끌려 들어온 유성체가 지구 대기와 마찰하여 빛을 내며 타는 것
운석	유성 중에 타고 남은 것이 지구 표면에 떨어진 것

+ 혜성의 꼬리

태양에 가까울수록 꼬리가 길어진다.

콕콕 개념 확인하기

1. _____ : 태양의 표면에 쌀알을 뿌려 놓은 것과 같은 무늬
2. _____ : 태양의 표면에서 주위보다 약 2000℃ 낮아서 검게 보이는 부분
3. 지구형 행성의 종류는?
4. 태양계 행성 중 크기가 가장 큰 행성은?

답 1. 쌀알 무늬 2. 흑점 3. 수성, 금성, 지구, 화성 4. 목성

2 천체 망원경

천체에서 오는 빛을 모아 상을 만들고 이를 확대하여 관측하는 기구

1. 굴절 망원경

(1) 대물렌즈(볼록렌즈)로 빛을 모으고, 접안렌즈(볼록렌즈)로 상을 확대함

(2) 별빛이 대물렌즈를 지나면서 굴절하여 초점을 형성하면서 상이 맺힘

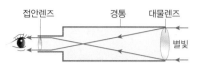

2. 반사 망원경

(1) 주경(오목거울)으로 빛을 모으고 접안렌즈(볼록렌즈)로 상을 확대함

(2) 경통으로 들어온 빛이 오목거울에서 반사되면서 상이 맺힘

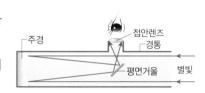

쏙쏙 이해 더하기 | **천체 망원경의 구조**

참고 망원경 사용 순서

망원경 조립하기 → 균형 맞추기 → 파인더 정렬하기 → 천체 관측하기

대물렌즈	볼록렌즈로 천체에서 오는 빛을 모음
경통	대물렌즈와 접안렌즈를 연결시키는 통
보조 망원경(파인더)	접안렌즈로 관측하기 전에 관측하고자 하는 천체를 먼저 찾을 수 있도록 함
접안렌즈(아이피스)	대물렌즈로 천체의 상을 확대하여 눈으로 볼 수 있게 함
가대(장치대)	경통과 삼각대를 연결시키는 부분으로, 경통을 움직여 망원경의 방향을 조정함
초점 조절 손잡이	천체의 상이 잘 보이도록 초점을 맞추는 역할을 함
삼각대	망원경을 고정하는 역할을 함

콕콕 개념 확인하기

1. 굴절 망원경은 _____에서 빛을 모아 _____에서 상을 확대하여 천체를 관측하는 망원경이다.

2. 반사 망원경은 _____으로 들어온 빛이 _____ 거울에서 반사되어 맺힌 상을 확대하여 관측하는 망원경이다.

답 1. 대물렌즈, 접안렌즈 2. 경통, 오목

탄탄 실력 다지기

01 다음과 같은 특징을 가진 행성은? 2013년 2회

> • 크기와 질량은 지구와 비슷하다.
> • 약 95기압의 두꺼운 이산화 탄소 대기로 둘러싸여 있다.
> • 표면 온도가 약 500℃로 매우 높고, 흔히 '샛별'이라 고도 부른다.

① 금성
③ 토성
② 목성
④ 천왕성

02 다음과 같은 현상이 관측되는 천체는? 2015년 1회

> • 흑점 • 홍염 • 쌀알 무늬

① 달
③ 태양
② 금성
④ 소행성

03 다음에 해당하는 천체는? 2015년 2회

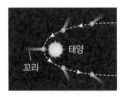

> • 그림처럼 타원이나 포물선 궤도를 따라 돌며, 태양에 가까울수록 꼬리가 길어진다.
> • 여러 성분의 얼음과 먼지들로 이루어져 있다.

① 달
③ 은하
② 위성
④ 혜성

04 다음 설명에 해당하는 행성은? 2016년 1회

> • 표면은 붉은색을 띠고 있다.
> • 극지방에는 극관이 있다.
> • 물이 흘렀던 흔적이 있다.

① 수성
③ 화성
② 금성
④ 목성

05 다음에 해당하는 태양계의 행성은? 2017년 1회

> • 고리가 있고 물보다 밀도가 작다.
> • 태양계 행성 중 크기가 두 번째로 크다.

① 수성
③ 화성
② 금성
④ 토성

06 다음 설명에 해당하는 천체는? 2017년 2회

> • 행성의 주위를 공전한다.
> • 지구의 달, 목성의 이오, 토성의 타이탄 등이 예이다.

① 위성
③ 소행성
② 혜성
④ 왜소 행성

07 다음은 천체 망원경을 이용하여 태양의 표면을 관측한 결과 보고서이다. 이 보고서에서 설명하는 현상은?

2018년 1회

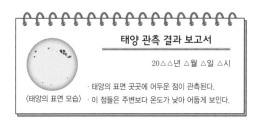

〈태양의 표면 모습〉

태양 관측 결과 보고서

20△△년 △월 △일 △시

· 태양의 표면 곳곳에 어두운 점이 관측된다.
· 이 점들은 주변보다 온도가 낮아 어둡게 보인다.

① 홍염　　　　　　② 흑점
③ 코로나　　　　　④ 플레어

08 다음 설명에 해당하는 천체는?

2019년 1회

• 태양에 가까워지면 꼬리가 생긴다.
• 태양 주위를 긴 타원 궤도나 포물선 궤도를 그리며 돈다.

① 달　　　　　　② 혜성
③ 화성　　　　　④ 북극성

09 그림은 태양계 행성을 물리적 특성에 따라 지구형 행성과 목성형 행성으로 분류한 것이다. 다음 중 목성형 행성에 속하는 것은?

2021년 1회

① 수성
② 금성
③ 화성
④ 목성

10 다음 중 태양계에 속하는 천체가 <u>아닌</u> 것은?

① 태양
② 지구
③ 위성
④ 북극성

11 태양의 둘레를 공전하는 모든 천체들과 이들이 차지하는 공간을 무엇이라고 하는가?

① 태양계
② 우리은하
③ 외부 은하
④ 성단

 주목

12 태양의 광구에서 볼 수 있으며 주위보다 약 $2000℃$ 정도 낮아서 검게 보이는 부분을 무엇이라고 하는가?

① 흑점
② 쌀알 무늬
③ 채층
④ 코로나

13 지구형 행성이 <u>아닌</u> 것은?

① 목성
② 화성
③ 수성
④ 금성

14 다음 중 고리를 가진 행성이 <u>아닌</u> 것은?

① 목성
② 토성
③ 천왕성
④ 수성

15 다음에서 설명하는 행성은?

- 지구에서 가장 밝게 보이는 행성
- 두꺼운 이산화 탄소의 대기로 덮여 있어 온실 효과가 크기 때문에 표면 온도(약 470℃)와 표면 기압(약 90기압)이 높음

① 금성
② 토성
③ 천왕성
④ 수성

16 다음 중 A에 해당하는 행성은?

① 화성
② 목성
③ 토성
④ 해왕성

17 태양계 행성들 중에서 가장 크기가 큰 행성은?

① 목성
② 토성
③ 수성
④ 지구

18 다음 중 지구형 행성의 특징이 <u>아닌</u> 것은?

① 반지름이 크다.
② 밀도가 크다.
③ 고리가 없다.
④ 자전 주기가 길다.

19 다음 그림은 태양의 흑점 수의 변화를 나타낸 것이다. 이에 대한 설명으로 옳지 <u>않은</u> 것은?

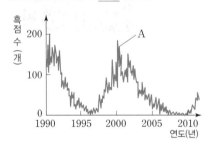

① 흑점 수는 약 11년을 주기로 변한다.
② A 시기에는 태양풍이 약하다.
③ A 시기에는 홍염과 플레어가 자주 발생한다.
④ A 시기에는 태양의 활동이 활발하다.

20 태양 활동이 활발할 때 지구에서 일어나는 현상은?

① 자기 폭풍이 발생한다.
② 오로라가 줄어든다.
③ 폭우가 내린다.
④ 지구의 크기가 작아진다.

39 별

1 별까지의 거리

1. 별의 시차와 거리

(1) 별의 연주 시차: 지구에서 6개월 간격으로 별을 관측하여 측정한 시차의 $\frac{1}{2}$

(2) 별의 시차

① 지구가 공전하기 때문에 나타남

② 가까이 있는 별일수록 연주 시차가 크게 측정됨

③ 연주 시차가 1″(초)인 별까지의 거리를 1pc(파섹) 이라고 함

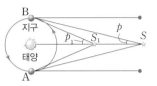

$$별까지의 거리(pc) = \frac{1}{연주 시차(″)}$$

＋ 연주 시차

· 연주 시차의 단위: ″(초)

· ″(초)는 각도를 나타내는 단위이다.

· 연주 시차 측정은 비교적 가까운 거리에 있는 별의 거리를 구할 때 이용한다.

2. 별의 밝기와 거리

(1) 별의 밝기

① 에너지를 많이 방출하는 별일수록 밝게 보임

② 방출하는 에너지양이 같은 별이라도 거리가 가까울수록 밝게 보임

(2) 별의 밝기와 거리: 별까지의 거리가 2배, 3배, 4배가 되면 밝기는 $\frac{1}{4}$배, $\frac{1}{9}$배, $\frac{1}{16}$배 로 줄어든다.

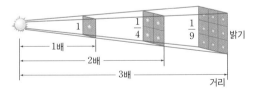

$$별의 밝기 \propto \frac{1}{별까지의 거리^2}$$

참고 별까지의 거리를 나타내는 단위

$$1AU < 1광년 < 1pc$$

· AU(천문 단위): 태양과 지구 사이 의 거리를 기준으로 한다.

➡ $1AU ≒ 1.5 \times 10^8 km$

· 광년(LY): 빛이 1년 동안 이동한 거리를 기준으로 한다.

➡ 1광년 ≒ $9.5 \times 10^{12} km$

· pc(파섹): 연주 시차가 1″(초)인 별 까지의 거리를 기준으로 한다.

➡ 1pc ≒ 3.26광년 ≒ $3.1 \times 10^{13} km$

🔍 꼼꼼 단어 돋보기

● 시차

관측자의 위치에 따라 물체의 겉보기 방향이 달라지는 정도를 각도로 나타 낸 값

2 별의 밝기와 등급

1. 별의 밝기 등급

별의 밝기는 등급으로 표시하며 숫자가 작을수록 밝은 별임

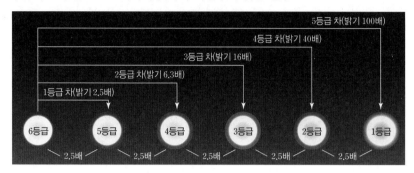

2. 겉보기 등급과 절대 등급

(1) 겉보기 등급

① 맨 눈에 보이는 별의 밝기를 나타내는 등급
② 거리를 고려하지 않고 나타냄

(2) 절대 등급

① 별이 10pc의 거리에 있다고 가정했을 때 별의 밝기를 나타낸 등급
② 별의 실제 밝기를 비교할 수 있음 ➡ 절대 등급이 작을수록 실제로 밝은 별임

참고 별의 겉보기 등급과 절대 등급

	겉보기 등급	절대 등급
태양	−26.8	4.8
리겔	0.1	−6.8
북극성	2.0	−3.6
데네브	1.3	−6.9
시리우스	−1.5	1.4
베텔게우스	0.4	−5.5

3. 별의 등급과 거리 관계

겉보기 등급 > 절대 등급	• 10pc보다 멀리 있는 별 • 겉보기 등급−절대 등급>0
겉보기 등급 = 절대 등급	• 10pc에 있는 별 • 겉보기 등급−절대 등급=0
겉보기 등급 < 절대 등급	• 10pc보다 가까이 있는 별 • 겉보기 등급−절대 등급<0

쏙쏙 이해 더하기 | **별의 색과 표면 온도**

표면 온도가 낮을수록 붉은색을 띠고, 표면 온도가 높아지면 점차 노란색, 흰색, 파란색을 띤다.

	파란색	청백색	흰색	황백색	노란색	주황색	붉은색
표면 온도(℃)	30000 이상	10000~30000	7500~10000	6000~7500	5000~6000	3500~5000	3500 이하
예	알니타크 (오리온자리 제외)	리겔	시리우스	북극성	태양	알데바란	베텔게우스

콕콕 개념 확인하기

1. 별의 밝기는 등급의 숫자가 _____수록 밝은 별이다.
2. 절대 등급은 별이 _____pc의 거리에 있다고 가정했을 때 별의 밝기를 나타낸 등급이다.

답 1. 작을 2. 10

01 다음 중 표면 온도가 가장 높은 별은? 2016년 2회

① 흰색 별 ② 노란색 별
③ 붉은색 별 ④ 파란색 별

02 그림은 별 A, B의 연주 시차를 나타낸 것이다. 별 A 까지의 거리가 10pc일 때 별 B까지의 거리는?

2019년 2회

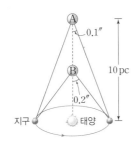

① 1pc ② 5pc
③ 10pc ④ 20pc

03 가까운 별의 연주 시차를 구하기 위해 지구에서 관측해야 하는 최소한의 기간은?

① 2개월 ② 3개월
③ 6개월 ④ 9개월

04 지구에서 가장 거리가 가까운 별은?

	별	시차
①	견우성	0.4″
②	직녀성	0.26″
③	시리우스	0.76″
④	베텔게우스	0.016″

05 지구로부터 가장 가까이 있는 별은?

① 1pc에 있는 별
② 1AU에 있는 별
③ 3.26광년에 있는 별
④ 연주 시차가 1″인 별

06 4등급인 별이 100개 모여 있을 때, 이는 몇 등급의 별과 같은 밝기인가?

① −4등급 ② −1등급
③ 0등급 ④ 3등급

07 다음 중 32.6 광년보다 멀리 있는 별은?

	겉보기 등급	절대 등급
①	−26	3
②	5	5
③	6	10
④	15	0

주목

08 지구에서 100pc떨어진 곳에 있는 겉보기 등급이 2등급인 별의 절대 등급은?

① −3등급 ② 1등급
③ 2등급 ④ 3등급

40 은하와 우주

1 우리은하

1. 우리은하

☆(1) **우리은하**: 태양계가 속해 있는 은하로, 막대 나선 은하임
  ① 포함된 별의 수: 약 2000억 개
  ② 우리은하의 크기: 지름 약 10만 광년, 중심부의 두께 약 1.5만 광년
  ③ 우리은하의 모양[+]
   • 위에서 본 모습: 은하 중심부에 막대 모양이 있고, 그 끝에서 나선 모양으로 뻗어 나옴
   • 옆에서 본 모습: 중심부가 부풀어 있는 납작한 원반 모양
  ④ 태양계의 위치: 우리은하 중심에서 약 3만 광년 떨어진 나선팔에 있음

(2) **은하수**: 밤하늘을 가로지르는 희미한 띠로 무수히 많은 별이 모여 있는 것
  ① 우리은하의 일부가 보이는 것
  ② 북반구와 남반구에서 모두 보임
  ③ 우리나라에서는 여름철에 폭이 넓고 선명하게 보이고, 겨울철에 희미하게 보임
  ④ 우리나라에서는 궁수자리 방향을 보았을 때 가장 넓고 밝게 보임
  ⑤ 검게 보이는 부분은 성간 물질에 의해 빛이 가로막힌 것임

2. 우리은하의 구성원

(1) **성단**: 수많은 별이 무리를 지어 모여 있는 집단으로, 모양에 따라 구상 성단과 산개 성단으로 구분함

구분	구상 성단	산개 성단
모양		
정의	수만~수십만 개의 별들이 공 모양으로 빽빽하게 모여 있는 성단	수십~수만 개의 별들이 비교적 엉성하게 모여 있는 성단
나이	많음	적음
색	붉은색	파란색
표면 온도	낮음	높음
우리은하에서의 분포	은하 중심부, 바깥 영역	나선팔

+ 우리은하의 모양
• 위에서 본 모습

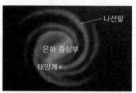

나선팔
은하 중심부
태양계

• 옆에서 본 모습

은하 중심부
3만 광년
10만 광년

+ 은하수

🔍 꼼꼼 단어 돋보기

● **구상**
공처럼 둥근 모양

● **산개**
흩어져 벌어짐

(2) **성운**: 별과 별 사이에 *성간 물질이 밀집되어 구름처럼 보이는 천체

방출 성운	반사 성운	암흑 성운
• 주위의 별들로부터 에너지를 흡수하여 스스로 빛을 내는 성운 • 주로 붉은색을 띰	• 주위에 있는 밝은 별의 별빛을 반사하여 밝게 보이는 성운 • 주로 파란색을 띰	• 가스나 티끌이 뒤에서 오는 별빛을 가려 어둡게 보이는 성운 • 검은색을 띰
장미 성운, 오리온 대성운	부메랑 성운, 마귀할멈 성운	말머리 성운, 독수리 성운

참고 외부 은하

우리은하 밖에 있는 은하로, 허블이 최초로 발견하였다.

쏙쏙 이해 더하기   **은하의 분류**

은하의 모양에 따라 분류한다.

정상 나선 은하	막대 나선 은하	타원 은하	불규칙 은하
은하 중심에서 바로 나선팔이 휘어져 나온 모양	은하 중심을 가로지르는 막대 모양 끝에서 나선팔이 휘어져 나온 모양	나선팔이 없는 타원 모양	비대칭적이거나 불규칙한 모양

콕콕 개념 확인하기

1. 은하 중 태양계가 속해 있는 은하를 _____(이)라고 한다.
2. 성간 물질이 밀집되어 구름처럼 보이는 천체를 _____(이)라고 한다.
3. 성단은 모양에 따라 _____(와)과 _____(으)로 구분된다.

답   1. 우리은하   2. 성운   3. 구상 성단, 산개 성단

2 우주의 팽창

1. 우주의 팽창

① 우주 공간은 중심 없이 모든 방향으로 균일하게 팽창함
② 우주의 어느 지점에서 보더라도 은하들이 관측자로부터 멀어지고 있음
③ 은하들 사이의 거리가 멀어지고 있는 것은 우주가 팽창하여 공간이 늘어나기 때문
④ 팽창하는 우주에는 특별한 중심이 없음
⑤ 멀리 있는 은하일수록 속도가 더 빨라짐

꼼꼼 단어 돋보기

● **성간 물질**

수소, 헬륨 등과 같은 가스나 작은 티끌과 같은 물질

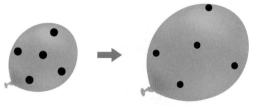

- 풍선은 우주, 스티커를 은하에 비유할 수 있다.
- 풍선이 부풀어 오르면 스티커 사이의 간격이 멀어진다.
- 팽창하는 풍선 표면에는 중심이 없으며, 모든 방향으로 균일하게 팽창한다.

2. 대폭발 우주론(빅뱅 우주론)

먼 과거에 하나의 작은 점이 폭발하여 시작된 우주가 점점 팽창하여 현재의 우주가 되었다는 이론 ➡ 과거의 우주는 지금보다 크기가 작고 온도가 높았음

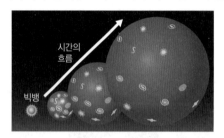

- 우주와 지구 환경을 이해하고 탐사 기술을 실생활에 응용하기 위해서 시작되었다.
- 우주 탐사를 위해 개발된 기술은 정수기, 안경테, 치아 교정기, 전자레인지 등에 응용되었다.

1950년대	우주 개발 시작	스푸트니크 1호 발사(1957) ─ 최초의 인공위성
1960년대	주로 달 탐사	보스토크호(1961) ─ 첫 유인 우주선 아폴로 11호(1969) ─ 최초 달 착륙
1970년대	주로 태양계 행성 탐사	바이킹 1호(1976) ─ 화성 착륙 보이저호(1977) ─ 목성형 행성 탐사
1980년대	주로 태양계 행성	우주 왕복선(1981)
1990년대	다양한 장비로 우주 탐사	허블 우주 망원경(1990) 소호 위성(1995) ─ 태양 탐사
2000년대 이후	국가 간 협력이 늘어남	딥임팩트호(2005) ─ 혜성과 충돌할 때까지 자료 전송 국제 우주 정거장(ISS)

콕콕 개념 확인하기

1. 먼 과거에 한 점에서 시작된 우주가 점점 팽창하여 현재의 우주가 되었다는 이론을 _____ (이)라고 한다.

답   1. 대폭발 우주론(빅뱅 우주론)

01 그림의 A처럼 뒤쪽에서 오는 별빛을 가려서 어둡게 보이는 천체는? 2018년 1회

① 구상 성단
② 반사 성운
③ 산개 성단
④ 암흑 성운

02 그림 (가)는 우리은하를 옆에서 본 모습을, 그림 (나)는 우리은하를 위에서 본 모습을 나타낸 것이다. A~D 중 태양계의 위치는? 2018년 2회

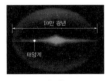 

(가)   (나)

① A
② B
③ C
④ D

03 다음 설명에 해당하는 은하는? 2019년 1회

• 막대 모양 구조와 나선팔이 있다.
• 우리은하가 이에 속한다.

① 타원 은하
② 불규칙 은하
③ 막대 나선 은하
④ 정상 나선 은하

04 지구에서 바라본 우리은하의 일부로 그림과 같이 밤하늘에 희뿌연 띠 모양으로 관측되는 것은? 2021년 1회

① 맨틀
② 흑점
③ 오존층
④ 은하수

05 다음 중 구상 성단에 대한 설명으로 옳지 <u>않은</u> 것은?

① 나이가 많은 별들의 집단이다.
② 붉은색을 띠고 있다.
③ 표면 온도가 높다.
④ 은하 중심부와 주변 구형 공간에 위치한다.

07 우리은하에 대한 설명으로 옳지 <u>않은</u> 것은?

① 우리은하는 막대 나선 은하이다.
② 태양계는 우리은하 중심에 위치한다.
③ 우리은하에는 약 2000억 개의 별이 포함되어 있다.
④ 막대 모양의 중심부와 주변부에는 나선팔이 있다.

06 주위의 별로부터 에너지를 흡수하여 스스로 빛을 내는 성운은?

① 방출 성운
② 반사 성운
③ 암흑 성운
④ 행성상 성운

08 은하를 분류하는 기준은?

① 은하의 색깔
② 은하의 크기
③ 은하의 위치
④ 은하의 모양

09 다음 성단에 대한 설명으로 옳은 것은?

① 구상 성단이다.
② 붉은색 별이 많이 있다.
③ 나이가 젊은 별들이다.
④ 표면 온도가 낮다.

11 다음은 풍선 표면에 스티커를 붙이고 바람을 불어 넣어 관찰한 것이다. 실험의 내용으로 옳은 것은?

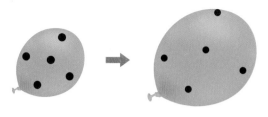

① 풍선 입구 쪽 스티커만 서로 멀어진다.
② 우주의 수축을 나타내는 실험이다.
③ 풍선 표면은 은하, 스티커는 성간 물질을 나타낸다.
④ 스티커는 중심이 없이 풍선 표면에서 서로 멀어진다.

10 은하수에 대한 설명으로 옳지 <u>않은</u> 것은?

① 우리은하의 일부가 보이는 것이다.
② 우리나라에서는 여름철에 폭이 넓고 선명하게 보인다.
③ 성간 물질이 다른 곳에 비하여 많이 모이는 곳이다.
④ 궁수자리 방향이 가장 넓고 밝게 보인다.

12 우주에 대한 설명으로 옳지 <u>않은</u> 것은?

① 우주 공간은 우리은하를 중심으로 점점 팽창하고 있다.
② 안드로메다 은하에서 볼 때 우리은하는 점점 멀어지고 있다.
③ 빅뱅 우주론에 따르면 하나의 작은 점이 폭발하여 우주가 시작되었다.
④ 과거의 우주는 지금보다 작고 온도가 높았을 것이다.

에듀윌이
너를
지지할게
ENERGY

어둡다고 불평하는 것보다
촛불을 켜는 것이 더 낫다.
고민하는 대신
거기 언제나 무엇인가
할 수 있는 일이 있다.

– 아잔 브라흐마(Ajan Brahma), 「술취한 코끼리 길들이기」

모바일 OMR
채점 & 성적 분석

QR 코드를 활용하여, 쉽고 빠른
응시 – 채점 – 성적 분석을 해 보세요!

| STEP 1 | QR 코드 스캔 |

| STEP 2 | 모바일 OMR 작성 |

| STEP 3 | 채점 결과 & 성적 분석 확인 |

해당 서비스는 2025. 08. 31까지만 이용하실 수 있습니다.

▶ **QR 코드는 어떻게 스캔하나요?**

① 네이버앱 ⇨ 그린닷 ⇨ 렌즈

② 카카오톡 ⇨ 더보기 ⇨ 코드 스캔(우측 상단 ⫶ 모양)

③ 스마트폰 내장 카메라 사용(촬영 버튼을 누르지 않고 카메라
   화면에 QR 코드를 비추면 URL이 자동으로 뜬답니다.)

최종
실력점검

실전 모의고사 **1** 회   278

실전 모의고사 **2** 회   282

🕐 제한시간: 30분

정답과 해설 42쪽

01 다음 설명에 해당하는 힘은?

> • 중력과 항상 반대 방향으로 작용한다.
> • 물속에 잠긴 부피가 클수록 힘의 크기가 크다.

① 마찰력   ② 탄성력
③ 전기력   ④ 부력

02 다음 중 소리의 세기가 가장 큰 것은?

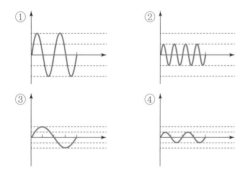

03 공을 10m 높이까지 수직으로 던져 올렸다. 공이 던져지는 순간부터 10m 높이까지 이 공이 가지는 역학적 에너지의 관계를 옳게 나타낸 것은?(단, 마찰에 의한 에너지 손실은 없다.)

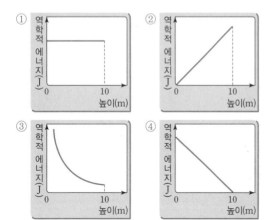

04 다음 설명에 해당하는 열의 이동 방법은?

> • 물질이 이동하지 않고 열만 이동한다.
> • 주로 고체에서 일어나는 열의 이동 방법이다.

① 전도   ② 대류
③ 복사   ④ 단열

05 어떤 물체가 다음 그래프와 같은 등속 직선 운동을 하였다. 이 물체가 10초 동안 움직인 거리는?

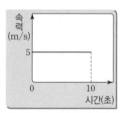

① 10m   ② 50m
③ 100m   ④ 500m

06 다음 중 전력량이 가장 큰 전기 제품은?

	제품	소비 전력(W)	사용 시간(h)
①	에어컨	800	1
②	TV	300	5
③	라디오	150	3
④	전등	100	10

07 다음에서 설명하는 원소의 이름과 기호를 옳게 짝 지은 것은?

> 가장 가벼운 원소로 산소와 함께 물을 구성하는 성분이다.

① 질소—H
② 수소—H
③ 마그네슘—Hg
④ 헬륨—He

08 다음은 동일한 기체에 작용한 압력의 변화에 따른 부피를 측정한 표이다. A와 B에 들어갈 값을 순서대로 옳게 나열한 것은?(단, 온도는 일정하다.)

압력(기압)	1기압	2기압	4기압	A
부피(L)	12L	B	3L	2L

① 5기압, 5L
② 5기압, 6L
③ 6기압, 5L
④ 6기압, 6L

09 다음 상태 변화 중 입자의 배열이 불규칙해지는 것은?

① 쇳물이 식어 철이 된다.
② 젖은 빨래가 마른다.
③ 이른 아침에 안개가 낀다.
④ 냉동실에 성에가 생긴다.

10 5개의 물 분자를 나타낸 분자식은?

① $2H_5O$
② $5H_2O$
③ $2NH_3$
④ $5NH_3$

11 다음 중 수소, 설탕, 구리 등과 같은 순물질의 특성이 아닌 것은?

① 끓는점이 일정하지 않다.
② 어는점과 녹는점이 같다.
③ 밀도가 일정하다.
④ 용해도가 일정하다.

12 다음 반응에서 공통적으로 일어나는 현상과 반응 전과 반응 후의 전체 질량 변화를 순서대로 옳게 나열한 것은?

> • 염화 나트륨+질산 은 → 질산 나트륨+염화 은
> • 질산 납+아이오딘화 칼륨 → 질산 칼륨+아이오딘화 납

① 기체 발생, 전체 질량 감소
② 앙금 생성, 전체 질량 증가
③ 기체 생성, 전체 질량 일정
④ 앙금 생성, 전체 질량 일정

13 생물의 5계 중 핵이 없는 계는?

① 동물계
② 원생생물계
③ 균계
④ 원핵생물계

14 식물의 기체 교환에 대한 설명으로 옳은 것은?

① 낮에는 호흡량이 광합성량보다 많다.
② 밤에는 광합성량이 호흡량보다 많다.
③ 아침과 저녁에는 광합성과 호흡을 모두 하지 않는다.
④ 밤에는 산소를 흡수한다.

15 다음 혈액의 구성 성분에 대한 설명으로 옳지 <u>않은</u> 것은?

① 혈장: 대부분 물로 이루어짐
② 적혈구: 커다란 핵이 있고 조직 세포에 이산화 탄소를 운반함
③ 백혈구: 모양이 불규칙하고 식균 작용을 함
④ 혈소판: 혈액을 응고시킴

16 다음은 정상인의 혈장, 여과액, 오줌 속에 들어 있는 물질의 농도이다. 이 물질은 무엇인가?(단위: g/100mL)

혈장	여과액	오줌
0.1	0.1	0

① 물
② 단백질
③ 포도당
④ 요소

17 다음 표를 통해 사람이 가장 예민하게 느끼는 감각은?

피부의 감각점	통점	촉점	냉점	온점
개수 (1cm² 당)	150	25	10	3

① 통증
② 닿는 정도
③ 차가운 정도
④ 따뜻한 정도

18 동물의 체세포 분열과 생식 세포 분열에 대한 설명 중 옳지 <u>않은</u> 것은?

	구분	체세포 분열	생식 세포 분열
①	분열 횟수	1	2
②	2가 염색체	만들어짐	만들지 않음
③	딸세포 수	2	4
④	염색체 수	변화 없음	반으로 줄어듦

19 다음의 중추 신경계 중 눈의 운동을 조절하는 부분은?

① 대뇌
② 소뇌
③ 중간뇌
④ 간뇌

20 지구 내부의 구조 중 두께가 가장 두꺼운 층과 압력이 가장 높은 층을 순서대로 나열한 것은?

① 지각, 외핵
② 내핵, 맨틀
③ 외핵, 내핵
④ 맨틀, 내핵

21 다음 중 대기권에서 구름이 생성되고 눈과 비가 내리는 기상 현상이 나타나는 곳은?

① 대류권
② 성층권
③ 중간권
④ 열권

22 구름이 만들어지는 과정 중 (   )에 들어갈 말을 순서대로 나열한 것은?

> 공기 상승 → (   ) → 온도 하강 → (   )
> 도달 → 수증기 응결 → 구름 생성

① 단열 수축, 이슬점
② 단열 수축, 끓는점
③ 단열 팽창, 이슬점
④ 단열 팽창, 끓는점

23 별의 거리가 1pc에서 3pc으로 멀어진다면 별의 밝기는?

① 3배 밝아진다.
② 9배 밝아진다.
③ $\frac{1}{3}$배 어두워진다.
④ $\frac{1}{9}$배 어두워진다.

24 어떤 광물에 클립을 가까이 가져갔더니 달라붙었다. 이 광물은 무엇인가?

① 석영
② 흑운모
③ 자철석
④ 방해석

25 6월에 지구에서 한밤중에 볼 수 있는 별자리는?

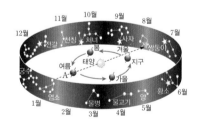

① 전갈자리
② 사자자리
③ 황소자리
④ 양자리

🕐 제한시간: 30분

정답과 해설 **44쪽**

01 흰 종이 위에서 빛을 합성시켰을 때 나타나는 색으로 옳은 것은?

① 빨간색＋초록색＝자홍색
② 빨간색＋파란색＝노란색
③ 초록색＋파란색＝청록색
④ 빨간색＋초록색＋파란색＝검정색

02 온도가 20℃인 물체 A와 온도가 80℃인 물체 B를 접촉하였더니 1시간 뒤에 두 물체 A와 B의 온도가 60℃로 일정해졌다. 이와 관련된 설명으로 옳지 <u>않은</u> 것은?

① 물체 A는 열을 얻었다.
② 물체 B는 입자 운동이 활발해졌다.
③ 두 물체는 60℃에서 열평형 상태에 도달했다.
④ 물체 A가 얻은 열량은 물체 B가 잃은 열량과 같다.

03 다음의 도선 중 저항이 가장 큰 것은?

	길이 (cm)	굵기(mm²)
①	5	10
②	5	20
③	15	10
④	15	20

04 털가죽과 플라스틱 막대를 마찰시켰더니 털가죽은 (＋)전하로, 플라스틱 막대는 (－)전하로 대전되었다. 이와 같이 마찰 전기가 발생하는 원인은?

① 털가죽에서 플라스틱 막대로 전자가 이동했기 때문이다.
② 플라스틱 막대에서 털가죽으로 전자가 이동했기 때문이다.
③ 털가죽에서 플라스틱 막대로 원자핵이 이동했기 때문이다.
④ 플라스틱 막대에서 털가죽으로 원자핵이 이동했기 때문이다.

05 농구공을 10m 높이에서 가만히 떨어뜨렸다. 이에 대한 설명으로 옳은 것은?(단, 공기 저항은 무시한다.)

① 공의 속력은 일정하게 증가한다.
② 공의 운동 방향은 끊임없이 변한다.
③ 공에 작용하는 중력의 크기가 점점 증가한다.
④ 공은 중력과 반대 방향으로 운동한다.

06 에너지가 전환되는 과정으로 옳은 것은?

① 선풍기: 운동 에너지 → 전기 에너지
② 광합성: 빛에너지 → 소리 에너지
③ 풍력 발전: 운동 에너지 → 전기 에너지
④ 모닥불: 전기 에너지 → 빛에너지

07 열린 공간에서 다음과 같은 반응이 일어났다. 반응 전후의 비교에 대한 설명으로 옳지 <u>않은</u> 것은?

> 탄산 칼슘＋염화 수소 → 염화 칼슘＋물＋이산화 탄소

	반응 전	비교	반응 후
①	수소 원자 수	=	수소 원자 수
②	측정된 질량	>	측정된 질량
③	측정된 질량	<	측정된 질량
④	염소 원자 수	=	염소 원자 수

08 화학 반응 시 주변의 온도가 올라가는 반응을 무엇이라고 하며, 열의 출입은 어떻게 되는지 옳게 순서대로 나열한 것은?

① 발열 반응, 열 방출
② 발열 반응, 열 흡수
③ 흡열 반응, 열 방출
④ 흡열 반응, 열 흡수

09 다음과 같은 변화 중 물질의 고유한 성질이 변하지 <u>않</u>는 것은?

① 잉크가 물속으로 퍼진다.
② 과일이 익는다.
③ 석회수에 입김을 넣으면 뿌옇게 흐려진다.
④ 양초가 탄다.

10 다음 중 열에너지를 흡수하는 상태 변화는?

① 응고
② 액화
③ 승화(기체 → 고체)
④ 승화(고체 → 기체)

11 일정한 온도에서 기체가 들어 있는 주사기의 끝을 막고 피스톤을 누르면 증가하는 것은?

① 기체 입자 수
② 기체 입자의 종류
③ 기체 입자 사이 거리
④ 기체의 압력

12 다음은 구리와 산소가 반응하여 산화 구리(Ⅱ)가 생성될 때 구리의 질량과 산화 구리(Ⅱ)의 질량 관계를 그래프로 나타낸 것이다. 10g의 산화 구리(Ⅱ)를 만들기 위해 필요한 산소의 질량은?

① 1g
② 2g
③ 4g
④ 8g

13 다음과 가장 관계 깊은 것은 무엇인가?

> • 같은 종류의 달팽이지만 각자 다른 무늬와 색이 있다.
> • 사람마다 다른 생김새를 가진다.

① 변이
② 남획
③ 생태계 유지
④ 적응

14 광합성에 영향을 미치는 환경 요인이 <u>아닌</u> 것은?

① 빛의 세기
② 산소의 농도
③ 이산화 탄소의 농도
④ 온도

15 건강한 사람의 심장에서 대동맥과 연결된 벽이 가장 두꺼운 구조는 어디인가?

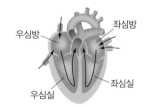

① 우심방
② 좌심방
③ 우심실
④ 좌심실

16 다음 중 혀에서 느끼는 기본 맛이 <u>아닌</u> 것은?

① 짠맛
② 단맛
③ 신맛
④ 매운맛

17 우리의 몸은 환경이 변하더라도 체내 환경을 일정하게 유지하려는 성질(항상성)이 있다. 이에 대한 예가 <u>아닌</u> 것은?

① 공복 시 혈당량을 유지하기 위해 글루카곤이 분비된다.
② 더우면 땀이 나서 체온을 유지한다.
③ 오줌의 양을 조절하여 체내 수분량을 일정하게 한다.
④ 사춘기가 되면 2차 성징이 나타난다.

18 다음은 초인종 소리를 듣고 문을 열어주기까지의 신경계의 과정이다. (　　) 안에 들어갈 말을 순서대로 나열한 것은?

> 초인종 소리 → (　　　　) → (　　　　) → 운동 뉴런 → 근육

① 운동 뉴런, 연합 뉴런
② 감각 뉴런, 연합 뉴런
③ 연합 뉴런, 감각 뉴런
④ 감각 뉴런, 운동 뉴런

19 다음은 아이와 각각 그들의 부모의 혈액형이다. 아이의 부모를 옳게 짝 지은 것은?

민정	지연	사랑
O형	AB형	B형

부모 1	부모 2	부모 3
A형, B형	O형, AB형	A형, A형

① 민정 ― 부모 1
② 지연 ― 부모 2
③ 사랑 ― 부모 3
④ 지연 ― 부모 1

20 퇴적물과 퇴적암을 옳게 짝 지은 것은?

① 진흙 ― 역암
② 화산재 ― 셰일
③ 석회 물질 ― 편마암
④ 모래 ― 사암

21 해수의 연직 수온 분포 중 수심이 깊을수록 수온이 급격히 낮아지는 구간과 그 특징으로 옳은 것은?

① 혼합층 ― 바람에 의해 수온이 일정함
② 수온 약층 ― 바람에 의해 해수가 잘 섞임
③ 수온 약층 ― 해수가 섞이지 않음
④ 심해층 ― 수온이 매우 낮은 층

22 다음 중 염분이 높은 바다의 특징으로 옳지 않은 것은?

① 증발량이 강수량보다 많다.
② 담수가 흘러든다.
③ 밀도가 높아진다.
④ 중위도 지역이다.

23 다음 별들은 절대 등급이 모두 2등급으로 같다. 겉보기 등급이 다음과 같다면 가장 지구에 가까이 있는 별은?

구분	A	B	C	D
겉보기 등급	0등급	2등급	4등급	6등급

① A
② B
③ C
④ D

24 다음 중 우리나라의 여름철에 영향을 주는 고온 다습한 성질을 가지는 기단은?

① 시베리아 기단
② 북태평양 기단
③ 양쯔강 기단
④ 오호츠크해 기단

25 우리은하에 대한 설명으로 옳지 않은 것은?

① 막대 모양의 중심부가 있다.
② 나선팔이 없다.
③ 태양계가 속해 있다.
④ 우리은하 중심부에는 구상 성단이 분포한다.

끝이 좋아야 시작이 빛난다.

– 마리아노 리베라(Mariano Rivera)

2025 중졸 검정고시 기본서 과학

발 행 일	2024년 7월 26일 초판
편 저 자	홍희진
펴 낸 이	양형남
개 발	정상욱, 김민서, 오유진
펴 낸 곳	(주)에듀윌
등록번호	제25100–2002–000052호
주 소	08378 서울특별시 구로구 디지털로34길 55
	코오롱싸이언스밸리 2차 3층

www.eduwill.net

대표전화 1600-6700

여러분의 작은 소리
에듀윌은 크게 듣겠습니다.

본 교재에 대한 여러분의 목소리를 들려주세요.
공부하시면서 어려웠던 점, 궁금한 점,
칭찬하고 싶은 점, 개선할 점, 어떤 것이라도 좋습니다.

에듀윌은 여러분께서 나누어 주신 의견을
통해 끊임없이 발전하고 있습니다.

에듀윌 도서몰 book.eduwill.net
- 부가학습자료 및 정오표: 에듀윌 도서몰 → 도서자료실
- 교재 문의: 에듀윌 도서몰 → 문의하기 → 교재(내용, 출간) / 주문 및 배송

중졸・고졸 검정고시 답안지

문번	답 란
1	① ② ③ ④
2	① ② ③ ④
3	① ② ③ ④
4	① ② ③ ④
5	① ② ③ ④
6	① ② ③ ④
7	① ② ③ ④
8	① ② ③ ④
9	① ② ③ ④
10	① ② ③ ④

문번	답 란
11	① ② ③ ④
12	① ② ③ ④
13	① ② ③ ④
14	① ② ③ ④
15	① ② ③ ④
16	① ② ③ ④
17	① ② ③ ④
18	① ② ③ ④
19	① ② ③ ④
20	① ② ③ ④

문번	답 란
21	① ② ③ ④
22	① ② ③ ④
23	① ② ③ ④
24	① ② ③ ④
25	① ② ③ ④

※ 수학 과목은 20문항임.

학력구분	
중졸	○
고졸	○

교시 표기란	과목명
1 ○	
2 ○	
3 ○	
4 ○	
5 ○	
6 ○	
7 ○	

※ 중졸 검정고시는 6과목임.

성 명 (한 글)	
수 험 번 호	

(1)

(2)

⓪	⓪	⓪	⓪	⓪	⓪
①	①	①	①	①	①
②	②	②	②	②	②
③	③	③	③	③	③
④	④	④	④	④	④
⑤	⑤	⑤	⑤	⑤	⑤
⑥	⑥	⑥	⑥	⑥	⑥
⑦	⑦	⑦	⑦	⑦	⑦
⑧	⑧	⑧	⑧	⑧	⑧
⑨	⑨	⑨	⑨	⑨	⑨

※ 응시자는 표기하지 마시오.

결시자표기란
○

감독관확인란

※ 응시회차, 학력, 교시 확인인 후 감독관 날인.

중졸 · 고졸 검정고시 답안지

문번	답 란
1	① ② ③ ④
2	① ② ③ ④
3	① ② ③ ④
4	① ② ③ ④
5	① ② ③ ④
6	① ② ③ ④
7	① ② ③ ④
8	① ② ③ ④
9	① ② ③ ④
10	① ② ③ ④

문번	답 란
11	① ② ③ ④
12	① ② ③ ④
13	① ② ③ ④
14	① ② ③ ④
15	① ② ③ ④
16	① ② ③ ④
17	① ② ③ ④
18	① ② ③ ④
19	① ② ③ ④
20	① ② ③ ④

문번	답 란
21	① ② ③ ④
22	① ② ③ ④
23	① ② ③ ④
24	① ② ③ ④
25	① ② ③ ④

※ 수학 과목은 20문항임.

학력구분	
중졸	○
고졸	○

교시	표기란	과목명
1	○	
2	○	
3	○	
4	○	
5	○	
6	○	
7	○	

※ 중졸 검정고시는 6과목임.

성 명 (한 글)						

수 험 번 호						
	⓪	⓪	⓪	⓪	⓪	⓪
	①	①	①	①	①	①
	②	②	②	②	②	②
	③	③	③	③	③	③
	④	④	④	④	④	④
	⑤	⑤	⑤	⑤	⑤	⑤
	⑥	⑥	⑥	⑥	⑥	⑥
	⑦	⑦	⑦	⑦	⑦	⑦
	⑧	⑧	⑧	⑧	⑧	⑧
	⑨	⑨	⑨	⑨	⑨	⑨

(1) / (2)

※ 응시자는 표기하지 마시오.

결시자표기란
○

감독관확인란

※ 응시회차, 학력, 교시 확인 후 감독관 날인.

중졸·고졸 검정교시 답안지

문번	답 란
1	① ② ③ ④
2	① ② ③ ④
3	① ② ③ ④
4	① ② ③ ④
5	① ② ③ ④
6	① ② ③ ④
7	① ② ③ ④
8	① ② ③ ④
9	① ② ③ ④
10	① ② ③ ④

문번	답 란
11	① ② ③ ④
12	① ② ③ ④
13	① ② ③ ④
14	① ② ③ ④
15	① ② ③ ④
16	① ② ③ ④
17	① ② ③ ④
18	① ② ③ ④
19	① ② ③ ④
20	① ② ③ ④

문번	답 란
21	① ② ③ ④
22	① ② ③ ④
23	① ② ③ ④
24	① ② ③ ④
25	① ② ③ ④

※ 수학 과목은 20문항임.

학력구분	
중졸	○
고졸	○

교시	표기란	과목명
1	○	
2	○	
3	○	
4	○	
5	○	
6	○	
7	○	

※ 중졸 검정교시는 6과목임.

성 명 (한 글)

수 험 번 호					
(1)					
(2) ⓪ ① ② ③ ④ ⑤ ⑥ ⑦ ⑧ ⑨	⓪ ① ② ③ ④ ⑤ ⑥ ⑦ ⑧ ⑨	⓪ ① ② ③ ④ ⑤ ⑥ ⑦ ⑧ ⑨	⓪ ① ② ③ ④ ⑤ ⑥ ⑦ ⑧ ⑨	⓪ ① ② ③ ④ ⑤ ⑥ ⑦ ⑧ ⑨	⓪ ① ② ③ ④ ⑤ ⑥ ⑦ ⑧ ⑨

※ 응시자는 표기하지 마시오.

결시자표기란
○

감독관확인란

※ 응시회차, 학력, 교시 확인 후 감독관 날인.

이제 국비무료 교육도
에듀윌

수강생을 반겨주는 에듀윌의 환한 복도 (구로)

언제나 전문 학습 매니저와 상담이 가능한 안내데스크 (부평)

고품질 영상 및 음향 장비를 갖춘 최고의 강의실 (구로)

재충전을 위한 카페 분위기의 아늑한 휴게실 (부평)

다용도로 활용이 가능한 휴게실 (성남)

전기/소방/건축/쇼핑몰/회계/컴활 자격증 취득
국민내일배움카드제

에듀윌 국비교육원 대표전화

국비교육원
바로가기

서울 구로	02)6482-0600	구로디지털단지역 2번 출구
경기 성남	031)604-0600	모란역 5번 출구
인천 부평	032)262-0600	부평역 5번 출구
인천 부평2관	032)263-2900	부평역 5번 출구

2025 최신판

에듀윌
중졸 검정고시
기본서 과학

정답과 해설

eduwill

2025 최신판

에듀윌
중졸 검정고시
기본서 과학

2025 최신판

에듀윌
중졸 검정고시
기본서 과학

정답과 해설

eduwill

탄탄 실력 다지기

I 생물

01 생물 다양성과 분류   18쪽

01	①	02	③	03	①	04	①	05	④
06	①	07	④	08	①	09	④	10	③

01 ①

| 정답해설 | 포자로 번식하는 버섯과 곰팡이는 균계에 속한다.

02 ③

| 정답해설 | 국립 공원 지정은 생물 다양성을 보전하기 위한 국가적 노력에 해당한다.
| 오답해설 | 서식지 파괴, 외래종, 남획 등은 생물 다양성을 감소시키는 원인이 된다.

03 ①

| 정답해설 | 변이는 같은 종의 생물 사이에서 나타나는 다른 특징이다. 호랑이와 사슴은 서로 다른 종이므로 변이가 아니다.

04 ①

| 정답해설 | 생태 통로를 설치하여 서식지 파괴에 의한 생물 다양성 감소를 막고자 한다.
| 오답해설 | 멸종 위기종 지정은 남획에 대한 대책이며, 쓰레기 줄이기와 환경 정화 시설 설치는 환경 오염에 대한 노력이다.

05 ④

| 정답해설 | 종자 식물과 포자 식물은 식물의 번식 방법에 따른 분류에 속한다. 종자 식물은 꽃을 피우고 씨로 번식하는 반면, 포자 식물은 꽃을 피우지 않고 포자로 번식한다.

06 ①

| 정답해설 | 종 < 속 < 과 < 목 < 강 < 문 < 계

07 ④

| 정답해설 | 교배하여 생식 능력이 있는 자손을 얻을 수 있으려면 종이 같아야 한다.

08 ①

| 정답해설 | • 핵이 없는 생물의 계: 원핵생물계
• 핵이 있는 생물의 계: 원생생물계, 식물계, 균계, 동물계

09 ④

| 정답해설 | 균계에 대한 설명이다.

10 ③

| 정답해설 | 미역은 원생생물계 중 다세포로 이루어진 생물에 해당한다.

02 광합성과 호흡   25쪽

01	②	02	③	03	①	04	③	05	③
06	③	07	④	08	②	09	①	10	①
11	①	12	②	13	②	14	①	15	④
16	①	17	②	18	②	19	①	20	④

01 ②

| 정답해설 | 식물의 표피에는 엽록체를 포함한 공변세포가 있으며, 2개의 공변세포 사이에서 기공이 만들어진다. 이 기공을 통해서 식물체 안에 있던 물이 수증기로 바뀌어 공기 중으로 날아가는 증산 작용이 일어난다.

02 ③

| 정답해설 | 광합성은 물과 이산화 탄소, 빛에너지를 이용하여

포도당과 산소를 생성한다.

03 ①

| 정답해설 | 광합성을 하기 위해서는 물과 이산화 탄소가 필요하다. 그리고 식물의 물관을 통해 이동하는 것은 물이다. 따라서 두 설명에 모두 해당하는 물질은 물이라는 것을 알 수 있다.

04 ③

| 정답해설 | 잎의 기공을 통해 물이 배출되는 현상을 증산 작용이라고 한다. 증산 작용은 물의 상승 원동력이 되며, 식물체의 수분량을 조절하는 기능을 한다.

05 ③

| 정답해설 | 빛의 세기가 증가할수록 광합성량은 증가하고, 일정 세기 이상에서는 더 이상 증가하지 않고 일정해진다.

06 ③

| 정답해설 | 관다발 조직은 물관과 체관으로 이루어져 있다. 물관은 물의 이동 통로이며, 체관은 양분의 이동 통로이다.

07 ④

| 정답해설 | 식물은 호흡과 광합성을 모두 한다. 낮에는 광합성과 호흡을 같이 하지만, 광합성량이 많아 이산화 탄소를 흡수하고 산소를 방출한다. 밤에는 호흡 작용만 일어나기 때문에 산소를 흡수하고 이산화 탄소를 방출한다.

08 ②

| 정답해설 | BTB 용액은 이산화 탄소가 많이 녹아 산성이 되면 노란색이 되고, 이산화 탄소의 양이 줄어들게 되면 파란색으로 변한다. BTB 용액이 노란색에서 파란색으로 변하였으므로 검정말이 광합성을 하면서 이산화 탄소를 사용했음을 알 수 있다.

09 ①

| 정답해설 | 광합성 작용으로 포도당을 만든다.

10 ①

| 정답해설 | 광합성에 영향을 미치는 환경 요인에는 온도, 빛의 세기, 이산화 탄소 농도가 있다. 그 중 온도의 경우 온도가 점점 올라갈수록 광합성량이 증가하다가 40℃ 이상에서는 오히려 급격히 감소한다.

11 ①

| 정답해설 | 광합성은 이산화 탄소와 물, 햇빛을 이용하여 포도당을 만드는 과정이다.

12 ②

| 정답해설 | 양분이 이동하는 통로는 체관이다.

13 ②

| 정답해설 | 광합성은 빛이 있는 낮에만 일어난다.

14 ①

| 정답해설 | 공변세포의 팽창과 수축이 일어날 때 공변세포가 팽창하면 세포가 활처럼 휘어 기공이 만들어진다.

15 ④

| 정답해설 | 물 흡수의 원리는 삼투 현상이다.

16 ①

| 정답해설 | 증산 작용은 햇빛이 강하고 온도가 높으며, 습도가 낮고 바람이 많이 불 때 잘 일어난다.

17 ②

| 정답해설 | 호흡은 포도당을 분해하여 에너지를 얻는 과정이다. 이때 포도당과 산소를 사용하여 물과 이산화 탄소를 생성하게 된다.

18 ②

| 정답해설 | 호흡은 항상 일어난다.

19 ①

| 정답해설 | 광합성은 빛이 있는 낮에만 일어나지만 호흡은 항상 일어난다.

20 ④

| 정답해설 | 낮에는 빛이 있어 광합성량이 호흡량보다 많다. 따라서 전체적으로 봤을 때 이산화 탄소가 흡수되고 산소가 방출되는 것처럼 보인다. 밤에는 호흡만 하기 때문에 산소가 흡수되고 이산화 탄소가 방출된다.

03 소화									32쪽
01	④	02	①	03	①	04	①	05	③
06	③	07	③	08	①	09	①	10	④
11	④	12	③	13	④	14	①	15	②
16	①								

01 ④

| 정답해설 | 에너지원으로 사용되는 주영양소는 탄수화물, 단백질, 지방이다.

02 ①

| 정답해설 | 영양소의 흡수와 소화를 담당하는 소화계에 해당한다. 순환계는 심장과 혈관으로 이루어져 있으며, 신경계는 뇌와 척수, 호흡계는 폐, 기관, 기관지 등으로 이루어져 있다.

03 ①

| 정답해설 | 몸 속에서 음식물이 이동하는 경로는 입 → 식도(A) →위(B) → 소장(C) → 대장(D) → 항문이다.

04 ①

| 정답해설 | 아밀레이스는 침과 이자액 속에 들어 있는 소화 효소로, 녹말을 더 작은 입자인 엿당으로 분해한다.
② 지방의 분해 효소는 라이페이스이다.
③ 단백질의 분해 효소는 펩신과 트립신이다.
④ 쓸개즙은 지방의 분해를 돕는 기능을 한다.

05 ③

| 정답해설 | 동물의 구성 단계는 (가)세포 → (다)조직 → (나)기관 → (마)기관계 → (라)개체이다.

06 ③

| 정답해설 | 뷰렛 반응만 일어났으므로 단백질이 포함되어 있음을 알 수 있다. 베네딕트 반응은 포도당 검출, 아이오딘 반응은 녹말 검출, 수단 Ⅲ 반응은 지방 검출을 할 수 있다.

07 ③

| 정답해설 | 수단 Ⅲ 반응을 하였을 때 지방이 포함되어 있으면 붉은색이 선홍색으로 변하게 된다.

08 ①

| 정답해설 | 칼슘은 무기 염류에 해당한다. 무기 염류는 부영양소로 에너지원으로 이용되지 않는다.
| 오답해설 | 탄수화물, 단백질, 지방은 에너지원으로 사용되는 3대 영양소이다.

09 ①

| 정답해설 | 물은 우리 몸의 약 66% 이상을 차지한다.

10 ④

| 정답해설 | 지방을 분해하는 효소는 이자에서 분비되는 라이페이스이다. 아밀레이스는 녹말을 분해하고, 펩신과 트립신은 단백질을 분해하는 소화 효소이다.

11 ④

| 정답해설 | 폐는 호흡 기관이다.

12 ③

| 정답해설 | 소화가 끝난 대부분의 영양소가 흡수되는 곳은 소장의 융털이다.

13 ④

| 정답해설 | 대장에서는 소화 효소가 나오지 않는다.

14 ①

| 정답해설 | 아밀레이스는 녹말을 엿당으로 분해한다.

15 ②

| 정답해설 | A: 식도, B: 위, C: 소장, D: 대장
펩신은 위에서 분비된다.

16 ①

| 정답해설 | 소장의 융털은 표면적을 넓혀 주어 분해된 영양소를 효율적으로 흡수할 수 있게 한다.

---

04 순환   38쪽

01	④	02	②	03	④	04	④	05	④
06	④	07	②	08	①	09	①	10	③
11	④	12	③	13	③	14	②	15	①

01 ④

| 정답해설 | A: 폐동맥, B: 폐정맥, C: 대정맥, D: 대동맥
온몸 순환(체순환) 과정에 대한 설명으로, 온몸 순환 과정은 다음과 같다.
좌심실 → 대동맥(D) → 온몸의 모세 혈관 → 대정맥(C) → 우심방

02 ②

| 정답해설 | 혈구 중 식균 작용을 하는 혈구는 백혈구이다. 혈장은 혈액의 액체 성분이고, 적혈구는 산소 운반을 한다. 혈소판은 혈액 응고 작용을 한다.

03 ④

| 정답해설 | 심장은 혈액을 순환시키는 순환 기관이다.

04 ④

| 정답해설 | 온몸에 분포하는 모세 혈관은 한 겹의 세포층으로 구성되어 있어 매우 얇고, 혈액이 흐르는 속도가 매우 느려 조직 세포와의 물질 교환에 유리하다.

05 ④

| 정답해설 | 사람의 심장은 2심방 2심실로 이루어져 있다. 심방

은 심장으로 들어오는 혈액을 받아들이는 곳으로, 정맥과 연결되어 있다. 심실은 심장에서 혈액이 나가는 곳으로, 동맥과 연결되어 있다. 따라서 심장으로 혈액이 들어오는 곳은 좌심방과 우심방이다.

06 ④

| 정답해설 | 사람의 심장은 2심방 2심실 구조를 이룬다. 심실은 혈액을 내보내는 곳으로, 내벽이 두껍다. 이때 좌심실이 가장 두꺼운 내벽 근육을 가졌다. 판막은 혈액의 역류를 막기 위한 구조로, 심방과 심실 사이, 심실과 동맥 사이에 위치한다.

07 ②

| 정답해설 | A는 우심실, B는 좌심실이다. 폐동맥과 연결되어 폐로 혈액을 내보내는 심장의 부분은 우심실(A)이다.

08 ①

| 정답해설 | 혈액의 역류를 막는 역할을 하는 것은 판막이다.

09 ①

| 정답해설 | • 동맥: 심장에서 나가는 혈액이 흐르는 혈관
• 정맥: 심장으로 들어오는 혈액이 흐르는 혈관
• 모세 혈관: 동맥과 정맥을 연결하는 가는 혈관

10 ③

| 정답해설 | • 혈압: 동맥 > 정맥
• 혈액의 속도: 동맥 > 정맥
• 혈관벽의 두께: 동맥 > 정맥
• 판막은 정맥에 있다.

11 ④

| 정답해설 | 산소를 운반하는 역할을 하는 혈액의 구성 성분은 적혈구이다.

12 ③

| 정답해설 | 백혈구는 우리 몸에 침입한 세균을 잡아먹는 식균 작용을 한다.

13 ③

| 정답해설 | 혈소판은 출혈이 생기면 혈액을 응고시켜 딱지를 형성해 출혈을 멈추게 한다.

14 ②

| 정답해설 | 산소가 적게 들어 있는 혈액인 정맥혈이 흐르는 곳은 대정맥, 폐동맥, 우심실, 우심방이다.

15 ①

| 정답해설 | 온몸 순환(체순환) 과정: 좌심실 → 대동맥 → 온몸의 모세혈관 → 대정맥 → 우심방

05 호흡과 배설 46쪽

01	④	02	③	03	③	04	③	05	②
06	②	07	①	08	①	09	②	10	②
11	②	12	①	13	②	14	④	15	①
16	②	17	②						

01 ④

| 정답해설 | 운동을 하면 에너지 생성을 빠르게 해야 하므로 산소와 영양소 공급이 빨리 이루어져야 한다. 그러므로 호흡과 혈액 순환이 빨라진다.

02 ③

| 정답해설 | A: 코, B: 기관, C: 폐, D: 기관지
좌우 한 쌍으로 존재하고, 수많은 폐포로 이루어진 호흡 기관은 폐이다.

03 ③

| 정답해설 | A는 배설 기관 중 오줌을 생성하는 콩팥(신장)이다.

04 ③

| 정답해설 | 오줌을 생성하는 배설 기관은 콩팥이다.

05 ②

| 정답해설 | 폐는 흉강 속에 좌우 한 쌍이 존재한다. 호흡 운동 원리를 알아보는 실험 장치에서 유리관은 기관, 2개의 고무풍선은 폐, 유리병은 흉강, 고무 막은 가로막을 의미한다.

06 ②

| 정답해설 | 콩팥(신장)은 배설 기관이다.

07 ①

| 정답해설 | 날숨 시에는 갈비뼈가 내려가고 가로막이 올라가면서 흉강이 좁아지게 된다.

08 ①

| 정답해설 | 폐포는 표면적을 넓혀 기체 교환을 더 잘 일으키게 한다.

09 ②

| 정답해설 | 세포 호흡은 조직 세포에서 산소를 이용하여 영양소를 분해해 에너지를 얻는 과정을 말한다.

10 ②

| 정답해설 | 들숨 시 가로막이 아래로 내려간다.

11 ②

| 정답해설 | 산소는 조직 세포보다 모세 혈관에 많이 들어 있으므로 조직 세포 쪽으로 확산되고, 이산화 탄소는 모세 혈관보다 조직 세포에 많이 들어 있으므로 모세 혈관 쪽으로 확산되어 이동한다.

12 ①

| 정답해설 | 주영양소가 공통으로 만드는 노폐물은 물과 이산화 탄소이다.

13 ②

| 정답해설 | 오줌관(수뇨관)은 콩팥과 방광을 연결하는 관으로, 오줌을 운반하는 배설 기관이다.

14 ④

| 정답해설 | 콩팥은 강낭콩 모양이고, 혈액 속의 노폐물을 걸러 주며 오줌을 생성한다.

15 ①

| 정답해설 | 콩팥에서 오줌을 만들 때 그 경로는 사구체 → 보먼 주머니 → 세뇨관 → 콩팥 깔때기이다.

16 ②

| 정답해설 | 네프론은 오줌을 만드는 기능적 단위로 사구체, 보먼주머니, 세뇨관으로 구성된다.

17 ②

| 정답해설 | 세뇨관을 지나는 여과액에서 우리 몸에 필요한 성분을 모세 혈관으로 재흡수한다.

06 감각 기관　　　　　　　54쪽

01	①	02	③	03	①	04	①	05	②
06	③	07	③	08	①	09	①	10	①
11	③	12	①	13	④	14	①	15	②
16	②	17	④						

01 ①

| 정답해설 | 오목 렌즈로 교정이 되는 눈의 이상은 근시이다.

02 ③

| 정답해설 | 홍채는 동공의 크기를 조절하여 빛의 양을 조절하므로 조리개와 비슷한 기능을 한다.

03 ①

| 정답해설 | 기체 상태의 화학 물질을 자극원으로 받아들이는 감각 기관은 후각이다.

04 ①

| 정답해설 | 어두운 곳으로 가면 홍채가 수축하여 동공의 크기를 확대할 수 있다.

05 ②

| 정답해설 | 홍채를 조절하여 동공의 크기를 변화시킬 수 있다.

06 ③

| 정답해설 | 달팽이관에 청각 세포가 있어 소리를 자극으로 받아들여 이 자극이 청각 신경을 통해 뇌로 전달된다.

07 ③

| 정답해설 | A: 고막, B: 귓속뼈, C: 반고리관, D: 귀인두관이다. 몸이 회전하는 것을 느끼는 회전 감각 기관은 C(반고리관)이다.

08 ①

| 정답해설 | 귓바퀴는 음파(소리)를 모아 외이도로 보내게 된다.
| 오답해설 | 달팽이관은 청각 세포가 분포되어 있어 소리 자극을 받아들여 청각 신경으로 전달한다. 반고리관은 몸이 회전하는 것을 느끼는 기관이다. 전정 기관은 몸이 기울어짐을 느끼는 기관이다.

09 ①

| 정답해설 | 시각의 전달 경로는 '빛 → 각막 → 수정체 → 유리체 → 망막 → 시각 신경 → 대뇌'이다. 망막에는 시각 세포가 존재한다.

10 ①

| 정답해설 | ① 홍채는 동공의 크기를 변화시켜 눈으로 들어오는 빛의 양을 조절한다.
| 오답해설 | ②와 ③은 망막, ④는 맥락막에 관련된 설명이다.

11 ③

| 정답해설 | 수정체는 사진기의 렌즈의 역할을 한다.

12 ①

| 정답해설 | 밝은 곳에 갔을 때 동공이 축소되는 것은 홍채가 이완하기 때문이다.

13 ④

| 정답해설 | 귀인두관은 압력 조절의 역할을 한다.

14 ①

| 정답해설 | 고막은 소리에 의해 진동되는 최초의 막이다.

15 ②

| 정답해설 | 회전 감각과 관련된 것은 반고리관이다.

16 ②

| 정답해설 | 코는 가장 예민해서 쉽게 피로해진다.

17 ④

| 정답해설 | 맛세포가 있는 맛봉오리에서 액체 상태의 화학 물질을 자극으로 받아들여 맛을 느낀다.
| 오답해설 | 빛을 받아들이는 시각 세포는 망막, 소리를 받아들이는 청각 세포는 달팽이관에 있고, 몸의 회전은 반고리관에서 느낀다.

07 신경계

63쪽

01	②	02	①	03	②	04	④	05	③
06	②	07	②	08	④	09	②	10	②
11	①	12	①	13	①	14	④	15	②
16	④	17	③						

01 ②

| 정답해설 | 축구 선수가 공을 보고 차는 것은 대뇌가 자극을 받아들여 판단한 것이다.

02 ①

| 정답해설 | 인슐린은 이자에서 분비되며, 부족하면 당뇨병에 걸린다.

03 ②

| 정답해설 | 기억과 같은 고등 정신 활동은 대뇌에서 하게 된다.
| 오답해설 | 간뇌는 항상성을 조절하며, 연수는 호흡과 같은 생명 활동을 조절한다. 중간뇌는 안구 조절 기능을 한다.

04 ④

| 정답해설 | 여성의 난소에서 분비되는 에스트로젠과 같은 여성 호르몬이 여성의 생식 주기를 조절한다.

05 ③

| 정답해설 | 척수는 감각 신경과 운동 신경이 지나는 통로로, 무릎 반사의 중추이다.

06 ②

| 정답해설 | 티록신은 갑상샘에서 분비되는 호르몬으로, 세포 호흡을 촉진하는 기능을 한다. A는 뇌하수체, B는 갑상선, C는 부신, D는 이자이다.

07 ②

| 정답해설 | 남성 호르몬이 분비되며 정자를 생성하는 기관은 정소이다. 이자는 인슐린과 글루카곤을 분비하는 내분비샘이다. 갑상샘은 티록신을 분비하는 내분비샘이고, 뇌하수체는 생장 호르몬, 항이뇨 호르몬 등을 분비한다.

08 ④

| 정답해설 | 척수(D)는 무릎 반사의 중추이며, 뇌와 말초 신경을 연결하는 신호의 전달 통로이다. 대뇌(A)는 고등 정신 활동을 하는 신경계이다. 간뇌(B)는 체온 조절, 체액의 농도 유지 등의 역할을 한다. 소뇌(C)는 근육 운동 조절과 몸의 균형 유지의 기능을 한다.

09 ②

| 정답해설 | 뇌와 척수를 이루는 뉴런의 종류는 연합 뉴런이다.

10 ②

| 정답해설 | 항상성 조절을 하는 중추 신경계는 간뇌이다.

11 ①

| 정답해설 | 감정을 느끼거나 기억, 판단을 하는 뇌는 대뇌이다.

12 ①

| 정답해설 | 조건 반사의 중추는 대뇌이다.

13 ①

| 정답해설 | 항이뇨 호르몬은 콩팥에서 수분의 재흡수를 촉진하여 오줌의 양을 조절한다.

14 ④

| 정답해설 | 내분비샘에서는 호르몬을 만든다.

15 ②

| 정답해설 | 이자에서 만들어지는 호르몬은 인슐린과 글루카곤이다.

16 ④

| 정답해설 | 정자 생성을 촉진하는 호르몬은 테스토스테론이다.

17 ③

| 정답해설 | 항상성에 대한 설명이다.

---

08 염색체와 체세포 분열									69쪽
01	①	02	④	03	③	04	①	05	④
06	①	07	③	08	③	09	②	10	②

01 ①

| 정답해설 | 세포 분열로 세포의 수가 늘어나면 몸의 크기가 커진다.

02 ④

| 정답해설 | 사람의 염색체는 유전 정보를 가지는 DNA를 포함한다.

| 오답해설 | ① 여자의 성염색체는 XX이다.
② 남·여의 염색체 수는 46개로 같다.
③ 사람의 염색체는 46개이며, 이 중 23개는 부(아버지), 나머지 23개는 모(어머니)에게서 물려받는다.

03 ③

| 정답해설 | 세포 분열 시 핵이 사라지고 염색체가 생긴다.

04 ①

| 정답해설 | 후기에는 염색체가 염색 분체로 나뉘어 방추사에 끌려가는 모습을 볼 수 있다.

05 ④

| 정답해설 | 체세포 분열 말기에는 염색체가 풀어져 염색사가 되고 핵막과 인이 나타난다. 방추사가 사라지면서 2개의 딸세포가 생기는 시기이다. 따라서 2개의 딸세포가 형성되고 있는 ④의 그림이 체세포 분열 말기를 나타내고 있다.

06 ①

| 정답해설 | 사람의 염색체는 46개이다.

07 ③

| 정답해설 | (가)는 염색 분체로 서로 같은 유전 정보를 가진다. (가)는 염색 분체, (나)는 염색체, A는 단백질, B는 DNA이다.

08 ③

| 정답해설 | 단세포 생물은 체세포 분열로 개체 수를 늘려 번식한다. 다세포 생물의 생식을 위한 분열은 생식 세포 분열이다.

09 ②

| 정답해설 | 염색체가 가장 잘 관찰되는 시기는 중기이다.

10 ②

| 정답해설 | A: 전기, B: 간기, C: 중기, D: 후기, E: 말기
체세포의 분열 과정은 '간기 → 전기 → 중기 → 후기→ 말기'이다.

01	③	02	④	03	④	04	②	05	②
06	②	07	③	08	③	09	①	10	①
11	①	12	④	13	②	14	④	15	②
16	③	17	①	18	①				

01 ③

| 정답해설 | 수정된 수정란은 약 1주일 후 자궁 내벽에 착상된다.

02 ④

| 정답해설 | 생식 세포 분열에 대한 설명이다.

03 ④

| 정답해설 | 생식 세포 분열은 생식 세포를 만든다. 유성 생식을 하기 위한 생식 세포를 만드는 과정이다.

04 ②

| 정답해설 | 수정란이 착상하여 태아가 자라는 곳은 자궁이다.

05 ②

| 정답해설 | 옳게 나열한 것은 ㄴ → ㄱ → ㄷ → ㄹ이다.

06 ②

| 정답해설 | 임신이 되지 않으면 자궁 내막이 허물어지는 월경이 일어난다.

07 ③

| 정답해설 | 수정 후 약 1주일이 지나 포배 상태로 수정란이 자궁 내막에 파묻히는 현상을 착상이라고 한다.

08 ③

| 정답해설 | 1개의 수정란이 초기 세포 분열을 통하여 점점 세포의 수를 늘리게 된다.

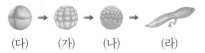

(다) → (가) → (나) → (라)

09 ①

| 정답해설 | 생식 세포 분열은 연속 2번의 분열이 일어난다.

10 ①

| 정답해설 | 생식 세포의 염색체 수는 체세포의 염색체 수의 절반이다.

11 ①

| 정답해설 | 정자는 정소에서 만든다.

12 ④

| 정답해설 | 정자의 염색체 수는 23개이다.

13 ②

| 정답해설 | 분열이 거듭되면 세포 한 개의 크기가 작아지면서 전체 수정란의 크기는 일정해진다.

14 ④

| 정답해설 | 수란관에서 수정이 일어난다.

15 ②

| 정답해설 | 난소에서 난자를 형성한다.

16 ③

| 정답해설 | 수정란이 하나의 개체가 되기까지의 과정을 발생이라고 한다.

17 ①

| 정답해설 | ② 착상, ③ 수정, ④ 출산

18 ①

| 정답해설 | 태반에서는 모체와 태아 사이에 산소와 이산화 탄소, 양분과 노폐물의 교환이 이루어진다.

01	④	02	③	03	②	04	③	05	③
06	②	07	②	08	②	09	①	10	②
11	③	12	②	13	②	14	④	15	①
16	③	17	④	18	②				

01 ④

| 정답해설 | 확률적으로 $\frac{3}{4}$ 은 둥근 완두, $\frac{1}{4}$ 은 주름진 완두이다. 따라서 200개의 완두 중에서 주름진 완두는 확률적으로 $200 \times \frac{1}{4} = 50$(개)가 된다.

02 ③

| 정답해설 | 영희의 아버지는 AB, 어머니는 OO이므로 영희는 AO 또는 BO의 유전자형을 가지고 있을 것이다.

03 ②

| 정답해설 | 형질을 결정하는 유전자가 X 염색체에 있어 남녀에 따라 형질이 나타나는 빈도가 달라지는 유전을 반성 유전이라고 한다.

04 ③

| 정답해설 | 순종의 둥근 완두가 만들 수 있는 생식 세포는 R이고, 주름진 완두가 만들 수 있는 생식 세포는 r이므로 그 자손인 잡종 1대에서는 Rr의 유전자형이 100% 나타난다.

05 ③

| 정답해설 | O형은 유전자형이 OO일 때만 가능하다. 따라서 부모의 혈액형이 AB일 경우에는 나타날 수 없는 자녀이다.

06 ②

| 정답해설 | AB형인 아버지는 A유전자와 B유전자를 가진 생식 세포를 만들 수 있으며, O형인 어머니는 O유전자를 가진 생식 세포를 만들게 된다(O형의 유전자형은 OO이다). 따라서 태어난 자식은 아버지에게서는 A나 B의 유전자를 받고 어머니에게서는 O의 유전자를 받게 되므로 AO이거나 BO인 유전자형을 가진다. 그러므로 (가)의 혈액형으로 가능한 것은 A형(AO)과 B형(BO)이다.

07 ②

| 정답해설 | 대립 유전자 사이의 우열 관계가 뚜렷하지 않아 잡종 제1대에서 어버이의 중간 형질이 나타나는 유전 현상을 중간 유전이라고 한다.

| 오답해설 | 반성 유전은 형질을 결정하는 유전자가 X염색체에 있어 남녀에 따라 형질이 나타나는 빈도가 달라지는 현상이다. 다인자 유전이란 여러 쌍의 대립 유전자가 복합적으로 작용하여 형질을 결정하는 것이다. 복대립 유전은 대립 유전자의 종류가 3가지 이상이며, 이들 유전자 중 2개의 조합으로 형질이 결정되는 것이다.

08 ②

| 정답해설 | 색맹은 색깔의 일부를 잘 구별하지 못하는 것으로 여자보다 남자에게서 더 많이 나타난다. 색맹 유전자는 X염색체(성염색체)에 있는 반성 유전에 해당한다.

| 오답해설 | 귓불 유전, 보조개 유전, 혀말기 유전은 모두 상염색체에 의한 유전에 해당한다.

09 ①

| 정답해설 | 우열 관계가 뚜렷하지 않은 유전 현상은 분꽃의 꽃잎 색깔 유전과 같은 중간 유전이다.

10 ②

| 정답해설 | 우열 법칙으로 잡종 제1대 완두는 모두 잡종인 황색 완두(Yy)이다.

11 ③

| 정답해설 | 둥근 씨와 주름진 씨는 3 : 1의 비로 나타난다. 따라서 400개의 완두 중에서 주름진 씨는 $400 \times \frac{1}{4} = 100$(개)이다.

12 ②

| 정답해설 | 사람은 자손의 수가 적고, 다양한 형질을 가지고 있어 유전 연구가 어렵다.

13 ②

| 정답해설 | 여자−XX′는 보인자이지만, 표현형은 정상으로 나타난다.

14 ④

| 정답해설 | 반성 유전은 색맹, 혈우병 등이다.

15 ①

| 정답해설 | 표현형은 A형, AB형, B형, O형으로 4가지이다.

16 ③

| 정답해설 | A형, AB형, B형, O형의 혈액형이 모두 나올 수 있는 부모의 유전자형은 AO×BO이다.

17 ④

| 정답해설 | AB형과 O형의 부모에게서는 A형(AO), B형(BO)의 자녀만 태어난다.

18 ②

| 정답해설 | 자식의 혈액형 유전자형이 OO와 AB가 나타났으므로 (가)는 A유전자와 O유전자를 가지고 있어야 한다.

Ⅱ 물리

11 힘   91쪽

01	③	02	④	03	②	04	①	05	④
06	③	07	②	08	③	09	③	10	①
11	②	12	②						

01 ③

| 정답해설 | 물체와 접촉면 사이에서 물체의 운동을 방해하는 힘은 마찰력이다. 마찰력이 커야 편리한 경우는 잘 미끄러지지 않아야 하므로 신발 바닥, 사포, 운동화 끈 등이 있다.

02 ④

| 정답해설 | 탄성력은 변형된 물체가 원래 상태로 되돌아가려는 힘이다.
| 오답해설 | 중력은 지구가 물체를 끌어당기는 힘, 마찰력은 물체와 접촉면 사이의 힘, 자기력은 자석의 힘이다.

03 ②

| 정답해설 | 접촉하는 두 물체 사이에 작용하는 힘은 마찰력이며, 이 힘은 물체의 운동을 방해한다. 마찰력은 접촉면이 거칠고 물체의 무게가 무거울수록 커진다.

04 ①

| 정답해설 | 탄성력은 외력의 반대 방향으로 작용한다. 문제에서 나무 도막을 오른쪽(→)으로 잡아당기고 있으므로 탄성력의 방향은 왼쪽(←)이다.

05 ④

| 정답해설 | 무게의 단위는 N을 사용한다.

06 ③

| 정답해설 | 힘의 3요소는 힘의 크기, 힘의 방향, 힘의 작용점이다.

07 ②

| 정답해설 | 화살표의 방향은 동쪽, 화살표의 길이는 4cm가 되어야 한다.

08 ③

| 정답해설 | 중력은 지구가 물체를 잡아당기는 힘이다. 물체가 땅으로 떨어지는 모든 현상이 이에 해당한다.

09 ③

| 정답해설 | 양궁, 다이빙, 장대높이뛰기 등은 변형된 물체가 원래 상태로 되돌아가려는 성질을 가진 물체의 탄성력을 이용한 운동 경기들이다.

10 ①

| 정답해설 | 액체 또는 기체가 물체를 밀어 올리는 힘은 부력이다. 물속에 잠긴 물체의 부피가 클수록 부력은 더 커지게 된다. 배가 물에 뜨거나 열기구가 뜨는 것은 부력을 이용한 경우이다.

11 ②

| 정답해설 | 기계의 회전축에 기름을 바르는 것은 마찰을 작게 하여 적은 힘이 들게 하기 위해서이다.

12 ②

| 정답해설 | 지구에서 질량이 6kg인 물체의 무게는 60N이다. 이 물체를 달로 가져가면 무게는 $\frac{1}{6}$배로 줄어들기 때문에 10N으로 측정된다.

---

12 운동　　　　　　　　　　　　95쪽

01	③	02	④	03	③	04	③	05	①
06	①	07	③	08	③	09	③	10	③
11	④	12	④	13	③	14	②	15	④
16	②	17	③	18	③				

01 ③

| 정답해설 | 속력 $=\dfrac{\text{이동 거리}}{\text{걸린 시간}}=\dfrac{400km}{5h}=80km/h$

02 ④

| 정답해설 | 이동 거리 $=$ 속력 $\times$ 시간 $=80km/h \times 2h = 160km$

03 ③

| 정답해설 | 속력 $=\dfrac{\text{이동 거리}}{\text{걸린 시간}}=\dfrac{100m}{10s}=10m/s$

시간-이동 거리 그래프의 기울기가 속력이다.

04 ③

| 정답해설 | 이동 거리 $=$ 속력 $\times$ 시간 $=10m/s \times 5s = 50m$

05 ①

| 정답해설 | 떨어지는 공은 일정한 힘(중력)이 운동 방향으로 작용하는 자유 낙하 운동이므로 점점 속력이 일정하게 증가한다.

06 ①

| 정답해설 | 물체의 운동을 나타내는 시간-이동 거리 그래프에서 그래프의 기울기는 물체의 빠르기 즉, 물체의 속력이다. 따라서 그래프의 기울기가 가장 큰 A가 속력이 가장 빠른 운동을 한다.

07 ③

| 정답해설 | 평균 속력은 전체 이동 거리를 전체 걸린 시간으로 나눈 값이다.

평균 속력 $=\dfrac{\text{전체 이동 거리}}{\text{전체 걸린 시간}}=\dfrac{10m}{2s}=5m/s$

08 ③

| 정답해설 | 타점 사이의 간격이 일정하므로 이 수레는 등속 직선 운동을 한다. 공장에 있는 컨베이어 벨트의 운동도 일정한 속력으로 움직이는 등속 직선 운동이다.

09 ③

| 정답해설 | 속력 $=\dfrac{\text{이동 거리}}{\text{걸린 시간}}=\dfrac{400km}{8h}=50km/h$

10 ③

| **정답해설** | 이동 거리＝속력×시간＝100km/h×5h＝500km

11 ④

| **정답해설** | 속력＝$\dfrac{\text{이동 거리}}{\text{걸린 시간}}$＝$\dfrac{60\text{m}}{10\text{s}}$＝6m/s

12 ④

| **정답해설** | 이동 거리＝속력×시간＝50m/s×5s＝250m

13 ③

| **정답해설** | 이동 거리＝속력×시간＝150km/h×3h＝450km

14 ②

| **정답해설** | $\dfrac{6\text{km}}{10\text{분}}$＝$\dfrac{6000\text{m}}{600\text{s}}$＝10m/s

15 ④

| **정답해설** | 속력의 단위를 모두 통일한 후 비교한다.

④ $\dfrac{72\text{km}}{1\text{시간}}$＝$\dfrac{72000\text{m}}{3600\text{s}}$＝20m/s

| **오답해설** | ① 18m/s

② $\dfrac{100\text{m}}{25\text{초}}$＝4m/s

③ $\dfrac{900\text{m}}{1\text{분}}$＝$\dfrac{900\text{m}}{60\text{s}}$＝15m/s

16 ②

| **정답해설** | 10m/s＝$\dfrac{36000\text{m}}{3600\text{초}}$＝$\dfrac{36\text{km}}{1\text{시간}}$＝36km/h

17 ③

| **정답해설** | 공은 중력을 받아 속력이 일정하게 증가하는 자유 낙하 운동을 하고 있다. 운동 방향은 중력과 같은 방향이다.

18 ③

| **정답해설** | 진공 중에서는 질량이 큰 물체와 작은 물체의 속력 변화가 동일하므로 동시에 떨어지게 된다. 진공 상태의 자유 낙하 운동에서는 물체의 질량과 속력 변화는 상관이 없다.

01	①	02	④	03	④	04	①	05	②
06	③	07	④	08	②	09	③		

01 ①

| **정답해설** | 열의 전달 방식에는 전도, 대류, 복사가 있으며 이 중 공기나 물과 같이 액체나 기체가 순환하면서 열을 전달하는 방법을 대류라고 한다.

02 ④

| **정답해설** | 어떤 물질 1kg의 온도를 1℃ 높이는 데 필요한 열량을 비열이라고 한다. 단위는 cal/g·℃, kcal/kg·℃이다.

03 ④

| **정답해설** | 온도가 다른 두 물체가 접촉하고 있을 때 고온의 물체에서 저온의 물체로 열이 이동하여 결국 두 물체의 온도가 같아지는 열평형 상태에 도달하게 된다.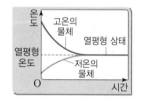

04 ①

| **정답해설** | 온도가 다른 두 물체가 접촉하고 있게 되면, 고온의 물체에서 저온의 물체로 열이 이동하여 결국 온도가 같아지는 열평형 상태에 도달하게 된다. 이때 고온의 물체가 잃은 열량과 저온의 물체가 얻은 열량은 같다.

05 ②

| **정답해설** | 분자의 충돌로 이웃한 분자에게 열이 전달되는 고체의 열 전달 방법은 전도이다.

06 ③

| **정답해설** | 공기나 물이 순환하면서 열을 전달하는 것을 대류라고 한다.

07 ④

| **정답해설** | 열이 중간에 아무런 물질의 도움 없이 직접 전달되는 현상을 복사라고 한다.

08 ②

| 정답해설 | 2분 이후에 A의 온도가 40℃로 일정하므로 2분 후일 때 열평형 상태에 도달했음을 알 수 있다.

09 ③

| 정답해설 | 온도가 높아지면 열팽창 현상에 의해 길이 또는 부피가 커진다. 따라서 송전탑의 전선은 여름에 늘어나고, 겨울에 팽팽해진다.

<table>
<tr><td colspan="11">14 빛</td><td>108쪽</td></tr>
<tr><td>01</td><td>②</td><td>02</td><td>②</td><td>03</td><td>①</td><td>04</td><td>①</td><td>05</td><td>②</td></tr>
<tr><td>06</td><td>①</td><td>07</td><td>③</td><td>08</td><td>①</td><td>09</td><td>②</td><td>10</td><td>②</td></tr>
<tr><td>11</td><td>④</td><td>12</td><td>①</td><td>13</td><td>①</td><td>14</td><td>②</td><td>15</td><td>②</td></tr>
<tr><td>16</td><td>②</td><td>17</td><td>③</td><td>18</td><td>①</td><td>19</td><td>②</td><td>20</td><td>②</td></tr>
</table>

01 ②

| 정답해설 | 직진하던 빛이 물체의 표면에 부딪힌 후 방향을 바꾸어 되돌아 나오는 현상은 빛의 반사이다.

02 ②

| 정답해설 | 입사각과 반사각의 크기는 같다.

03 ①

| 정답해설 | 빛의 삼원색은 빨강, 초록, 파랑이다.

04 ①

| 정답해설 | 입사 광선과 법선 사이의 각(A)이 입사각이다. 굴절 광선과 법선 사이의 각(C)은 굴절각이다.

05 ②

| 정답해설 | 볼록 렌즈는 빛을 한 점으로 모으는 렌즈이다. 가까이 있는 물체를 보면 물체가 크게 보인다.

06 ①

| 정답해설 | 유리 막대에서 반사되어 나오는 빛이 물과 공기의 경계면에서 꺾여 보이게 되는데, 이를 빛의 굴절이라고 한다. 굴절은 빛이 한 물질에서 다른 물질로 진행할 때 그 경계면에서 꺾이는 현상을 말한다.

07 ③

| 정답해설 | 빛을 굴절시키는 렌즈에는 두 가지가 있다. 볼록 렌즈는 렌즈의 중심이 가장자리보다 두꺼운 렌즈이고, 오목 렌즈는 렌즈의 중심이 가장자리보다 얇은 렌즈이다. 주어진 그림에서 ①과 ②는 오목 렌즈이며, ③과 ④는 볼록 렌즈이다. 볼록 렌즈는 빛을 모으는 성질을 가지고 있기 때문에 옳은 정답은 ③이다. 참고로 오목 렌즈의 올바른 빛의 굴절 모습은 ②이다.

08 ①

| 정답해설 | 거울은 빛의 반사를 이용한 도구이다. 평면거울은 물체의 좌우가 바뀌어 보이는 특징을 가진다. 따라서 지금 주어진 그림의 좌우를 바꾸어 생각하면 3시를 가리키고 있음을 알 수 있다.

09 ②

| 정답해설 | 빛의 삼원색은 빨간색, 초록색, 파란색이다. 이 세 빛을 적절히 합성하여 모든 색깔의 빛을 만들 수 있다. 빨간색과 초록색 빛이 합성되면 노란색 빛을 만든다.

10 ②

| 정답해설 | 그림자가 생기는 원인은 빛의 직진이다.

11 ④

| 정답해설 | 빛의 삼원색: 빨간색, 초록색, 파란색

12 ①

| 정답해설 | 거울은 빛의 반사 현상을 이용한 것이다.

13 ①

| 정답해설 | 입사각의 크기는 반사각의 크기와 같다.

14 ②

| 정답해설 | 반사각이 90−40=50°이므로 입사각은 50°이다.

15 ②

| 정답해설 | 빛이 공기에서 물로 들어갈 때는 입사각이 굴절각보다 크다.

16 ②

| 정답해설 | B: 입사각, D: 굴절각

17 ③

| 정답해설 | 렌즈는 빛의 굴절 현상을 이용한 것이다.

18 ①

| 정답해설 | 현미경, 망원경 등에는 볼록 렌즈를 사용한다.

19 ②

| 정답해설 | 원시는 볼록 렌즈, 근시는 오목 렌즈로 교정한다.

20 ②

| 정답해설 | 볼록 렌즈는 빛을 모으고, 오목 렌즈는 빛을 퍼뜨린다.

15 파동   115쪽

01	④	02	③	03	③	04	④	05	③
06	③	07	②	08	③	09	③	10	①
11	④								

01 ④

| 정답해설 | 마루에서 마루까지의 거리를 파장이라고 한다.

02 ③

| 정답해설 | 마루와 마루 사이의 거리를 파장이라고 한다. 매질은 파동을 전달하는 물질이고, 진폭은 중심에서부터 골(또는 마루)까지의 거리이다. 진동수는 1초에 진동하는 수로 주기와 반비례 관계이다.

03 ③

| 정답해설 | 진동의 중심에서부터 마루까지의 거리를 진폭이라고 한다.

04 ④

| 정답해설 | 매질이 없어도 진행되는 파동은 빛이다.

05 ③

| 정답해설 | 전파는 전자기파로, 매질 없이 전달되는 파동이다.

06 ③

| 정답해설 | A는 횡파로 파동의 진행 방향과 매질의 진동 방향이 수직인 파동이고, B는 종파로 파동의 진행 방향과 매질의 진동 방향이 나란한 파동이다.

07 ②

| 정답해설 | 진동수와 주기는 서로 역수 관계이다.

$$진동수 = \frac{1}{주기}$$

08 ③

| 정답해설 | 소리는 고체, 액체, 기체 등의 매질을 통해 전파된다.

09 ③

| 정답해설 | 진동수가 큰 경우 높은 소리, 진동수가 작을 경우 낮은 소리가 들린다.

10 ①

| 정답해설 | [소리를 듣는 과정]
물체의 진동 → 공기의 진동 → 고막의 진동 → 뇌로 전달

11 ④

| 정답해설 | 소리의 3요소는 크기, 높낮이, 음색이다.

01	③	02	③	03	④	04	①	05	③
06	①	07	①	08	②	09	①	10	③
11	③	12	④	13	④	14	①	15	③
16	③	17	③						

01 ③

| 정답해설 | 일＝힘×이동 거리＝40N×3m＝120J

02 ③

| 정답해설 | 일(W)＝힘(F)×이동 거리(s)＝20N×3m＝60J

03 ④

| 정답해설 | 일은 힘과 그 힘의 방향으로 이동한 거리의 곱이다. 따라서 20N×4m＝80J이다.

04 ①

| 정답해설 | 일은 물체에 주어진 힘과 그 물체가 힘이 작용하는 방향으로 이동한 거리의 곱이다. 주어진 문제에서는 사람이 힘을 물체에 작용하고 있지만, 물체가 움직이지 않았으므로 이동 거리는 0이다. 따라서 사람이 물체에 한 일은 0J이다.

05 ③

| 정답해설 | 중력에 의한 위치 에너지는 높이가 높아질수록 커진다. 따라서 가장 낮게 위치한 C의 위치 에너지가 가장 작다.

06 ①

| 정답해설 | 운동 에너지＝$\frac{1}{2}mv^2＝\frac{1}{2}×2$kg×$(2m/s)^2＝4$J

07 ①

| 정답해설 | 떨어지는 공은 일정한 힘(중력)이 운동 방향으로 작용하는 등가속도 운동이므로 속력이 일정하게 증가한다.

08 ②

| 정답해설 | 힘이 물체에 작용하면서 그 물체가 힘의 방향으로 이동할 때 과학에서 일을 하는 것이다.

09 ①

| 정답해설 | 물건을 들고 수평으로 걸을 때는 힘과 이동 거리가 수직이므로 과학에서 일을 하지 않은 것이다.

10 ③

| 정답해설 | 일＝힘×이동 거리＝물체의 무게×들어 올린 높이
＝50N×3m＝150J

11 ③

| 정답해설 | 일＝힘×이동 거리＝끌어당기는 힘×끌어당긴 거리
＝50N×3m＝150J

12 ④

| 정답해설 | 운동하는 물체가 가지는 에너지는 운동 에너지이다.

13 ④

| 정답해설 | 운동 에너지＝$\frac{1}{2}$×질량×(속력)^2
＝$\frac{1}{2}×3×10^2＝150$J

14 ①

| 정답해설 | 운동 에너지＝$\frac{1}{2}$×질량×(속력)^2
＝$\frac{1}{2}×5×2^2＝10$J

15 ③

| 정답해설 | 위치 에너지＝$9.8mh＝9.8×10×10＝980$J

16 ③

| 정답해설 | 위치 에너지＝$9.8mh$이므로 물체의 높이가 높아질수록 위치 에너지는 증가한다.

17 ③

| 정답해설 | 같은 높이에 있는 d 지점의 위치 에너지와 같다.

01	②	02	①	03	③	04	④	05	④
06	③	07	①	08	①	09	④	10	④
11	②	12	③						

01 ②

| 정답해설 | 모든 지점의 역학적 에너지는 같다.
a에서 c로 갈 때는 위치 에너지가 증가하고, c에서 e로 갈 때는 운동 에너지가 증가한다.

02 ①

| 정답해설 | 물체가 떨어질 때 운동 에너지는 증가하고, 위치 에너지는 감소한다.

03 ③

| 정답해설 | 역학적 에너지는 보존되므로 위치 에너지와 운동 에너지의 합은 모든 지점에서 60J이다. 따라서 C점의 운동 에너지는 40J이다.

04 ④

| 정답해설 | 공기 저항을 무시할 때 자유 낙하 운동에서 모든 지점의 역학적 에너지는 보존된다. A에서 B를 거쳐 C로 떨어질 때 위치 에너지는 감소하지만 그만큼 운동 에너지는 증가하고 있다. 따라서 모든 지점의 역학적 에너지는 같다.

05 ④

| 정답해설 | 자기장의 변화로 전류가 발생하는 것은 전자기 유도이다.

06 ③

| 정답해설 | 열에너지는 물체의 온도와 관련한 에너지이다.

07 ①

| 정답해설 | 에너지의 단위는 J(줄)이다.

08 ①

| 정답해설 | 물체가 떨어질 때는 운동 에너지가 증가된다.

09 ④

| 정답해설 | 역학적 에너지＝위치 에너지＋운동 에너지
처음의 역학적 에너지는 위치 에너지와 같다. 물체가 정지하고 있으므로 운동 에너지가 0이기 때문이다. 따라서 역학적 에너지는 $9.8mh＝9.8 \times 10 \times 2 ＝196J$이다. 모든 지점의 역학적 에너지는 196J로 동일하므로 지면에 닿는 순간의 운동 에너지는 196J이다. 지면에 닿는 순간에는 위치 에너지가 없기 때문이다.

10 ④

| 정답해설 | 높이 올라갈 때는 위치 에너지가 증가한다.

11 ②

| 정답해설 | 물체가 떨어질 때는 운동 에너지가 증가한다.

12 ③

| 정답해설 | 역학적 에너지는 보존된다.

01	④	02	②	03	③	04	②	05	④
06	②	07	①	08	③	09	①	10	③
11	③	12	④	13	③	14	②		

01 ④

| 정답해설 | 서로 다른 두 물체가 마찰할 때 한 물체에서 다른 물체로 전자가 이동하여 생긴 전기를 마찰 전기라고 한다.

02 ②

| 정답해설 | 검전기의 금속판에 대전체를 가까이 하면 정전기 유도에 의해 금속박이 벌어진다.

03 ③

| 정답해설 | 서로 다른 두 물체를 마찰할 때 한 물체에서 다른 물체로 전자가 이동하여 전기력이 생긴다.

04 ②

| 정답해설 | (+) 전기, (−) 전기를 띤 물체 사이에 작용하는 힘을 전기력이라고 한다.

05 ④

| 정답해설 | 서로 다른 두 물체를 마찰할 때 한 물체에서 다른 물체로 전자가 이동하여 생긴 전기를 정전기(마찰 전기)라고 한다.

06 ②

| 정답해설 | 가까이 다가오는 (−)대전체와 가까운 A는 (+)전하, 먼 B는 (−)전하를 띠게 된다(정전기 유도 현상).

07 ①

| 정답해설 | 대전: 물체가 전기를 띠는 현상

08 ③

| 정답해설 | 마찰 전기는 전기력에 속한다.

09 ①

| 정답해설 | 전자를 잃으면 '(+)전하의 양>(−)전하의 양'이고, (+)전하를 띠게 된다.

10 ③

| 정답해설 | 서로 다른 종류의 전하를 띤 물체 사이에서는 인력, 서로 같은 종류의 전하를 띤 물체 사이에서는 척력이 작용한다.

11 ③

| 정답해설 | (+)와 (−)로 대전된 물체 사이에서는 서로 당기는 전기력인 인력이 작용한다.

12 ④

| 정답해설 | 검전기로 물체의 대전 여부, 대전된 전하의 양, 대전된 전하의 종류를 알 수 있다.

13 ③

| 정답해설 | 검전기는 금속판에 대전체를 가까이 하면 정전기 유도에 의해 금속박(A)이 벌어진다.

14 ②

| 정답해설 | 대전되지 않은 검전기의 금속판에 (−) 대전체를 가까이 하면 금속판은 (+), 금속박은 (−)로 대전된다.

19 전류, 전압, 전기 저항									137쪽
01	③	02	①	03	④	04	②	05	②
06	④	07	④	08	①	09	②	10	①
11	②	12	③	13	③	14	②	15	③
16	③	17	②							

01 ③

| 정답해설 | 직렬로 연결한 저항의 합성 저항은 $R=R_1+R_2$이므로 $5Ω+10Ω=15Ω$이다.

02 ①

| 정답해설 | 이 전기 회로의 합성 저항은 $R=R_1+R_2$이므로 $R=2Ω+4Ω=6Ω$이다.

따라서 옴의 법칙에 의해 전류의 세기는 $\dfrac{6V}{6Ω}=1A$이다.

03 ④

| 정답해설 | 전류의 흐름을 방해하는 정도를 저항이라고 한다.

04 ②

| 정답해설 | 옴의 법칙 $V=IR$에 의하여 $9V=3Ω×I$이다. 따라서 $I=\dfrac{9V}{3Ω}=3A$이다.

05 ②

| 정답해설 | 그래프의 한 지점을 결정하여 저항의 크기를 구할 수 있다. $V=IR$(옴의 법칙)에 따라, $3V=1A×R$이므로 $R=3Ω$이다.

06 ④

| 정답해설 | 옴의 법칙에 따라, 전압＝전류×저항이므로
$3A \times 2\Omega = 6V$이다.

07 ④

| 정답해설 | 전하량 보존 법칙에 의해 병렬로 회로가 나누어지더라도 전하량의 총합은 보존된다.

08 ①

| 정답해설 | 직렬로 연결된 도선의 모든 부분에서 전하량은 모두 같으므로 (가)와 (나)의 전류의 세기는 같다.

09 ②

| 정답해설 | 주어진 회로는 전지와 스위치 그리고 2개의 저항이 모두 직렬로 연결된 전기 회로이다. 도선이 모두 하나의 선으로 연결되어 있으므로 전기 회로의 모든 지점에 흐르는 전류의 세기는 같다. 따라서 (가) 전류계에 흐르는 전류의 세기도 2A로 측정된다.

10 ①

| 정답해설 | a 지점과 같은 전류가 흐르게 된다.

11 ②

| 정답해설 | 회로가 나뉘어져도 전하량은 보존되므로 d 지점에 흐르는 전류의 세기는 $1A - 0.4A = 0.6A$이다.

12 ③

| 정답해설 | 저항의 직렬연결이므로
$R = 2\Omega + 4\Omega = 6\Omega$이다.

13 ③

| 정답해설 | $\frac{1}{R} = \frac{1}{2} + \frac{1}{4} = \frac{3}{4}$이므로 $R = \frac{4}{3}\Omega$이다.

14 ②

| 정답해설 | $R = 2\Omega + 4\Omega = 6\Omega$

$12V = I \times 6\Omega$　　$\therefore I = 2A$

15 ③

| 정답해설 | 옴의 법칙 $V = IR$에 의하여
$2\Omega \times 4A = 8V$이다.

16 ③

| 정답해설 | 옴의 법칙 $V = IR$에 의하여
$45V = 5A \times R$
$\therefore R = 9\Omega$

17 ②

| 정답해설 | 옴의 법칙에 의하여 전체 합성 저항이 $\frac{12V}{1A} = 12\Omega$임을 알 수 있다. 따라서 $R = 12\Omega - 10\Omega = 2\Omega$이다.

20 전기 에너지, 전류의 자기 작용　　144쪽

01	④	02	③	03	④	04	④	05	②
06	③	07	②	08	②	09	①	10	①
11	②	12	②	13	③	14	②	15	③
16	①	17	④	18	②						

01 ④

| 정답해설 | 한 콘센트에 여러 개의 전기 제품을 연결하여 사용하지 않는다.

02 ③

| 정답해설 | 자기장 속에서 전류가 흐르는 도선이 받는 힘을 이용한 경우: 전동기(청소기, 선풍기, 세탁기, 에스컬레이터, 전동차 등), 전류계, 전압계, 스피커(이어폰) 등

03 ④

| 정답해설 | 전력은 전압과 전류의 곱으로, 1초 동안 소비하는 전기 에너지의 양이다.

04 ④

| 정답해설 | 전기 기구를 사용하지 않을 때는 플러그를 뽑아 둔다.

05 ②

| 정답해설 | 에너지의 단위는 J이다.

06 ③

| 정답해설 | 전력량＝전력×시간이므로 100W의 전력을 소모하는 텔레비전을 3시간 동안 시청하면 300Wh의 전력량이 사용된다.

07 ②

| 정답해설 | 소비 전력은 전기 기기에 사용되는 단위 시간당 에너지로, 전압(V)과 전류(I)의 곱으로 표현된다($P＝V×I$). 따라서 1A의 전류와 6V의 전압이 작용하고 있으므로 전력은 6W이다. 6W의 의미는 1초당 6J의 에너지를 소모함을 뜻한다.

08 ②

| 정답해설 | 전력량은 일정 시간 동안 사용한 전기 에너지의 양을 의미한다. 1Wh는 1W의 전력을 1시간 동안 사용할 때의 전력량이다. 전력이 10W인 선풍기를 사용하여 전력량이 30Wh가 되었다면 사용한 시간은 3시간이다.

전력량＝전력×시간
$$30Wh＝10W×(사용 시간)$$
$$＝10W×3시간$$

09 ①

| 정답해설 | 전기밥솥과 전기난로는 전류의 열작용(전기 에너지 → 열에너지)을 이용한 예이다.

10 ①

| 정답해설 | 일정 시간 동안 사용한 전기 에너지의 양은 전력량이다.

11 ②

| 정답해설 | 전기 에너지＝전압×전류×시간
$$＝5V×1A×2s$$
$$＝10J$$

12 ②

| 정답해설 | 전기 에너지＝전압×전류×시간
$$＝10V×0.5A×10s$$
$$＝50J$$

13 ③

| 정답해설 | 전력량＝전력×시간이므로
$$200W×5h＝1000Wh$$

14 ②

| 정답해설 | 자기장 속에서 전류가 흐르는 도선이 받는 힘을 이용한 경우: 전동기(청소기, 선풍기, 세탁기, 에스컬레이터, 전동차 등), 전류계, 전압계, 스피커(이어폰) 등

15 ③

| 정답해설 | ㉠－전류, ㉡－힘, ㉢－자기장

16 ①

| 정답해설 | 힘의 방향은 오른손을 펴고 엄지손가락을 전류의 방향으로 하고, 나머지 네 손가락을 자기장의 방향으로 향할 때 손바닥이 향하는 방향이다.

17 ④

| 정답해설 | 코일 주위의 자기장의 방향은 오른손의 네 손가락을 전류의 방향으로 감아쥘 때, 엄지손가락이 가리키는 방향이다. 그리고 자기력선은 항상 N극에서 나와서 S극으로 들어오므로 옳게 그려진 자기장의 방향은 ④이다.

18 ②

| 정답해설 | 자기장의 방향은 오른손의 엄지손가락을 전류의 방향과 일치시키고 나머지 네 손가락으로 도선을 감아쥘 때, 네 손가락이 가리키는 방향이다. 도선 위에 나침반이 놓여 있을 때 네 손가락이 오른쪽을 가리키므로 N극은 오른쪽을 가리킨다.

Ⅲ 화학

01	③	02	②	03	④	04	②	05	②
06	②	07	④	08	①	09	②	10	①
11	③	12	④	13	①	14	③	15	②
16	③	17	④						

01 ③

| 정답해설 | • 샤를 법칙: 압력이 일정할 때, 온도가 높아지면 기체의 부피는 증가하고, 온도가 낮아지면 감소한다.
• 보일 법칙: 온도가 일정할 때, 압력이 커지면 기체의 부피는 감소하고, 압력이 작아지면 증가한다.

02 ②

| 정답해설 | 온도가 일정할 때 기체의 부피는 압력이 커지면 감소한다(압력×부피＝일정).

03 ④

| 정답해설 | 분자들이 스스로 운동하여 액체 표면에서 기체 상태로 바뀌는 현상을 증발이라고 한다.

04 ②

| 정답해설 | 온도가 일정할 때 기체의 압력과 부피는 반비례 관계이다. → 보일 법칙

05 ②

| 정답해설 | 2기압일 때 부피는 4L이다.
• 보일 법칙: 기체의 압력×기체의 부피＝일정

06 ②

| 정답해설 | 보일 법칙: 압력×부피＝일정
2기압×12L＝24이고, 모든 지점의 압력과 부피의 곱은 24가 되어야 한다. 따라서 부피가 6L인 지점의 압력 (가)는 4기압이다.

07 ④

| 정답해설 | 분자들이 스스로 운동하여 액체나 기체 속으로 퍼져 나가는 현상을 확산이라고 한다.

08 ①

| 정답해설 | 탁구공 안에 들어 있는 기체는 온도가 높아지면 그 부피가 증가한다. 따라서 뜨거운 물에 넣으면 점점 기체의 부피가 증가하여 탁구공이 펴진다.

09 ②

| 정답해설 | 기체에 외부에서 압력을 가하면 기체의 부피는 감소한다. 기체는 분자 사이의 거리가 멀기 때문에 압력을 가하면 서로 거리가 가까워져 부피가 감소하게 된다. 그러나 기체 분자의 수나 기체 분자의 종류는 변하지 않는다.

10 ①

| 정답해설 | 압력이 일정할 때, 기체의 부피는 온도가 높아지면 일정한 비율로 증가한다.

11 ③

| 정답해설 | 확산(분자들이 스스로 운동하여 액체나 기체 속으로 퍼져 나가는 현상)의 예이다.

12 ④

| 정답해설 | 입자가 많을수록 충돌 횟수가 많아진다.

13 ①

| 정답해설 | 일정한 압력에서 기체는 온도가 높을수록 부피가 크다.

14 ③

| 정답해설 | 압력이 일정할 때, 기체의 온도가 증가할수록 부피가 증가한다.

15 ②

| 정답해설 | 온도가 일정할 때 기체의 압력과 부피는 반비례 관계이므로 압력을 2배로 증가시키면 부피는 $\frac{1}{2}$배가 된다. 따라서 10L인 부피는 5L가 된다.

16 ③

| 정답해설 | 같은 온도에서 기체의 압력(P)×부피(V)=일정이므로 압력과 부피는 반비례 관계이다. 따라서 압력을 4배 증가시키면 부피는 $\frac{1}{4}$배로 감소하므로 $40L \times \frac{1}{4} = 10L$가 된다.

17 ④

| 정답해설 | 샤를 법칙에 따르면 일정한 압력에서 기체의 온도가 273℃가 되면 0℃일 때 부피의 2배가 된다.

22 물질의 상태 변화									160쪽
01	①	02	④	03	④	04	④	05	④
06	④	07	①	08	④	09	④	10	②
11	④	12	②	13	①	14	②	15	④
16	④	17	②	18	③				

01 ①

| 정답해설 | 열에너지를 흡수하는 과정은 '고체 → 액체', '액체 → 기체' 과정이므로 A, B이다.

02 ④

| 정답해설 | 승화(고체 → 기체)
나프탈렌과 드라이아이스는 승화성 물질이다.

03 ④

| 정답해설 | 액체가 기체로 상태 변화가 일어날 때 분자 사이의 거리가 멀어지고 분자 운동이 빨라지며 부피가 증가한다.

04 ④

| 정답해설 | 녹는점에서는 고체가 액체로 상태 변화하는 융해 현상이 일어난다.

05 ④

| 정답해설 | 열에너지를 방출하는 상태 변화는 응고, 액화, 승화(기체 → 고체)이고, 열에너지를 흡수하는 상태 변화는 융해, 기화, 승화(고체 → 기체)이다. 따라서 A~D 중 열에너지를 방출하는 과정은 C(액화)와 D(응고)이다.

06 ④

| 정답해설 | 분자 사이의 거리가 가장 가깝고 규칙적인 (나)가 고체이고, 분자 사이의 거리가 가장 먼 (다)가 기체이다.

07 ①

| 정답해설 | 고체와 액체가 함께 있는 구간은 고체가 열을 받아 액체로 융해되고 있는 구간인 A이다.

08 ④

| 정답해설 | 액체 상태에서 고체로 상태 변화하는 것을 응고라고 한다.

09 ④

| 정답해설 | 액체의 아세톤이 기체의 아세톤으로 기화할 경우, 비닐 봉투 내부의 아세톤 분자의 수나 종류, 크기의 변화는 없지만, 분자 사이의 거리가 멀어져 비닐 봉투가 팽창한다.

10 ②

| 정답해설 | ② 철(고체), 나무(고체), 돌(고체)
| 오답해설 | ① 이슬(액체), 김(액체), 수증기(기체)
③ 산소(기체), 물(액체), 이산화 탄소(기체)
④ 수소(기체), 질소(기체), 드라이아이스(고체)

11 ④

| 정답해설 | 일반적인 물질의 세 가지 상태의 부피를 비교하면 '고체<액체<기체' 순이지만, 물의 경우 독특한 분자 배열 구조 때문에 부피를 비교하면 '물<얼음<수증기' 순이다.

12 ②

| 정답해설 | (가) 승화(기체 → 고체), (나) 응고, (다) 기화, (라) 승화(고체 → 기체), (마) 융해, (바) 액화

13 ①

| 정답해설 | 물질의 세 가지 상태의 부피를 비교하면 '고체<액

체<기체'이므로, 부피가 가장 많이 증가하는 과정은 승화(고체→기체)이다.
| 오답해설 | ② 융해, ③ 승화(기체 → 고체), ④ 액화

14 ②

| 정답해설 | 차가운 컵 표면에 공기 중의 수증기가 닿아 냉각되어 물방울이 맺히는 것으로 액화된 것이다.

15 ④

| 정답해설 | 나프탈렌이 작아지는 것은 승화(고체 → 기체) 현상으로 열에너지를 흡수한다. ①, ②, ③은 모두 열에너지를 방출한다.

16 ④

| 정답해설 | 수증기가 냉각되면서 이슬로 바뀐 것이다. 즉, 기체 → 액체로 상태 변화한 것이다.

17 ②

| 정답해설 | (가)는 고체에서 기체로 상태 변화가 일어나는 승화이다.
| 오답해설 | ① 승화(기체 → 고체), ③ 응고(액체 → 고체), ④ 액화(기체 → 액체)

18 ③

| 정답해설 | ㄷ. 새벽에 온도가 낮아지면서 안개가 생기는 것은 액화열을 방출하므로 주위 온도가 높아진다.
ㄹ. 겨울철 호수의 물이 빙판으로 변하는 것은 응고열을 방출하므로 주위 온도가 높아진다.
| 오답해설 | ㄱ. 마당에 물을 뿌리면 증발(기화)되며 기화열을 흡수하므로 주위가 시원해진다.
ㄴ. 고드름이 녹으면서 융해열을 흡수하므로 주위가 시원해진다.

23 원소, 원자, 분자   166쪽

01	③	02	③	03	②	04	①	05	③
06	③	07	②	08	③	09	④	10	①
11	②	12	②	13	①	14	②	15	④
16	②	17	④						

01 ③

| 정답해설 | 두 종류의 원자이며, 하나의 원자는 1개, 다른 종류의 원자는 3개로 구성되어 있으므로, NH_3이다.

02 ③

| 정답해설 | 이산화 탄소는 탄소 원자 1개와 산소 원자 2개로 이루어져 있다.

03 ②

| 정답해설 | 수소 분자는 수소 원자 2개로 이루어져 있으므로 크기와 종류가 같은 2개의 모형으로 표현해야 한다.

04 ①

| 정답해설 | 헬륨은 원자핵에 양성자 2개를 가지고 있으며, 그 주위를 전자 2개가 돌고 있다.

05 ③

| 정답해설 | 분자 모형을 보면 2종류의 원자로 이루어져 있으며 총 원자의 수는 4개이다. 이를 만족하는 것은 암모니아(NH_3)이다.
| 오답해설 | ① 수소 기체, ② 이산화 탄소, ④ 과산화 수소

06 ③

| 정답해설 | 수소 원자 2개와 산소 원자 1개로 구성된 물 분자는 H_2O이다.
| 오답해설 | ① H_2: 수소 기체 분자
② O_2: 산소 기체 분자
④ NH_3: 암모니아 분자

07 ②

| 정답해설 | 구리의 불꽃색이 청록색이므로 구리를 포함한 황산 구리(Ⅱ), 질산 구리(Ⅱ)가 청록색으로 나타난다.

08 ③

| 정답해설 | ㉠ 아연 − Zn, ㉡ 철 − Fe, ㉢ 수소 − H, ㉣ 구리 − Cu, ㉤ 산소 − O

09 ④

| 정답해설 | ① C — 탄소, ② Cl — 염소, ③ Fe — 철

10 ①

| 정답해설 | 물질을 구성하는 기본 입자로, 더 이상 쪼갤 수 없는 가장 작은 알갱이는 원자이다.

11 ②

| 정답해설 | 볼트 B 2개와 너트 N 4개를 이용하여 화합물 BN_2 최대 2개를 만들 수 있다.

12 ②

| 정답해설 | 물 분자(H_2O)는 수소 원자(H) 2개와 산소 원자(O) 1개로 이루어져 있다.

13 ①

| 정답해설 | 암모니아(NH_3)는 질소 원자(N) 1개와 수소 원자(H) 3개로 만들어진 분자이다.

14 ②

| 정답해설 | 물 분자(H_2O)는 두 종류의 원자이며, 하나의 원자는 1개, 다른 종류의 원자는 2개로 구성되어 있다.

15 ④

| 정답해설 | 분자 모형은 두 종류의 원자로 이루어진 모습이며, 각각의 원자는 1개로 이루어져 있으므로 HCl(염화 수소)이다.

16 ②

| 정답해설 | 원자 1개로 이루어진 분자이다.

17 ④

| 정답해설 | 같은 종류의 원자 2개로 이루어진 분자이다.
| 오답해설 | CO_2는 탄소 원자 1개와 산소 원자 2개로 이루어진 분자이다.

24 이온　　172쪽

01	①	02	④	03	④	04	①	05	①
06	②	07	④	08	②	09	④	10	③
11	①	12	②	13	②	14	③	15	②
16	②								

01 ①

| 정답해설 | $Ag^+ + Cl^- \rightarrow AgCl\downarrow$

02 ④

| 정답해설 | 나트륨의 불꽃색은 노란색이다.

03 ④

| 정답해설 | 알루미늄은 전자를 3개 잃어 알루미늄 이온이 된다.

04 ①

| 정답해설 | 은 이온은 염화 이온과 반응하여 염화 은이라는 흰색 앙금을 생성한다.

05 ①

| 정답해설 | '$Ag^+ + Cl^- \rightarrow AgCl\downarrow$'이므로 염화 이온과 반응하는 이온은 은 이온이다.

06 ②

| 정답해설 | Ca는 전자 2개를 잃어서 2가 양이온(Ca^{2+})이 된다.

07 ④

| 정답해설 | $Ca^{2+} + 2Cl^- \rightarrow CaCl_2$
| 오답해설 | ① $Ag^+ + Cl^- \rightarrow AgCl$
② $Na^+ + OH^- \rightarrow NaOH$
③ $Na^+ + Cl^- \rightarrow NaCl$

08 ②

| 정답해설 | 전자를 얻으면 음이온이 되고, 얻은 전자의 개수만큼 (−)전하량이 늘어난다.

| 오답해설 | ① $Cl + \ominus \rightarrow Cl^-$

③ $Mg \rightarrow Mg^{2+} + 2\ominus$

④ $Al \rightarrow Al^{3+} + 3\ominus$

09 ④

| 정답해설 | 원자에서 전자가 이동하여 이온이 된다. 원자핵은 이동하지 않는다.

10 ③

| 정답해설 | 원자가 전자 1개를 얻으면 1가 음이온이 된다.

11 ①

| 정답해설 | $Ag^+ + Cl^- \rightarrow AgCl\downarrow$

12 ②

| 정답해설 | 황산 이온 1개에 들어 있는 원자 수는 황 1개, 산소 4개로 모두 5개이다.

13 ②

| 정답해설 | 포도당, 설탕은 비전해질이다.

14 ③

| 정답해설 | $NaCl \rightarrow Na^+ + Cl^-$

15 ②

| 정답해설 | 산화 이온 : O^{2-}

16 ②

| 정답해설 | 전자 2개를 잃어 2가 양이온이 만들어진다.

---

25 물질의 특성   178쪽

01	④	02	①	03	③	04	③	05	③
06	①	07	③	08	③	09	②	10	④
11	②	12	②	13	④	14	②	15	①
16	①								

01 ④

| 정답해설 | 밀도: 동전>물>식용유>스티로폼(스타이로폼)

02 ①

| 정답해설 | 기울어진 정도가 가장 큰 (가)가 용해도 차이가 가장 크다.

03 ③

| 정답해설 | 높은 산에서는 기압이 낮다. 따라서 압력이 낮아지면 끓는점이 낮아져 쌀이 익을 만큼의 충분한 온도에 도달하지 못해 설익게 된다.

04 ③

| 정답해설 | 액체가 끓기 시작하는 온도인 끓는점은 물질의 고유한 성질이다. 즉, 물질의 종류가 다르면 끓는점이 다르므로 이를 이용하여 혼합물을 분리할 수 있다.

05 ③

| 정답해설 | 끓는점은 액체가 기체로 기화할 때의 온도를 말한다.

06 ①

| 정답해설 | 동전은 물에 가라앉고, 나무는 물에 뜨는 모습을 볼 수 있다. 이는 단위 부피에 대한 물질의 질량인 밀도의 차이 때문이다. 나무의 밀도는 물보다 작고, 동전의 밀도는 물보다 크다(밀도: 동전>물>나무).

07 ③

| 정답해설 | 외부 압력이 낮아지면 끓는점도 낮아지고, 외부 압력이 높아지면 끓는점도 높아진다.

08 ③

| 정답해설 | 고체에서 액체로 상태가 변하는 (나) 구간에서의 온도를 녹는점이라고 하고, 액체에서 고체로 상태가 변하는 (라) 구간에서의 온도를 어는점이라고 한다.

09 ②

| 정답해설 | 밀도: 동전 > 물 > 식용유 > 스티로폼(스타이로폼)

10 ④

| 정답해설 | 소금물보다 밀도가 크면 가라앉고, 작으면 떠오른다.

11 ②

| 정답해설 | 밀도 $= \dfrac{질량}{부피} = \dfrac{234}{30} = 7.8(g/cm^3)$이므로 철이라고 예상할 수 있다.

12 ②

| 정답해설 | ② 용질: 용액 속에 녹아 있는 물질
| 오답해설 | ① 용해: 한 물질이 다른 물질에 녹아 균일하게 섞이는 현상
③ 용매: 용질을 녹이는 물질
④ 용액: 용질이 용매에 녹아서 고르게 섞여 있는 물질

13 ④

| 정답해설 | 용해도 차이가 가장 작은 물질은 기울기가 가장 작은 (라)이다.

14 ②

| 정답해설 | 고체에서 액체로 상태가 변하는 동안 일정하게 유지되는 온도를 녹는점이라고 한다.

15 ①

| 정답해설 | 밀도 $= \dfrac{질량}{부피}$

16 ①

| 정답해설 | 밀도가 물보다 큰 물질은 밑으로 가라앉는다.
밀도 $= \dfrac{질량}{부피}$이므로 A의 경우 $\dfrac{24}{10} = 2.4(g/cm^3)$이므로 물에 가라앉을 것이다.

26 혼합물 분리   186쪽

01	①	02	①	03	②	04	②	05	①
06	①	07	①	08	③	09	②	10	①
11	④	12	③	13	④	14	④	15	①
16	③	17	④	18	④				

01 ①

| 정답해설 | 끓는점의 차이를 이용하여 분리하는 분별 증류 방법이다.
| 오답해설 | ② 크로마토그래피
③ 밀도 차이를 이용하여 분리
④ 온도에 따른 용해도 차이를 이용하여 분리

02 ①

| 정답해설 | 밀도가 두 고체의 중간 정도인 액체에 넣어 분리한다.
밀도: 좋은 볍씨 > 소금물 > 쭉정이

03 ②

| 정답해설 | • 구리, 염화 나트륨: 순물질
• 공기, 설탕물: 혼합물

04 ②

| 정답해설 | ① 분별 깔때기: 밀도 차이가 나서 섞이지 않는 액체 혼합물 분리
② 분별 증류: 끓는점 차이가 나는 액체 혼합물 분리
③ 거름: 용매에 녹고 녹지 않는 성질의 고체 혼합물 분리
④ 크로마토그래피

05 ①

| 정답해설 | 섞이지 않는 액체 혼합물(물과 석유)을 분리할 수 있

는 방법이다.

06 ①

| 정답해설 | 분별 깔때기는 섞이지 않는 액체의 밀도 차이를 이용하여 혼합물을 분리한다.

07 ①

| 정답해설 | 소금과 모래가 섞인 혼합물을 거름종이에 부어 주면 소금물은 통과하고, 물에 녹지 않는 모래는 거름종이에 남게 된다. 이와 같은 혼합물 분리 장치를 거름 장치라고 한다.

08 ③

| 정답해설 | 순물질은 다른 물질이 섞이지 않고 한 가지 물질로 이루어진 물질이다. 알루미늄은 순물질이고, 소금물, 흙탕물, 오렌지 주스는 혼합물에 해당한다.

09 ②

| 정답해설 | • 순물질(가): 한 가지 물질로 이루어진 것
　　　 ⓔ 금, 증류수, 구리 등
• 혼합물(나): 두 가지 이상의 순물질이 섞여 있는 것
　　　 ⓔ 흙탕물, 소금물, 공기 등

10 ①

| 정답해설 | 섞이지 않는 액체 혼합물의 밀도 차이를 이용하는 장치는 분별 깔때기이다.

11 ④

| 정답해설 | 나프탈렌과 아이오딘은 모두 물에 녹지 않거나, 모두 에탄올에 녹으므로, 용해도 차이로 혼합물을 분리할 수 없다.

12 ③

| 정답해설 | 분별 결정은 온도에 따른 용해도 차이가 큰 고체와 작은 고체의 혼합물을 분리하는 방법이다.

13 ④

| 정답해설 | 이산화 탄소는 화합물인 순물질이다.

14 ④

| 정답해설 | 물에 용해되는 정도가 다르기 때문에, 물에 녹여 거름 장치를 통과시키면 모래와 소금을 분리할 수 있다.

15 ①

| 정답해설 | 색소점은 물에 잠기지 않게 해야 분리가 잘 된다.

16 ③

| 정답해설 | 물질이 용매를 이동하는 속도 차이를 이용한 크로마토그래피로 분리해 낼 수 있다.

17 ④

| 정답해설 | E는 순물질이다. C가 포함된 것은 같은 높이에 결과가 나타난 B와 D이다.

18 ④

| 정답해설 | 80℃ 물 100g에 들어 있던 황산 구리(II) 10g과 질산 칼륨 20g이 0℃로 냉각되면 황산 구리(II)와 질산 칼륨은 각각 13g까지 녹을 수 있다. 따라서 질산 칼륨 20g 중 13g은 녹아 있고, 7g은 석출된다.

27 물질의 변화와 화학 반응식									191쪽
01	③	02	③	03	④	04	②	05	②
06	③	07	①	08	④	09	②	10	③
11	③	12	③	13	①	14	④		

01 ③

| 정답해설 | 설탕이 물에 녹는 용해나 호박엿이 잘라지는 작용은 물리 변화이다. 화학 변화는 물질의 성질이 변한다.

02 ③

| 정답해설 | 나무가 타는 연소 반응은 화학 반응이다.

03 ④

| 정답해설 | 얼음이 녹아 물이 되는 상태 변화는 물리 변화이다.

04 ②

| 정답해설 | 종이가 타는 것은 성질이 변하는 화학 변화이다.

05 ②

| 정답해설 | 물리 변화는 물질의 성질이 변하지 않으므로 분자의 종류가 같다. 사과를 나누는 것은 물리 변화이고, 사과의 색이 변하는 것은 성질이 변하는 화학 변화이다.

06 ③

| 정답해설 | 화학 변화의 예로는 종이가 불에 타는 연소 반응, 철이 녹스는 반응, 깎아 놓은 사과의 색깔이 변하는 반응 등이 있다.

07 ①

| 정답해설 | 화학 반응식은 →(화살표)를 기준으로 왼쪽에는 반응 물질, 오른쪽에는 생성 물질을 적는다. 메테인이 산소와 반응하므로 ㉠에 들어갈 물질은 산소이다.

08 ④

| 정답해설 | 승화는 상태 변화로 물리 변화에 해당한다.

09 ②

| 정답해설 | 물리 변화가 일어날 때는 분자 배열만 변한다.

10 ③

| 정답해설 | 원자의 배열이 달라져 성질이 바뀌는 것은 화학 변화이다.

11 ③

| 정답해설 | 화학 변화는 원자의 배열이 변하여 물질의 성질이 달라진다.

12 ③

| 정답해설 | 화학 반응식은 화학 반응을 나타낸 것으로, 계수는 자연수로 표현하고 1은 생략한다.

13 ①

| 정답해설 | 반응 전의 수소 원자와 산소 원자의 수는 반응 후에도 변함이 없어야 한다. 따라서 4개의 수소 원자와 2개의 산소 원자로 2개의 수증기를 생성한다.

14 ④

| 정답해설 | 반응 물질은 수소 분자 2개와 산소 분자 1개이고, 생성 물질은 물 분자 2개이다. 반응 전후 분자의 개수는 변하지만, 반응 전후 수소와 산소 원자의 개수는 각각 4개와 2개로 일정하다.

28 질량 보존 법칙								195쪽
01	②	02	④	03	①	04	①	05	③
06	②	07	②	08	④	09	①		

01 ②

| 정답해설 | 철가루 7g + 황가루 xg → 황화 철 11g
반응 전 물질의 총 질량은 반응 후 생성 물질의 총 질량과 같으므로 황가루의 질량은 $11-7=4$g이 된다.

02 ④

| 정답해설 | 질량 보존 법칙에 따라 반응 전 물질의 총 질량은 생성된 물질의 총 질량과 같으므로 $8g+2g=10g$이 된다.

03 ①

| 정답해설 | 화학 반응이 일어날 때 각 반응물의 질량의 합은 생성물의 질량의 합과 같다(질량 보존 법칙).
마그네슘 3g+산소 xg=산화 마그네슘 5g이므로 산소는 2g이 반응하였다.

04 ①

| 정답해설 | 구리 4g + 산소 xg → 산화 구리(Ⅱ) 5g
반응 전 물질의 총 질량은 반응 후 생성된 물질의 총 질량과 같으므로 반응한 산소는 1g이다.

05 ③

| 정답해설 | 수소 4g + 산소 32g → 물 36g

06 ②

| 정답해설 | 구리 8g + 산소 2g → 산화 구리(Ⅱ) 10g

07 ②

| 정답해설 | 앙금 생성 반응을 포함한 모든 화학 반응과 물리 변화에서 질량 보존 법칙은 성립한다.

08 ④

| 정답해설 | 마그네슘을 열린 공간에서 연소시키면 공기 중의 산소가 반응하므로 반응 후 질량이 증가한다.

09 ①

| 정답해설 | 닫힌 공간에서 하는 반응들은 모두 반응 전후의 질량이 같다. 열린 공간에서 하는 반응 중 양초를 연소시키는 반응은 반응 후 생성되는 기체가 날아가므로 전체 질량이 감소할 것이다.

29 일정 성분비 법칙   199쪽

01	④	02	②	03	③	04	①	05	③
06	③	07	②						

01 ④

| 정답해설 | 수소 기체 2g + 산소 기체 16g → 물 18g

02 ②

| 정답해설 | 수소 기체 2g과 산소 기체 16g이 반응하였으므로 1 : 8의 질량비를 가진다(일정 성분비 법칙: 화합물을 구성하는 성분 원소 사이에는 일정한 질량비가 성립한다.).

03 ③

| 정답해설 | 마그네슘 3g과 산소 2g이 반응하였으므로 반응한

마그네슘과 산소의 질량비는 3 : 2이다.

04 ①

| 정답해설 | 구하는 황의 질량은 $5.5 \times \dfrac{4}{7+4} = 2(g)$

05 ③

| 정답해설 | 화합물의 생성에서는 일정 성분비 법칙이 성립하지만, 혼합물에서는 성립하지 않는다.

06 ③

| 정답해설 | B와 C 시험관에는 아이오딘화 이온이 남아 있으며, E와 F 시험관에는 납 이온이 있다.

07 ②

| 정답해설 | 이 화합물을 만들기 위해서는 볼트 1개와 너트 2개가 필요하다. 볼트 2개와 너트 4개를 이용하여 최대 2개의 화합물을 만들 수 있으며, 1개의 너트가 남게 된다.

30 기체 반응 법칙   202쪽

01	④	02	①	03	①	04	②	05	③
06	④	07	②						

01 ④

| 정답해설 | 반응한 수소 기체 부피 : 반응한 산소 기체 부피 : 생성된 수증기 부피 = 2 : 1 : 2이므로 실험 3의 산소의 부피는 15mL이다.

02 ①

| 정답해설 | 아보가드로 법칙: 온도와 압력이 같을 때 모든 기체는 같은 부피 속에 같은 개수의 분자가 들어 있다.

03 ①

| 정답해설 | 기체 반응 법칙은 일정한 온도와 압력에서 기체들이 반응하여 새로운 기체가 생성될 때 성립한다.

04 ②

| 정답해설 | 구리는 고체이므로 기체 반응 법칙이 성립하지 않는다.

05 ③

| 정답해설 | 아보가드로 법칙: 온도와 압력이 같을 때 같은 부피 속에 같은 개수의 기체 분자가 들어 있다.

06 ④

| 정답해설 | 온도와 압력이 같을 때 같은 부피 속에 같은 개수의 기체 분자가 들어 있다.

07 ②

| 정답해설 | 발열 반응 시 주변으로 열을 내보내므로 주변의 온도는 높아진다.

Ⅳ 지구과학

31 지구계와 지권 211쪽

01	③	02	③	03	③	04	①	05	①
06	④	07	②	08	②	09	①	10	②
11	④	12	①						

01 ③

| 정답해설 | 지권은 지구 표면과 지구 내부를 말한다.

02 ③

| 정답해설 | 자석의 성질을 가진 광물은 자철석으로, 겉보기 색과 조흔색이 모두 검은색인 특징을 가진다.

03 ③

| 정답해설 | 자석에 달라붙거나 철을 끌어당기는 성질을 광물의 자성이라고 한다. 자성을 가진 광물은 자철석이다.

04 ①

| 정답해설 | 수증기가 응결하여 기권에서 구름을 생성한다.

05 ①

| 정답해설 | 외권은 기권 바깥의 우주 공간으로, 외권에 있는 태양으로부터 에너지가 공급된다.

06 ④

| 정답해설 | 파도는 수권에 의한 작용이다. 파도에 의하여 동굴이 만들어진 것은 지권의 변화이다. 따라서 수권과 지권의 상호작용이다.

07 ②

| 정답해설 | 암석을 이루는 주요 광물을 조암 광물이라고 하며 장석, 석영, 흑운모 등이 있다.

08 ②

| 정답해설 | 조흔색이 검은색이며 겉보기 색이 노란색인 광물은

황철석이다.

09 ①

| 정답해설 | 자성을 가진 광물은 자철석이다.

10 ②

| 정답해설 | 방해석은 염산과 반응하면 이산화 탄소가 발생하는 광물이다.

11 ④

| 정답해설 | 금강석은 모스 굳기계 10으로 가장 단단한 광물이다.

12 ①

| 정답해설 | 활석의 굳기는 1, 석고의 굳기는 2이므로 활석이 긁힌다.

32 암석									217쪽
01	④	02	①	03	②	04	④	05	②
06	②	07	②	08	①	09	①	10	①
11	②	12	③	13	①	14	③	15	④
16	③								

01 ④

| 정답해설 | 현무암은 지표 근처에서 빠르게 식어 만들어진 화산암이다.

02 ①

| 정답해설 | 퇴적물이 쌓이고 굳어져 만들어진 암석을 퇴적암이라고 한다. 예 사암, 역암, 셰일 등

03 ②

| 정답해설 | 여러 가지 퇴적물이 퇴적되어 만들어진 암석을

퇴적암이라고 한다. 변성암은 열과 압력에 의하여 성질이 변한 암석이고, 현무암과 화강암은 화산 활동에 의해 만들어진 화성암의 예이다.

04 ④

| 정답해설 | 마그마가 식어서 만들어진 암석은 화성암이다. 사암, 역암, 석회암은 퇴적물이 쌓여 만들어진 퇴적암에 해당한다.

05 ②

| 정답해설 | 퇴적암은 퇴적물이 다져지고 굳어져 만들어지는 암석으로, 역암·사암 등이 있다.
A: 변성암, B: 퇴적암, C: 화성암, D: 마그마

06 ②

| 정답해설 | 지하 깊은 곳에서 천천히 식어서 만들어진 암석은 심성암으로, 화강암, 섬록암, 반려암이 있다.
| 오답해설 | 현무암, 안산암, 유문암은 지표 부근에서 빨리 식어 만들어진 암석으로, 화산암이다.

07 ②

| 정답해설 | 현무암은 화성암, 대리암은 변성암이다.

08 ①

| 정답해설 | 퇴적물이 쌓여 만들어진 줄무늬 구조를 층리라고 하며, 층리는 퇴적암의 특징이다.

09 ①

| 정답해설 | 조개껍데기 등과 같은 석회 물질이 퇴적되어 만들어진 암석은 석회암이다.

10 ①

| 정답해설 | ① 편마암: 변성암
| 오답해설 | ② 유문암: 화성암, ③ 화강암: 화성암
④ 셰일: 퇴적암

11 ②

| 정답해설 | 진흙이 퇴적되어 셰일을 만든다.

12 ③

| 정답해설 | 퇴적암이 열과 압력을 받으면 변성암이 된다.

13 ①

| 정답해설 | 풍화 작용의 주요 요인은 물, 공기, 생물이다.

14 ③

| 정답해설 | 풍화 작용은 암석이 부서지거나 성질이 변하는 것을 말한다. 화산 활동으로 마그마가 분출되어 암석이 생성되는 것은 풍화 작용이 아니다.

15 ④

| 정답해설 | 토양의 가장 겉 부분에 있는 흙에는 식물이 자라는 데 필요한 영양분이 풍부하다.

16 ③

| 정답해설 | A층이 만들어지고 시간이 지나면서 빗물에 녹은 물질이 쌓여 B층이 발달한다.

33 지권의 운동　224쪽

| 01 | ② | 02 | ① | 03 | ④ | 04 | ② | 05 | ① |
| 06 | ① | 07 | ② | 08 | ③ | 09 | ③ | 10 | ④ |

01 ②

| 정답해설 | 지구 내부 구조에서 가장 많은 부피를 차지하는 것은 맨틀이다.

02 ①

| 정답해설 | 지진은 지구 내부에서 발생한 충격으로 땅이 흔들리는 현상이다.

03 ④

| 정답해설 | 가장 효과적인 지구 내부 탐사 방법은 지진파 분석이다.

04 ②

| 정답해설 | 지구 내부 구조의 부피비: 맨틀＞외핵＞내핵＞지각

05 ①

| 정답해설 | 모호면은 지각과 맨틀의 경계면으로, 지구 내부에서 지진파의 속도가 갑자기 빨라지는 곳이다.

06 ①

| 정답해설 | 하나였던 대륙이 분리되고 이동하여 현재와 같은 대륙 분포를 이루게 되었다는 이론은 베게너의 대륙 이동설이다.

07 ②

| 정답해설 | 대륙 이동의 원동력은 맨틀의 대류이다.

08 ③

| 정답해설 | 지구 표면은 여러 개의 판으로 이루어져 있으며, 판의 운동에 의해 화산·지진 등과 같은 지각 변동이 발생한다.

09 ③

| 정답해설 | 진원에서 멀어질수록 대체로 진도는 작아진다. 즉 진원에 가까울수록 대체로 진도는 커지고 피해 정도도 크다.

10 ④

| 정답해설 | 판은 맨틀의 움직임에 의해 서서히 이동하는데, 이때 판의 경계에서 판들이 멀어지고, 어긋나고, 부딪치면서 지진과 화산 같은 지각 변동이 일어난다.

01	①	02	②	03	②	04	③	05	④
06	①	07	①	08	①	09	③	10	①
11	②	12	①	13	①	14	②	15	②
16	①								

01 ①

| 정답해설 | A는 연해주 한류에서 갈라진 지류인 북한 한류이다. B는 동한 난류, C는 황해 난류, D는 쿠로시오 해류이다.

02 ②

| 정답해설 | 수온 약층(B)은 수심이 깊어질수록 수온이 낮아지는 매우 안정한 층이다. A: 혼합층, C, D: 심해층

03 ②

| 정답해설 | 해수에 가장 많이 녹아있는 염류는 염화 나트륨이다 (염화 나트륨 > 염화 마그네슘 > 황산 마그네슘 > 황산 칼슘).

04 ③

| 정답해설 | 염분은 해수 1kg에 녹아 있는 염류의 총량을 g으로 나타낸 것이다. 염분이 32‰인 바닷물은 1kg 속에 32g의 염류가 들어 있음을 의미한다. 따라서 바닷물 2kg 속에는 64g의 염류가 들어 있다.

05 ④

| 정답해설 | 우리나라 동해에서는 한류와 난류가 만나 조경 수역을 이루고 있다. 조경 수역은 플랑크톤이 풍부하여 좋은 어장을 형성하게 된다.

06 ①

| 정답해설 | 지구 상의 물 중 약 97.2%를 차지하는 것은 해수이다.

07 ①

| 정답해설 | 일정한 방향으로 움직이는 해수의 흐름을 해류라고 한다.

08 ①

| 정답해설 | 염화 나트륨은 전체 염류 중 가장 많은 양을 차지하며 짠맛을 낸다.
염화 나트륨 > 염화 마그네슘 > 황산 마그네슘 > 황산 칼슘

09 ③

| 정답해설 | 해수 1000g에 들어 있는 염류의 총량이 염분이다.
염류의 총량은 27.3＋3.8＋1.7＋2.2＝35g이므로 염분은 35‰이다.

10 ①

| 정답해설 | 강수량이 증발량보다 많은 지역이 염분이 낮다. 적도 지방은 강수량이 많고 극지방은 빙하의 용해 때문에 염분이 낮다.

11 ②

| 정답해설 | 수심이 깊어질수록 수온이 급격히 낮아지는 구간은 수온 약층으로 매우 안정한 층이다.

12 ①

| 정답해설 | 한류와 난류가 만나는 곳으로 플랑크톤이 풍부하여 물고기가 많이 모여 좋은 어장을 형성하는 곳을 조경 수역이라고 한다.

13 ①

| 정답해설 | 북태평양에서 우리나라로 북상하는 해류로, 우리나라 주변 난류의 근원은 쿠로시오 해류이다.

14 ②

| 정답해설 | 쿠로시오 해류에서 갈라져 나와 동해로 흐르는 난류는 동한 난류이다.

15 ②

| 정답해설 | 동한 난류와 북한 한류가 만나 조경 수역을 이룬다.

16 ①

| 정답해설 | A는 북한 한류로 고위도에서 내려오는 한류이다.

35 기권									239쪽
01	①	02	③	03	③	04	①	05	①
06	④	07	①	08	②	09	③	10	②
11	①	12	①	13	③	14	④	15	②
16	①	17	①						

01 ①

| 정답해설 | 이슬점이 가장 높은 지점은 현재 수증기량이 가장 많은 A 지점이다.

02 ③

| 정답해설 | 오존층이 존재하는 곳은 성층권이다.

03 ③

| 정답해설 | A 상태에서 온도가 점점 낮아지면 20℃일 때 포화 상태가 되므로 20℃가 이슬점이 된다.

04 ①

| 정답해설 | 대기권 중 대류 현상과 기상 현상이 모두 일어나는 곳은 대류권이다. 중간권은 대류 현상은 나타나지만 기상 현상은 나타나지 않는다.

05 ①

| 정답해설 | A는 포화 상태인 공기로, 상대 습도가 100%이다.

06 ④

| 정답해설 | 불포화 상태의 공기는 포화 수증기량보다 현재 공기의 수증기량이 적은 상태이다. 따라서 포화 수증기량 곡선의 아랫부분에 위치한 D가 불포화 상태이다.

07 ①

| 정답해설 | A는 대류권, B는 성층권, C는 중간권, D는 열권이다. A는 대류권으로 기상 현상이 나타나고, B는 성층권으로 오존층이 존재하며, 비행기의 항로로 이용된다. C는 중간권으로 유성이 관측되며, D는 열권으로 오로라가 나타나고 인공위성의 궤도로 이용된다. 태양에서 들어오는 자외선을 흡수하는 곳은 성층권으로, A가 아닌 B에 대한 설명이다.

08 ②

| 정답해설 | 대기권은 높이에 따른 기온 변화를 기준으로 4개의 층으로 구분한다.

09 ③

| 정답해설 | 대류 현상과 기상 현상이 모두 일어나는 곳은 대류권이고, 대류 현상은 있지만 기상 현상이 없는 곳은 중간권이다.

10 ②

| 정답해설 | 성층권에는 오존층이 있어 자외선 차단이 되는 구간이다.

11 ①

| 정답해설 | 지구의 대기는 태양으로부터 오는 유해한 자외선을 차단하는 역할을 한다.

12 ①

| 정답해설 | 태양 복사 에너지가 단위 면적당 지표면에 가장 많이 도달하는 곳은 태양 고도가 가장 높은 A이고, 가장 적게 도달하는 곳은 태양 고도가 가장 낮은 C이다.

13 ③

| 정답해설 | 지구 온난화로 극지방과 고산 지대 빙하의 면적과 양은 점점 줄어들 것이다.

14 ④

| 정답해설 | 포화 수증기량은 포화 상태 공기 1kg 속에 포함되어 있는 수증기의 양이다. D 공기는 현재 1kg에 포함된 수증기량이 20g이므로 포화 상태로 만들기 위해서는 30.4 −

20＝10.4g의 수증기가 필요하다. 따라서 D 공기 3kg을 포화 상태로 만들기 위해서는 10.4×3＝31.2g의 수증기량이 필요하다.

15 ②

| 정답해설 | 열대 지방에서는 구름 속의 물방울들이 충돌하여 합쳐져 비가 만들어진다.

16 ①

| 정답해설 | 공기가 상승할 때 구름이 생성된다.

17 ①

| 정답해설 | 열대 지방의 구름 속에는 크고 작은 물방울들이 섞여 있으며 이들이 서로 충돌하여 커져 떨어지면서 비가 되는데, 이를 병합설이라고 한다.

36 기압과 날씨									246쪽
01	①	02	②	03	②	04	①	05	②
06	③	07	③	08	②	09	④	10	①
11	③	12	③	13	②	14	②		

01 ①

| 정답해설 | 우리나라 겨울은 차고 건조한 시베리아 기단의 영향을 받는다.

02 ②

| 정답해설 | 장마 전선은 온난 전선과 한랭 전선이 만나 생기는 정체 전선으로, 많은 비가 내리게 된다.

03 ②

| 정답해설 | 우리나라 여름철 날씨에 영향을 주는 기단은 고온 다습한 북태평양 기단이다.

04 ①

| 정답해설 | 온난 전선은 전선면의 기울기가 완만하며, 이동 속도가 느리다. 또한 층운형 구름을 만드는 특징을 가진다.

05 ②

| 정답해설 | 북태평양 기단은 저위도의 해양에서 만들어졌으므로 고온 다습한 특징을 가진다. 우리나라의 여름철에 영향을 주는 기단으로 B에 속한다.
| 오답해설 | A: 고온 건조한 양쯔강 기단
C: 저온 건조한 시베리아 기단
D: 저온 다습한 오호츠크 해 기단

06 ③

| 정답해설 | 한랭 전선은 전선면의 기울기가 급하며, 적운형 구름을 만든다. 한랭 전선이 통과하면 기온이 낮아지고 좁은 지역에 소나기가 내린다.

07 ③

| 정답해설 | 기압은 모든 방향으로 작용한다.

08 ②

| 정답해설 | 1기압 ＝1013hPa＝76cmHg＝약 10m 물기둥의 압력

09 ④

| 정답해설 | 높이 올라가면 기압이 낮아지므로, 수은 기둥의 높이는 낮아지게 된다.

10 ①

| 정답해설 | 바다에서 육지로 바람이 부는 해풍을 나타낸 것으로, 육지가 먼저 가열되므로 기온은 육지가 바다보다 높고, 기압은 바다가 육지보다 높다.

11 ③

| 정답해설 | 고기압은 바람이 불어 나가며, 하강 기류의 생성으로 날씨가 맑다.

12 ③

| 정답해설 | 저기압은 상승 기류가 형성되어 날씨가 흐리다.

13 ②

| 정답해설 | B는 온난 전선과 한랭 전선 사이로 날씨는 맑고 남서풍이 분다. 온난 전선이 통과한 후 기온이 상승한다. 한랭 전선은 온난 전선에 비해 이동 속도가 빠르므로 온난 전선과 한랭 전선 사이의 간격은 점차 좁아진다.

14 ②

| 정답해설 | 한랭 전선은 이동 속도가 빠르고 온난 전선은 이동 속도가 느리다.

37 지구와 달 254쪽

01	③	02	③	03	①	04	③	05	③
06	②	07	②	08	④	09	③	10	②
11	③	12	②	13	④	14	③	15	③
16	③	17	②	18	②				

01 ③

| 정답해설 | 지구가 자전하기 때문에 매일 태양, 달, 별이 뜨고 지는 현상이 나타난다.
| 오답해설 | ① 일식은 달의 공전으로 인해 생기는 현상이다.
②, ④ 계절의 변화와 계절별 별자리의 변화는 지구의 공전으로 인해 생기는 현상이다.

02 ③

| 정답해설 | 월식은 지구 그림자에 의해 달이 가려지는 현상으로 망의 위치일 때 일어난다.

03 ①

| 정답해설 | 일식 현상은 태양 － 달 － 지구 순으로 위치한 삭의 위치 A일 때 일어날 수 있다.

04 ③

| 정답해설 | · A: 삭(달이 보이지 않음)
· B: 상현달
· C: 망(보름달)
· D: 하현달

05 ③

| 정답해설 | 태양 － 달 － 지구의 순서대로 위치한 삭일 때는 일식을 관측할 수 있다.

06 ②

| 정답해설 | 달은 햇빛이 반사되는 부분만 볼 수 있으므로, 오른쪽이 볼록한 모양의 반달인 상현달을 볼 수 있다.

07 ②

| 정답해설 | 태양이 지평선 위에 가장 오래 떠 있는 하지가 1년 중 낮이 가장 길다.

08 ④

| 정답해설 | (가)의 위치에 있을 때 달의 왼쪽이 태양 빛을 반사시켜 보이게 된다. 따라서 하현달을 볼 수 있다.

09 ③

| 정답해설 | 지구가 태양 주위를 공전하므로 계절에 따른 별자리의 변화가 생긴다.

10 ②

| 정답해설 | 매일 관측한 달의 모양은 한 달을 주기로 바뀐다. 이는 달이 지구 주위를 약 한 달에 한 바퀴씩 도는 운동(달의 공전)을 하기 때문이다.

11 ③

| 정답해설 | 북쪽별들(이동 방향: 반시계 방향)의 일주 운동이다. 별들이 북극성을 중심으로 원을 그리듯이 일주 운동을 한다. 이는 지구가 자전하기 때문에 나타나는 현상이다.

12 ②

| 정답해설 | 물체와 달이 같은 크기로 보이는 위치에서 측정해야 삼각형의 닮음비를 이용하여 달의 크기를 알 수 있다.

13 ④

| 정답해설 | 지구의 크기를 최초로 측정한 사람은 약 2200년 전 고대 그리스의 과학자인 에라토스테네스였다. 에라토스테네스는 지구의 크기를 측정하기 위해 지구는 완전한 구형이고, 지표면에 들어오는 햇빛은 평행하다고 가정하였다.

14 ③

| 정답해설 | 지구 모형의 반지름(R)을 구하기 위한 비례식을 세우면, $360°:2\pi R=30°:20\text{cm}$이므로 $R=40\text{cm}$이다.

15 ③

| 정답해설 | 태양의 일주 운동은 지구의 자전에 의한 현상이다. ①, ②, ④는 지구가 공전하기 때문에 일어나는 현상이다.

16 ③

| 정답해설 | 망의 위치에서 월식 현상이 일어날 수 있다.

17 ②

| 정답해설 | B: 상현달, C: 보름달, D: 하현달

18 ②

| 정답해설 | 12월에 태양이 지나는 별자리는 전갈자리이다. 따라서 한밤 중에 볼 수 있는 별자리는 반대편의 황소자리이다.

38 태양계									262쪽
01	①	02	③	03	④	04	③	05	④
06	①	07	②	08	②	09	④	10	④
11	①	12	①	13	①	14	④	15	①
16	①	17	①	18	①	19	②	20	①

01 ①

| 정답해설 | 질량이 지구와 가장 비슷한 행성은 금성으로, '샛별'이라고도 불린다.

02 ③

| 정답해설 | 태양에서 관측되는 현상이다.

03 ④

| 정답해설 | 혜성은 태양 주위를 포물선 궤도로 공전하는 작은 천체이다.

04 ③

| 정답해설 | 극관, 올림포스 화산 등이 존재하는 곳은 화성이다. 화성에서는 과거에 물이 흐른 흔적을 볼 수 있고, 표면은 붉은색을 띠고 있다.

05 ④

| 정답해설 | 태양계 행성 중 목성형 행성에 속하는 토성은 두 번째로 큰 행성이다. 수성, 금성, 화성은 지구형 행성으로 고리가 없다.

06 ①

| 정답해설 | 행성 주위를 공전하는 천체를 위성이라고 하며, 이 위성은 행성보다 크기와 질량이 작다.

07 ②

| 정답해설 | 흑점은 태양의 표면에서 검게 보이는 부분이다. 주변보다 약 2000℃가 낮은 약 4000℃이며, 흑점이 많을수록 태양의 활동이 활발한 시기이다.

08 ②

| 정답해설 | 태양 주위를 타원 또는 포물선 궤도로 공전하는 작은 천체는 혜성이다. 먼지와 얼음으로 이루어져 있으며, 태양 부근에서 태양 반대쪽에 꼬리가 생긴다.

09 ④

| 정답해설 | 지구형 행성에는 수성·금성·지구·화성이 속하고, 목성형 행성에는 목성·토성·천왕성·해왕성이 속한다.

10 ④

| 정답해설 | 태양계에는 태양, 행성, 소행성, 위성, 혜성 등이 속한다. 북극성은 태양계 밖에 있는 멀리 떨어진 별이다.

11 ①

| 정답해설 | 태양의 둘레를 공전하는 모든 천체들과 이들이 차지하는 공간을 태양계라고 한다.

12 ①

| 정답해설 | 흑점은 태양의 표면에서 주위보다 약 2000℃ 온도가 낮아 검게 보이는 부분이다.

13 ①

| 정답해설 | 수성, 금성, 지구, 화성이 지구형 행성이다.

14 ④

| 정답해설 | 목성형 행성들은 고리를 가지고 있다. 수성은 지구형 행성으로 고리가 없다.

15 ①

| 정답해설 | 금성에 대한 설명이다.

16 ①

| 정답해설 | A: 지구형 행성, B: 목성형 행성
| 오답해설 | ②, ③, ④는 B인 목성형 행성에 해당한다.

17 ①

| 정답해설 | 가장 크기가 큰 행성은 목성, 두 번째로 큰 행성은 토성이다.

18 ①

| 정답해설 | 지구형 행성들은 목성형 행성들보다 크기가 작다(반

지름이 작다.).

19 ②

| 정답해설 | 태양 활동이 활발해지면 흑점 수가 늘어나고 태양풍도 강해진다. 코로나의 크기가 커지고, 홍염과 플레어가 자주 발생한다.

20 ①

| 정답해설 | 태양 활동이 활발해지면 오로라가 넓은 지역에 발생하고 자기 폭풍이나 델린저 현상이 발생한다.

39 별									267쪽
01	④	02	②	03	③	04	③	05	②
06	②	07	④	08	①				

01 ④

| 정답해설 | 온도가 높은 별은 파란색 별이다.
별의 표면 온도: (높음) 파란색 > 청백색 > 흰색 > 황백색 > 노란색 > 주황색 > 붉은색 (낮음)

02 ②

| 정답해설 | 연주 시차와 별까지의 거리는 반비례 관계를 가지고 있다. 따라서 A별에 비하여 B별의 연주 시차가 2배가 되었으므로 거리는 A별에 비하여 $\frac{1}{2}$이 된다. 따라서 B별까지의 거리는 5pc이 된다.

03 ③

| 정답해설 | 지구에서 6개월 간격으로 별을 관측하였을 때 위치가 달라져 보이는 각도를 측정한다.

04 ③

| 정답해설 | 시차(혹은 연주 시차)가 클수록 지구에서 가까운 별이다.

05 ②

| 정답해설 | 1AU<1광년<1pc로, 1AU는 약 1.5×10^8km로 가장 가까운 거리이다.

| 오답해설 | 1pc은 연주 시차가 $1''$(초)인 별까지의 거리이고, 1pc≒3.26광년≒3.1×10^{13}km이다.

따라서 ①, ③, ④는 거리가 같다.

06 ②

| 정답해설 | 100배의 밝기 차이는 5등급 차이이다. 등급의 숫자가 작을수록 밝은 별이므로, 4−5＝−1등급의 별과 같은 밝기의 별임을 알 수 있다.

07 ④

| 정답해설 | 겉보기 등급>절대 등급일 때, 10pc(32.6광년)보다 멀리 있는 별이다.

겉보기 등급 − 절대 등급>0

08 ①

| 정답해설 | 100pc떨어진 별이 10pc에 있다고 가정하면 거리가 $\frac{1}{10}$배 가까워지므로 밝기는 100배 밝아진다. 따라서 겉보기 등급 2등급인 별의 절대 등급은 5등급이 낮아진 −3등급이다.

40 은하와 우주									271쪽
01	④	02	③	03	③	04	④	05	③
06	①	07	②	08	④	09	③	10	③
11	④	12	①						

01 ④

| 정답해설 | 사진은 말머리 성운으로, 가스나 티끌이 뒤에서 오는 별빛을 가려 어둡게 보이는 암흑 성운이다.

02 ③

| 정답해설 | 태양계는 우리은하의 중심에서 약 3만 광년 떨어진 나선팔에 위치하고 있다. (나)에서 나선팔은 C이다.

03 ③

| 정답해설 | 나선팔을 가지고 있는 은하를 나선 은하라고 한다. 막대 유무에 따라 막대 나선 은하와 정상 나선 은하로 나눌 수 있다. 주어진 그림은 중심에 막대를 가진 막대 나선 은하로 우리은하가 이에 해당한다.

04 ④

| 정답해설 | 밤하늘을 가로지르는 희미한 띠로 무수히 많은 별이 모여 있는 것은 은하수이다. 은하수는 우리 은하의 일부가 보이는 것으로 우리나라에서는 여름철에 잘 볼 수 있다.

05 ③

| 정답해설 | 구상 성단의 별들은 표면 온도가 낮다.

06 ①

| 정답해설 | 주위의 별로부터 에너지를 흡수하여 스스로 빛을 내는 성운은 방출 성운이다.

07 ②

| 정답해설 | 태양계는 우리은하의 중심에서 약 3만 광년 떨어진 나선팔에 위치하고 있다.

08 ④

| 정답해설 | 은하의 모양을 기준으로 타원 은하, 나선 은하, 불규칙 은하로 나눈다.

09 ③

| 정답해설 | 산개 성단으로, 푸른색의 젊은 별들의 집단이다.

10 ③

| 정답해설 | 은하수는 밤하늘을 가로지르는 희미한 띠로 무수히 많은 별이 모여 있는 것이다.

11 ④

| 정답해설 | 우주 팽창을 나타내는 실험으로, 풍선 표면은 우주 공간, 스티커는 은하를 나타낸다. 풍선을 불면 스티커는 특별한 중심이 없이 멀어지는 것을 볼 수 있다.

12 ①

| 정답해설 | 우주 공간은 중심 없이 모든 방향으로 균일하게 팽창하고 있다.

실전 모의고사

1 회									278쪽
01	④	02	①	03	①	04	①	05	②
06	②	07	②	08	④	09	②	10	②
11	①	12	④	13	④	14	④	15	②
16	③	17	①	18	②	19	③	20	④
21	①	22	③	23	④	24	③	25	①

01 ④

| 정답해설 | 부력은 액체나 기체가 그 속에 들어 있는 물체를 위쪽으로 밀어 올리는 힘으로, 중력과 반대 방향으로 작용한다.

02 ①

| 정답해설 | 진폭이 클수록 큰 소리가 난다. 따라서 가장 큰 소리는 진폭이 가장 큰 ①이고, 가장 작은 소리는 진폭이 가장 작은 ④번이다.

03 ①

| 정답해설 | 물체가 내려가거나 올라갈 때 운동 에너지와 위치 에너지는 서로 전환되지만, 그 합인 역학적 에너지는 보존된다.

04 ①

| 정답해설 | 전도는 물질을 이루는 입자들의 운동이 이웃한 입자로 전달되어 열이 이동하는 방법으로, 주로 고체에서 일어나는 열의 이동 방법이다.

05 ②

| 정답해설 | 등속 직선 운동에서 시간-속력 그래프의 넓이는 이동 거리를 나타낸다. 이 물체는 5m/s의 속력으로 10초 동안 운동했으므로 이동 거리는 50m이다.

06 ②

| 정답해설 | 전력량은 소비 전력과 사용 시간의 곱으로 구한다. 따라서 전력량이 가장 큰 전기 제품은 ② TV이다.

	제품	소비 전력(W)	사용 시간(h)	전력량(Wh)
①	에어컨	800	1	800
②	TV	300	5	1500
③	라디오	150	3	450
④	전등	100	10	1000

07 ②

| 정답해설 | 수소는 가장 가벼운 원소로 물을 구성하는 성분이며, 원소 기호는 H이다.
| 오답해설 | 질소의 원소 기호는 N, 마그네슘의 원소 기호는 Mg이다.

08 ④

| 정답해설 | 온도가 일정할 때 기체의 부피는 압력에 반비례한다. 즉 기체의 압력과 부피의 곱은 항상 일정하다. 따라서 이 경우에는 압력과 부피의 곱이 12로 일정해야 한다.
그러므로 A는 6기압, B는 6L이다.

09 ②

| 정답해설 | 입자의 배열이 불규칙해지는 것은 가열할 때의 상태 변화일 경우로, 융해, 기화, 고체에서 기체로 변화하는 승화가 있다.
① 응고, ② 기화, ③ 액화, ④ 기체에서 고체로 변화하는 승화에 해당되는 예이다.

10 ②

| 정답해설 | 물 분자는 2개의 수소와 1개의 산소 원자로 이루어져 있으므로 물 분자의 분자식은 H_2O이다. 분자식 앞의 숫자는 분자의 전체 개수를 의미하므로 5개의 물 분자는 $5H_2O$로 표현한다.

11 ①

| 정답해설 | 수소, 설탕, 구리는 한 가지 물질로 이루어진 순물질이다. 따라서 물질의 특성인 겉보기 성질, 끓는점, 녹는점, 어는점, 밀도, 용해도 등이 일정하다.

12 ④

| 정답해설 | 염화 은과 아이오딘화 납을 만드는 앙금 생성 반응이다. 이때 반응 전과 반응 후의 전체 질량은 변화 없이 일정하다.

13 ④

| 정답해설 | 원핵생물계는 핵막을 가진 핵이 없다. 나머지 원생생물계, 균계, 식물계, 동물계는 핵을 가지고 있다.

14 ④

| 정답해설 | 낮에는 광합성량이 호흡량보다 많으며, 아침과 저녁에는 광합성량과 호흡량이 비슷하다. 밤에는 호흡만 하기 때문에 산소를 흡수하고 이산화 탄소를 방출한다.

15 ②

| 정답해설 | 적혈구는 핵이 없으며, 헤모글로빈에 의해 조직 세포에 산소를 운반한다.

16 ③

| 정답해설 | 혈장과 여과액에 포함되어 있으므로 여과는 일어난다. 하지만 오줌에는 없으므로 다시 재흡수된 것을 알 수 있다. 따라서 정상인에게서 100% 재흡수가 일어나는 것은 ③ 포도당이다.

17 ①

| 정답해설 | 사람 피부의 감각점 중 통점의 개수가 가장 많기 때문에 사람은 통증을 가장 예민하게 느끼게 된다.

18 ②

| 정답해설 | 2가 염색체는 생식 세포 분열 중 감수 1분열 전기에 나타난다.

19 ③

| 정답해설 | 중간뇌는 눈의 운동, 홍채의 수축과 이완을 조절한다.
| 오답해설 | 대뇌는 고등 정신 활동, 소뇌는 몸의 근육 운동 조절, 간뇌는 몸의 항상성을 유지한다.

20 ④

| 정답해설 | 맨틀이 지구 전체 부피의 약 80% 정도를 차지하고, 가장 깊은 곳인 내핵의 압력이 가장 크다.

21 ①

| 정답해설 | 지표에서 가장 가까운 대류권에는 공기가 대부분 모여 있어 수증기가 있으므로 대류 현상이 나타나 기상 현상이 생기게 된다.

22 ③

| 정답해설 | 구름 생성 과정: 공기 상승 → 단열 팽창 → 온도 하강 → 이슬점 도달 → 수증기 응결 → 구름 생성

23 ④

| 정답해설 | 별의 밝기는 거리의 제곱에 반비례한다. 따라서 별의 거리가 3배가 되었으므로 밝기는 $\frac{1}{9}$배 어두워진다.

24 ③

| 정답해설 | 자성을 가지는 광물은 자철석이다. 방해석은 염산과 반응하여 이산화 탄소를 만드는 특징이 있다.

25 ①

| 정답해설 | 6월에 태양은 황소자리를 지나고 있으므로 한밤중에는 황소자리의 반대쪽인 전갈자리가 잘 보이게 된다.

01 ③

| 정답해설 | 빛의 3원색의 합성에서 옳게 나타낸 것은 ③ 초록색 +파란색=청록색이다.

| 오답해설 | ① 빨간색+초록색=노란색

② 빨간색+파란색=자홍색

④ 빨간색+초록색+파란색=흰색

02 ②

| 정답해설 | 물체 A는 열을 얻었고, 물체 B는 열을 잃어 열평형 상태가 되었다. 두 물체 사이의 얻고 잃은 열량은 같으며, 고온 의 물체인 B는 열을 잃어 입자 운동이 둔해졌다.

03 ③

| 정답해설 | 도선의 저항은 길이가 길수록, 도선의 굵기가 가늘 수록 커진다.

04 ①

| 정답해설 | 물체를 마찰시켰을 때 전자의 이동으로 마찰 전기가 생긴다. 털가죽에서 플라스틱 막대로 전자가 이동하였기 때문 에 전자를 잃은 털가죽은 (+)전하, 전자를 얻은 플라스틱 막대 는 (−)전하로 대전된다.

05 ①

| 정답해설 | 자유 낙하 운동 시 물체(농구공)에는 동일한 크기의 중력이 작용하게 되고 중력의 방향으로 운동한다. 이때 물체(농 구공)의 속력은 일정하게 증가하게 된다.

06 ③

| 정답해설 | ③ 풍력 발전: 운동 에너지 → 전기 에너지

| 오답해설 | ① 선풍기: 전기 에너지 → 운동 에너지

② 광합성: 빛에너지 → 화학 에너지

④ 모닥불: 화학 에너지 → 빛, 열에너지

07 ③

| 정답해설 | 이 반응은 열린 공간에서 진행하였기 때문에 생성된 이산화 탄소 기체가 빠져나가게 된다. 따라서 반응 후 측정된 질량이 감소한다.

08 ①

| 정답해설 | 주변의 온도가 올라가는 경우는 화학 반응 시 열을 방출하기 때문이고 이와 같은 반응을 발열 반응이라고 한다. 흡 열 반응시에는 주변 열을 흡수하여 주변의 온도가 낮아진다.

09 ①

| 정답해설 | 물리 변화는 겉모습만 변할 뿐 그 물질의 고유한 성 질은 변하지 않는다. 물리 변화에는 상태 변화, 확산, 용해 등이 있다.

10 ④

| 정답해설 | 열에너지를 흡수하는 상태 변화는 융해, 기화, 승화 (고체 → 기체)이다.

11 ④

| 정답해설 | 피스톤을 누르면 기체의 부피가 감소하면서 입자의 충돌 횟수가 증가하여 기체의 압력이 증가한다.

| 오답해설 | 기체 입자의 종류와 수는 변함이 없고, 기체 입자 사이의 거리는 감소한다.

12 ②

| 정답해설 | 10g의 산화 구리(II)를 만들기 위해서는 8g의 구리 와 반응해야 한다. 따라서 질량 보존 법칙에 따라 2g의 산소와 결합함을 알 수 있다.

13 ①

| 정답해설 | 변이란 같은 종의 생물 사이에서 나타나는 서로 다 른 특징을 말한다.

14 ②

| 정답해설 | 광합성 시 영향을 미치는 환경 요인에는 빛의 세기, 이산화 탄소의 농도, 온도가 있다. 산소의 농도나 물의 양은 광합성에 영향을 주는 요인이 아니다.

15 ④

| 정답해설 | 좌심실은 혈액을 온몸으로 내보내는 곳으로 심실 벽이 가장 두껍고, 대동맥과 연결되어 있다.

16 ④

| 정답해설 | 미각의 기본 맛은 짠맛, 단맛, 신맛, 쓴맛, 감칠맛이다.

17 ④

| 정답해설 | 우리 몸은 체온, 혈당량, 체내 수분량 등을 일정하게 유지한다. 이를 항상성이라 하고 조절하는 중추는 간뇌이다.

18 ②

| 정답해설 | 초인종 소리를 감각 뉴런에서 받아들여 연합 뉴런으로 전달하고, 연합 뉴런에서는 판단하여 명령을 운동 뉴런에 내린다.

19 ④

| 정답해설 | 지연이는 AB형이므로 부모에게 각각 A, B유전자가 있어야 한다. 따라서 부모 1이 지연이의 부모이다. 사랑이는 B형이므로 부모에게 B유전자가 있어야 하므로 부모 2가 사랑이의 부모이며, 사랑이의 유전자형은 BO일 것이다. 나머지 민정이는 O형으로 부모 3에게서 각각 O형의 유전자를 받았을 것이다. 부모 3의 유전자형은 2명 모두 AO일 것이다. 민정이의 경우 부모 1도 민정이의 부모일수도 있지만, 지연이의 부모가 부모 1이므로 부모 3이 민정이의 부모이다.

20 ④

| 정답해설 | ④ 모래로 이루어진 퇴적암은 사암이다.
| 오답해설 | ① 진흙—셰일(이암), ② 화산재—응회암, ③ 석회 물질—석회암

21 ③

| 정답해설 | 수심이 깊을수록 수온이 급격히 낮아지는 구간은 수온 약층이고, 매우 안정하여 혼합층과 심해층이 잘 섞이지 않게 된다.

22 ②

| 정답해설 | 염분이 높은 바다는 증발이 많은 바다로 주로 증발량이 강수량보다 많은 특징을 가진다. 또한 담수가 흘러들지 않는 바다가 염분이 높다.

23 ①

| 정답해설 | 겉보기 등급은 관측자에게 보이는 별의 밝기로 상대적 밝기이다. 4개의 별은 모두 절대 등급이 2등급으로 같으므로 0등급인 A별은 10pc보다 가까이 있어 밝게 보이는 것을 알 수 있다. B별은 절대 등급과 겉보기 등급이 같으므로 10pc에 위치하고, C와 D별은 10pc보다 멀리 위치해 있다.

24 ②

| 정답해설 | 저위도 해양에서 생성된 고온 다습한 북태평양 기단이 우리나라의 덥고 습한 날씨에 영향을 준다.

25 ②

| 정답해설 | 우리은하는 막대 모양의 중심부가 있고 주변에는 별들이 나선 모양으로 분포한다. 구상 성단은 우리은하의 중심부, 산개 성단은 우리은하의 나선팔에 위치한다.

memo

memo

memo

정답과 해설

2025 최신판

에듀윌
중졸 검정고시
기본서 과학

고객의 꿈, 직원의 꿈, 지역사회의 꿈을 실현한다

펴낸곳 (주)에듀윌　　**펴낸이** 양형남　　**출판총괄** 오용철　　**에듀윌 대표번호** 1600-6700

주소 서울시 구로구 디지털로 34길 55 코오롱싸이언스밸리 2차 3층　　**등록번호** 제25100-2002-000052호

협의 없는 무단 복제는 법으로 금지되어 있습니다.

핵심만 꾹 눌러 담은

꾹꾹이
노트

과학

eduwill

Ⅰ 생물

01 생물 다양성과 분류

1. 생물 다양성

생물 다양성	• 생물 다양성은 ( ) 다양성, 종 다양성, 생태계 다양성을 포함함 • ( ): 같은 종의 생물 사이에서 나타나는 서로 다른 특징 • 생물 다양성이 높은 생태계는 일부 생물이 사라져도 안정적으로 유지됨		
다양성 보존	서식지 파괴, 외래종 유입, 남획, 환경 오염 등으로 생물 다양성 감소		
	사회적 노력	생태 통로 조성, 서식 공간 조성 등	
	국가적 노력	국립 공원 지정, 멸종 위기종 관리 등	
	국제적 노력	국가 간 협약 체결 등	

2. 생물 분류

생물 분류	• 일정한 기준에 따라 생물을 비슷한 종류의 무리로 나누는 것 • ( )<속<과<목<강<문<계 • 종: 생물을 분류할 때 가장 기본이 되는 단위			

분류체계		핵	세포벽	단세포/다세포	광합성
	원핵생물계	없음	있음	단세포	
	원생생물계	있음			
	균계	있음	있음	다세포	안함
	식물계	있음	있음	다세포	함
	동물계	있음	없음	다세포	안함

02 광합성과 호흡

1. 광합성

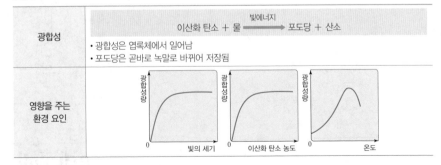

광합성	이산화 탄소 + 물 $\xrightarrow{\text{빛에너지}}$ 포도당 + 산소 • 광합성은 엽록체에서 일어남 • 포도당은 곧바로 녹말로 바뀌어 저장됨
영향을 주는 환경 요인	광합성량 ─ 빛의 세기 / 광합성량 ─ 이산화 탄소 농도 / 광합성량 ─ 온도

| 정답 | 유전자   변이   종

2. 증산 작용

잎	표피	잎의 가장 바깥쪽에 위치한 한 겹의 세포층
	잎맥	물관과 체관으로 구성되는 관다발
	공변세포	안쪽 세포벽이 바깥쪽 세포벽보다 두껍고, 엽록체가 있음
	( )	• 표피에 있는 작은 구멍 • 2개의 공변세포로 둘러싸여 있음
증산 작용		• 식물체 내의 물이 수증기 형태로 잎의 기공을 통해 빠져나가는 현상 • 기공이 잘 열리는 낮에 활발하게 일어남

3. 호흡

호흡	포도당 + 산소 ➡ 물 + 이산화 탄소 + 에너지 • 호흡 장소: 살아있는 모든 세포(미토콘드리아) • 호흡이 일어나는 시기: 밤낮 구분 없이 항상 일어남

식물의 기체 교환	낮	광합성량 > 호흡량
	밤	호흡만 일어남

구분	광합성	호흡
장소	엽록체	살아 있는 모든 세포
시간	낮	항상
기체 출입	CO_2 흡수, O_2 방출	O_2 흡수, CO_2 방출
물질 변화	무기물 → 유기물	유기물 → 무기물
에너지 관계	에너지 저장(흡수)	에너지 방출(발생)

03 소화

1. 영양소

동물의 구성 단계		세포 → 조직 → 기관 → 기관계 → 개체	
영양소	3대 영양소	( )	주 에너지원
		단백질	에너지원, 몸의 구성 성분
		지방	에너지원, 몸(세포막)의 구성 성분
	부영양소	바이타민	적은 양으로 생리 작용 조절
		무기 염류	뼈, 이, 혈액 등을 구성
		( )	• 몸의 약 60~70% 구성 • 영양소와 노페물 운반 및 체온 조절
영양소 검출	녹말	아이오딘 – 아이오딘화 칼륨 용액	청람색
	포도당	베네딕트 용액(가열)	황적색
	단백질	뷰렛 용액	보라색
	지방	수단 Ⅲ 용액	선홍색

2. 소화

소화	• 음식물 속의 영양소를 작은 크기로 분해하는 과정 • 음식물 이동 경로: 입 → 식도 → 위 → 소장 → (　　　) → 항문	
	입	녹말 $\xrightarrow{\text{침 속의 아밀레이스}}$ 엿당
	위	단백질 $\xrightarrow{\text{펩신}}$ 중간 산물 단백질
	소장 · 이자액	녹말 $\xrightarrow{\text{이자액의 아밀레이스}}$ 엿당 중간 산물 단백질 $\xrightarrow{\text{트립신}}$ 더 작은 중간 산물 단백질 지방 $\xrightarrow{\text{라이페이스}}$ 지방산, 모노글리세리드
	소장 · (　　　)	소화 효소 없음, 지방의 소화를 도움
	소장 · 소장 소화 효소	엿당 $\xrightarrow{\text{탄수화물 소화 효소}}$ 포도당 중간 산물 단백질 $\xrightarrow{\text{단백질 소화 효소}}$ 아미노산
	대장	물 흡수, 소화 효소 없음
흡수와 이동	소장의 융털	모세혈관 → 간 → 심장 → 온몸 암죽관 → 심장 → 온몸

04 순환

1. 순환계

혈액	혈장		• 대부분 물 • 영양소와 노폐물 운반 • 체온 조절 작용
	혈구	적혈구	• 핵이 없고 가운데가 오목한 원반 모양 • 붉은 색소 헤모글로빈이 산소를 운반함
		(　　　)	• 핵이 있고 불규칙한 모양 • 식균 작용
		혈소판	• 핵이 없고 불규칙한 모양 • 혈액 응고 작용
혈관	동맥		• 심장에서 나온 혈액이 흐르는 혈관 • 혈관벽이 두껍고, 탄력성이 강함 • 맥박을 느낄 수 있음
	모세 혈관		• 동맥과 정맥을 연결하는 혈관으로 총 단면적이 가장 큼 • 혈액과 조직 세포 사이에서 물질 교환 일어남 • 혈관벽이 매우 얇고 혈류 속도가 매우 느림
	(　　　)		• 심장으로 들어가는 혈액이 흐르는 혈관 • 혈관벽이 얇고 탄력성이 약함 • 판막이 있음

심장	좌심방	폐를 순환하며 산소를 얻은 혈액이 들어오는 곳
	좌심실	혈액을 온몸으로 내보내는 곳
	우심방	온몸을 순환한 혈액이 들어오는 곳
	우심실	폐로 혈액을 내보내는 곳
	판막	혈액 역류 방지 (심방과 심실 사이, 심방과 동맥 사이)

2. 혈액 순환

| 폐순환 | 우심실 → 폐동맥 → 폐의 모세 혈관 → 폐정맥 → 좌심방 |
| 온몸 순환 | 좌심실 → 대동맥 → 온몸의 모세 혈관 → 대정맥 → 우심방 |

05 호흡과 배설

1. 호흡

① 호흡계: 코, 기관, 기관지, 폐
② 폐포: 효율적인 기체 교환
③ 호흡 운동이 일어나는 과정

	갈비뼈	가로막	흉강의 부피	흉강의 압력	공기의 이동
들숨	↑	↓	증가	감소	외부 → 폐
날숨	↓	↑	감소	증가	폐 → 외부

④ 기체 교환: 기체의 농도 차이에 따른 확산에 의해 일어남

| 산소 농도 | 폐포 > 모세 혈관 > 조직 세포 |
| 이산화 탄소 농도 | 조직 세포 > 모세 혈관 > 폐포 |

2. 배설

노폐물	( )		날숨으로 내보냄
	물		날숨이나 오줌, 땀으로 내보냄
	암모니아		간에서 요소로 바뀐 다음, 오줌으로 내보냄
배설 기관	( )		혈액 속의 노폐물을 걸러내 오줌을 생성하는 기관
		네프론	• 오줌을 만드는 기본 단위 • 네프론＝사구체＋보먼주머니＋세뇨관
	오줌관		콩팥에서 만들어진 오줌이 이동하는 관
	방광		오줌을 모아두는 곳
	( )		오줌이 몸 밖으로 나가는 통로
오줌 생성	여과		사구체의 높은 압력으로 혈액이 보먼 주머니로 걸러지는 과정 ➡ 혈구, 단백질 등 크기가 큰 물질은 여과되지 않음
	재흡수		여과된 물질 중 우리 몸에 필요한 물질이 다시 흡수되는 과정 ➡ 물은 대부분 재흡수되고, 무기 염류는 필요한 만큼 재흡수됨
	분비		여과되지 않은 노폐물을 세뇨관으로 분비하는 과정

1. 눈

빛 → 각막 → 수정체 → 유리체 → 망막 → 시각 신경 → 대뇌

눈의 구조	( )	눈의 가장 앞쪽의 투명한 막	
	홍채	동공의 크기를 조절하여 눈으로 들어가는 빛의 양 조절	
	( )	빛을 굴절시켜 망막에 상이 맺히게 함	
	망막	상이 맺히는 곳으로, 시각 세포가 있음	
눈의 조절	빛의 양 조절	어두운 곳	홍채 축소 → 동공 확대 → 빛의 양 증가
		밝은 곳	홍채 확장 → 동공 축소 → 빛의 양 감소
	거리 조절	가까운 곳	섬모체 수축 → 수정체 두꺼워짐
		먼 곳	섬모체 이완 → 수정체 얇아짐
눈의 이상과 교정	근시	• 먼 곳에 있는 물체를 잘 볼 수 없음 • 상이 망막 앞에 맺힘 • 오목 렌즈로 교정	
	원시	• 가까운 곳에 있는 물체를 잘 볼 수 없음 • 상이 망막 뒤에 맺힘 • 볼록 렌즈로 교정	

2. 귀

소리 → 귓바퀴 → 외이도 → 고막 → 귓속뼈 → 달팽이관 → 청각 신경 → 대뇌

귀의 구조	외이	귓바퀴	소리를 모아 외이도로 전달
		외이도	귓바퀴와 고막 사이의 길
	중이	고막	진동하는 얇은 막
		귓속뼈	진동을 증폭
		귀인두관	안쪽과 바깥쪽의 압력 조절
	내이	( )	청각 세포 분포
		반고리관	회전 및 속력 감지 ➡ 평형 감각 담당
		전정 기관	움직임 및 기울어짐 감지 ➡ 평형 감각 담당

3. 코, 혀, 피부

코	후각	• 기체 상태의 화학 물질을 자극으로 받아들임 • 가장 예민한 감각
혀	미각	• 액체 상태의 화학 물질을 자극으로 받아들임 • 혀에서 느끼는 맛의 종류: 단맛, 짠맛, 신맛, 쓴맛, 감칠맛
피부	피부 감각	통증, 압력, 접촉, 온도 변화를 감지

07 신경계

1. 신경계

뉴런		핵 / 신경 세포체 / 가지 돌기 / 축삭 돌기 / 자극의 전달 방향
	감각 뉴런	감각 기관에서 자극을 받아들임
	연합 뉴런	전달받은 자극을 종합, 판단하여 명령을 내림
	운동 뉴런	명령을 운동 기관으로 전달함
	자극 → 감각 기관 → 감각 뉴런 → 연합 뉴런 → 운동 뉴런 → 운동 기관 → 반응	
중추 신경계	뇌	( )	고등 정신 활동
		간뇌	체온과 혈당량 조절
		중간뇌	안구 운동, 동공 크기 조절
		( )	몸의 균형 유지
		연수	심장 박동, 호흡 조절, 무조건 반사 중추
	척수		뇌와 몸의 각 부분 사이에 정보를 전달하는 통로, 무조건 반사 중추

2. 항상성

	( )	생장 호르몬, 갑상샘 자극 호르몬, 생식샘 자극 호르몬, 항이뇨 호르몬
호르몬	갑상샘	티록신
	부신	아드레날린
	이자	글루카곤, 인슐린
	난소	에스트로겐
	정소	테스토스테론
항상성		• 체내의 환경이 변하더라도 몸속 상태를 항상 일정하게 유지하려는 성질 • 호르몬과 신경이 함께 작용

08 염색체와 체세포 분열

1. 염색체

염색체	DNA와 단백질로 구성
( )	생물의 특징을 결정하는 유전 정보가 저장된 DNA의 특정 부분
상동 염색체	체세포에 들어 있는 모양과 크기가 같은 한 쌍의 염색체
사람의 염색체	체세포에 23쌍의 상동 염색체가 있음 ➡ 22쌍(44개)의 상염색체＋1쌍(2개)의 성염색체

| 정답 | 대뇌   소뇌   뇌하수체   유전자

2. 체세포 분열

① 체세포 분열 과정

간기	전기	중기	후기	말기
유전 물질인 DNA 복제	염색체가 나타남	염색체가 세포 중앙에 배열됨	염색 분체 분리	2개의 핵

② 세포질 분열

세포질 분열	( ) 세포	세포판 형성
	( ) 세포	세포질 함입

③ 체세포 분열 결과: 생장, 재생, 생식

09 생식 세포 분열과 발생

1. 생식 세포 분열

① 감수 1분열

간기	전기	중기	후기	말기
DNA 복제	2가 염색체 형성	세포 중앙 배열	상동 염색체 분리	2개의 핵

② 감수 2분열

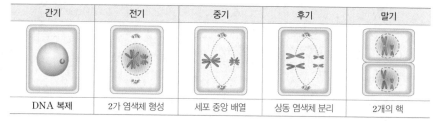

전기	중기	후기	말기
( ) 형성	세포 중앙 배열	염색 분체 분리	4개의 핵

③ 생식 세포 분열: 생식 기관에서 생식 세포를 만들 때 일어나는 세포 분열
④ 분열 결과 염색체 수가 절반으로 줄어듦 ➡ 세대를 거듭해도 자손의 염색체 수가 일정하게 유지됨

⑤ 체세포 분열과 생식 세포 분열 비교

체세포 분열	구분	생식 세포 분열
1회	분열 횟수	2회
2개	딸 세포 수	4개
형성되지 않음	2가 염색체	형성됨
변화 없음	염색체 수 변화	절반으로 줄어듦

2. 발생

구분	생성 장소	세포질	핵	운동성	저장 양분
정자	정소	없음	있음	있음	없음
난자	난소	있음	있음	없음	있음

( )	난소에서 성숙한 난자가 수란관으로 배출됨
수정	수란관 앞부분에서 난자와 정자가 만나 수정됨
난할	• 수정란의 초기 세포 분열 • 빠르게 반복됨, 세포 수는 증가하고 세포 1개의 크기는 작아짐
( )	수정 후 약 1주일이 지나 포배 상태로 자궁 내막에 파묻힘

10 유전

1. 유전

우열의 원리	대립 형질을 가진 순종의 개체끼리 교배하여 얻은 잡종 1대에서 나타나는 형질을 우성이라고 하고, 나타나지 않는 형질을 열성이라고 함
분리 법칙	생식 세포가 형성될 때 한 쌍의 대립 유전자가 분리되어 각각 서로 다른 생식 세포로 들어가는 현상 → 멘델의 완두 교배 실험에서 잡종 2대에서는 우성 형질 : 열성 형질=3 : 1의 분리비임
( )	두 쌍 이상의 대립 형질이 동시에 유전될 때, 각각의 형질이 서로 영향을 주지 않고 독립적으로 유전되는 현상

2. 사람의 유전

미맹 유전	상염색체에 있는 한 쌍의 대립 유전자에 의해 결정됨 → 우열의 원리와 분리 법칙을 따름			
ABO식 혈액형 유전	유전자 A와 B는 유전자 O에 대하여 우성이며, 유전자 A와 B 사이에는 우열 관계가 없음			
	표현형	A형	B형	AB형	O형
	유전자형	AA, AO	BB, BO	AB	OO
색맹 유전	• X염색체에 있으며 정상 유전자에 대해 열성임 • ( )에게서 더 많이 나타남			

11 힘

1. 힘

힘의 작용점	화살표의 시작점
힘의 크기	화살표의 길이
힘의 방향	화살표의 방향

2. 여러 가지 힘

( )	• 지구가 물체를 끌어당기는 힘 • 방향: 지구 중심 방향		
	구분	무게(N)	질량(kg, g)
	정의	물체에 작용하는 중력의 크기	물체가 가지고 있는 고유한 양
	측정 도구	용수철저울, 가정용 저울	윗접시저울, 양팔저울
	특징	측정 장소에 따라 달라짐	측정 장소에 관계없이 일정
탄성력	• 변형된 물체가 원래 모양으로 되돌아가려는 힘 • 방향: 탄성체에 작용한 힘의 방향과 반대 방향 • 크기: 탄성체에 작용한 힘의 크기와 같음		
( )	• 두 물체의 접촉면에서 물체의 운동을 방해하는 힘 • 방향: 물체가 움직이거나 움직이려는 방향과 반대 방향 • 크기: 물체의 무게가 무거울수록, 접촉면이 거칠수록 커짐		
부력	• 중력과 반대 방향인 위쪽 • 액체나 기체 모두 위쪽으로 작용 • 크기: 공기 중에서의 물체의 무게와 물속에서의 물체의 무게 차이		

12 운동

1. 운동의 표현

( )	시간에 따라 물체의 위치가 변하는 것
속력	물체가 단위 시간 동안 이동한 거리 속력 $= \dfrac{\text{이동 거리}}{\text{걸린 시간}}$
평균 속력	물체의 속력이 일정하지 않을 때 전체 이동 거리를 걸린 시간으로 나눈 값 평균 속력 $= \dfrac{\text{전체 이동 거리}}{\text{걸린 시간}}$

| 정답 | 중력　마찰력　운동

2. 등속 직선 운동

시간 − 이동 거리 그래프	시간 − 속력 그래프
이동 거리가 시간에 비례하여 증가함	속력은 항상 일정함

3. 자유 낙하 운동

정의	정지해 있던 물체가 중력을 받아 지면으로 떨어질 때 속력이 빨라지는 운동
속력	일정하게 증가
운동 방향	중력 방향(일정한 크기의 중력이 작용함)
이동 거리	같은 시간 동안 이동한 거리가 점점 증가함

<hr>

13 열과 우리 생활

1. 열

온도	온도가 높음	온도가 낮음
	입자 운동이 활발함	입자 운동이 둔함
( )	온도가 다른 두 물체가 접촉했을 때 온도가 높은 물체에서 온도가 낮은 물체로 열이 이동하여 두 물체의 온도가 같아진 상태	(그래프) 뜨거운 물 / 찬물
열의 이동	( ) 물질을 이루는 입자들의 운동이 이웃한 입자로 전달되어 열이 이동	
	( ) 액체나 기체 입자들이 직접 이동하여 열을 전달	
	복사 입자의 도움 없이 열이 직접 이동	
( )	전도, 대류, 복사에 의한 열의 이동을 막는 것	
	보온병 • 진공으로 된 이중벽 (전도와 대류에 의한 열의 이동을 막음) • 은도금(복사에 의한 열의 이동을 막음)	
	이중창 이중창 사이에 공기가 채워짐 (전도에 의한 열의 이동 막음)	

2. 비열과 열팽창

비열	• 어떤 물질 1kg의 온도를 1℃ 높이는 데 필요한 열량 $$비열(c) = \frac{열량(Q)}{질량(m) \times 온도\ 변화(t)}$$ • 질량이 같을 때 비열이 클수록 온도 변화가 작음 • 비열이 같을 때 질량이 클수록 온도 변화가 작음 • 물질마다 다르므로, 물질을 구별하는 특성이 됨	
	해륙풍	비열이 작은 육지가 비열이 큰 바다보다 빨리 데워지고 빨리 식음
	뚝배기	금속 냄비보다 음식이 늦게 식음
( )	• 온도가 높아지면 물체의 길이나 부피가 증가하는 현상 • 온도가 높아짐 → 입자 운동이 활발해짐 → 입자들 사이의 거리가 멀어짐	
( )	• 열팽창 정도가 다른 두 종류의 금속을 붙여 놓은 장치 • 가열: 열팽창 정도가 작은 금속 쪽으로 휨 • 냉각: 열팽창 정도가 큰 금속 쪽으로 휨	

---

14 빛

1. 빛의 기본 성질

물체를 보는 과정	• 직진: 빛이 곧게 나아가는 현상 • 광원을 볼 때 빛의 경로: 광원 → 눈 • 광원이 아닌 물체를 볼 때 빛의 경로: 광원 → 물체 → 눈
빛의 합성	• 두 가지 색 이상의 빛을 합쳐 다른 색의 빛을 만드는 것 • 빛의 삼원색: (　　　　), 초록색, 파란색

2. 반사와 굴절

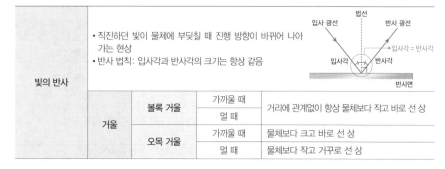

빛의 반사	• 직진하던 빛이 물체에 부딪칠 때 진행 방향이 바뀌어 나아가는 현상 • 반사 법칙: 입사각과 반사각의 크기는 항상 같음		
	거울	볼록 거울	가까울 때
			멀 때
		오목 거울	가까울 때
			멀 때

볼록 거울	가까울 때	거리에 관계없이 항상 물체보다 작고 바로 선 상
	멀 때	
오목 거울	가까울 때	물체보다 크고 바로 선 상
	멀 때	물체보다 작고 거꾸로 선 상

| 정답 | 열팽창　바이메탈　빨간색

빛의 굴절	• 빛이 한 물질에서 다른 물질로 진행할 때 진행 방향이 경계면에서 꺾이는 현상 • 이유: 물질에 따라 빛이 진행하는 속력이 다르기 때문 • 굴절 방향: 빛의 속력이 느린 쪽으로 굴절함			
	렌즈	( ) 렌즈	가까울 때	물체보다 크고 바로 선 상
			멀 때	물체보다 작고 거꾸로 선 상
		( ) 렌즈	가까울 때	거리에 관계없이 항상 물체보다 작고 바로 선 상
			멀 때	

15 파동

1. 파동

파동	어느 한 점에서 만들어진 진동이 주변으로 퍼져 나가는 현상			
종류	횡파	매질의 진동 방향과 파동의 진행 방향이 수직인 파동		
	종파	매질의 진동 방향과 파동의 진행 방향이 나란한 파동		
모습		마루	매질에서 가장 높은 위치	
		골	매질에서 가장 낮은 위치	
		파장	마루(골)에서 이웃한 마루(골)까지의 거리	
		진폭	진동 중심에서 마루 또는 골까지의 거리	
		주기	매질의 한 점이 한 번 진동하는 데 걸리는 시간	
		진동수	매질이 1초 동안 진동하는 횟수 $$진동수(Hz) = \frac{1}{주기(s)}$$	

2. 소리

소리	• 물체의 진동 → 공기의 진동 → 고막의 진동 → 소리 인식 • 매질이 있어야만 전달됨	
3요소	( )(크기)	진폭이 클수록 큰 소리가 남
	( )	진동수가 클수록 높은 소리가 남
	( )	파형에 따라 달라짐

| 정답 | 볼록   오목   세기   높낮이   음색

1. 일

	중력에 대해 한 일=물체의 무게×들어 올린 높이
일[J]=힘[N]×이동 거리[m] ➡ $W=F\times s$	중력이 한 일=물체의 무게×떨어진 높이

2. 위치 에너지와 운동 에너지

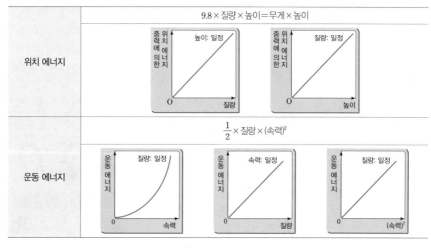

17 에너지 전환과 보존

1. 역학적 에너지

역학적 에너지=위치 에너지+운동 에너지=일정

• 물체가 올라갈 때: (   ) 에너지가 (   ) 에너지로 전환

• 물체가 내려갈 때: (   ) 에너지가 (   ) 에너지로 전환

|정답| 운동 위치 위치 운동

2. 에너지 전환

- 에너지는 끊임없이 한 종류의 에너지에서 다른 종류의 에너지로 전환됨
- 📷 선풍기: 전기 에너지 → 운동 에너지

  광합성: 빛에너지 → 화학 에너지
- 에너지 보존 법칙 : 에너지가 전환될 때 새로 생기거나 사라지지 않음

3. 전기 에너지

( )	코일 주위에서 자석을 움직이면 코일을 통과하는 자기장이 변하여 코일에 전류가 흐르는 현상
유도 전류	코일 주위에서 자석을 움직일 때 코일에 흐르는 전류
발전기	코일 회전 → 코일을 통과하는 자기장이 변함 → 유도 전류 흐름

18 전기

1. 전기

마찰 전기	전자를 잃은 물체	(+)로 대전됨	
	전자를 얻은 물체	(−)로 대전됨	
대전열	물체를 마찰할 때 전자를 잃기 쉬운 순서대로 나열한 것		
	(+)털가죽 − 유리 − 명주 − 나무 − 고무 − 플라스틱(−)		
전기력	( )	서로 다른 종류의 전하를 띤 물체 사이에서 끌어당기는 힘	
	( )	서로 같은 종류의 전하를 띤 물체 사이에서 밀어내는 힘	

2. 정전기 유도

정전기 유도	• 대전체를 금속에 가까이 할 때 금속이 대전되는 현상 • 대전체와 가까운 쪽: 대전체와 다른 종류의 전하로 대전 • 대전체와 먼 쪽: 대전체와 같은 종류의 전하로 대전		
검전기	• 금속판: 대전체와 다른 종류의 전하로 대전 • 금속박: 대전체와 같은 종류의 전하로 대전		
	알 수 있는 것	물체의 대전 여부	
		대전되지 않은 물체	금속박이 안 벌어짐
		대전된 물체	금속박이 벌어짐
		대전된 전하의 많고 적음	
		전하의 양이 적은 물체	금속박이 조금 벌어짐
		전하의 양이 많은 물체	금속박이 많이 벌어짐
		대전된 전하의 종류	
		검전기와 같은 전하로 대전된 물체	금속박이 더 벌어짐
		검전기와 다른 전하로 대전된 물체	금속박이 오므라듦

19 전류, 전압, 전기 저항

1. 전류

- 전하의 흐름
- 단위: A(암페어)
- 전류의 방향: (+)극 → (−)극

도선에서 전자의 이동	전류가 흐르지 않을 때	전자들이 여러 방향으로 움직임
	전류가 흐를 때	전자들이 (−)극에서 (+)극으로 이동함

2. 전압

- 전기 회로에서 전류를 흐르게 하는 능력
- 단위: V(볼트)

전지의 연결	직렬연결	• 전체 전압은 연결한 전지의 개수에 비례 • 높은 전압을 얻을 수 있음
	병렬연결	• 전체 전압은 전지 1개의 전압과 같음 • 전지를 오랫동안 사용할 수 있음

3. 저항

- 전기 회로에서 전류의 흐름을 방해하는 정도
- 단위: Ω(옴)

저항의 연결	( )연결	• 전체 저항은 커지고, 전류의 세기는 작아짐 • 각 저항에 흐르는 전류의 세기는 같음
	( )연결	• 전체 저항은 작아지고, 전류의 세기는 커짐 • 각 저항에 걸리는 전압은 같음

4. 옴의 법칙

- 전류의 세기는 전압에 비례하고, 저항에 반비례함

$$I = \frac{V}{R} \qquad\qquad V = IR \qquad\qquad R = \frac{V}{I}$$

20 전기 에너지, 전류의 자기 작용

1. 전기 에너지

전기 에너지	전기 에너지[J] = 전압[V] × 전류[A] × 시간[s]
소비 전력	• 1초 동안 전기 기구에 공급되는 전기 에너지 • 단위: W(와트), kW(킬로와트) • 1W: ( ) 동안 ( )의 전기 에너지를 소비할 때의 전력 • 전력[W] $= \dfrac{\text{전기 에너지[J]}}{\text{시간[s]}} = \dfrac{\text{전압} \times \text{전류} \times \text{시간}}{\text{시간}} = $ 전압[V] × 전류[A]

2. 전류의 자기 작용

( )	• 자석 주위와 같이 자기력이 작용하는 공간 • 방향: 나침반 자침의 N극이 가리키는 방향	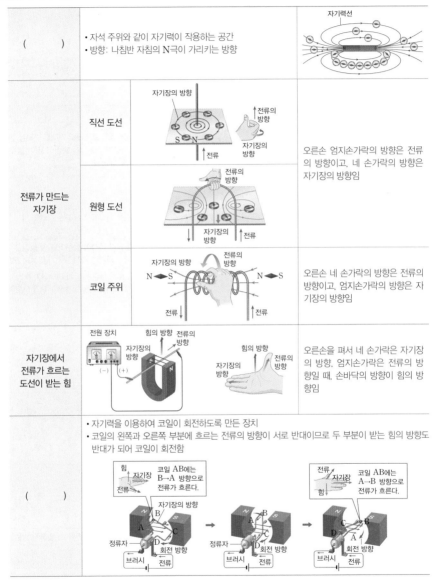

전류가 만드는 자기장	직선 도선		오른손 엄지손가락의 방향은 전류 의 방향이고, 네 손가락의 방향은 자기장의 방향임
	원형 도선		
	코일 주위		오른손 네 손가락의 방향은 전류의 방향이고, 엄지손가락의 방향은 자 기장의 방향임
자기장에서 전류가 흐르는 도선이 받는 힘			오른손을 펴서 네 손가락은 자기장 의 방향, 엄지손가락은 전류의 방 향일 때, 손바닥의 방향이 힘의 방 향임
( )	• 자기력을 이용하여 코일이 회전하도록 만든 장치 • 코일의 왼쪽과 오른쪽 부분에 흐르는 전류의 방향이 서로 반대이므로 두 부분이 받는 힘의 방향도 반대가 되어 코일이 회전함		

21 기체의 성질

1. 입자의 운동

확산	증발
• 물질을 이루는 입자가 스스로 움직여 퍼져 나가는 현상 • 온도가 높을수록 확산이 빠름 • 물질의 상태가 고체<액체<기체 순으로 빠름 • 입자의 질량이 작을수록 빠름	• 입자가 스스로 움직여 액체 표면에서 기체로 변하는 현상 • 온도가 높을수록, 습도가 낮을수록, 바람이 많이 불수록, 표면적이 넓을수록 잘 일어남

2. 압력과 온도에 따른 기체의 부피 변화

기체의 압력	• 기체 입자들이 운동하면서 용기의 안쪽 벽에 충돌할 때, 일정한 넓이에 작용하는 힘의 크기 • 기체 입자의 충돌 횟수가 많을수록 기체의 압력이 커짐	
( ) 법칙	일정한 온도에서 기체의 부피는 압력에 반비례함 압력(P)×부피(V)=일정	• 하늘로 올라간 풍선이 점점 커지다 터짐 • 높은 산에 올라가면 과자 봉지가 부풀어 오름
( ) 법칙	일정한 압력에서 기체의 부피는 온도가 높아지면 일정한 비율로 커짐	• 여름철 도로를 달린 자동차 타이어가 팽팽해짐 • 열기구 속 공기를 가열하면 열기구가 떠오름

22 물질의 상태 변화

1. 물질의 상태

고체	액체	기체
• 모양 일정 • 부피 일정 • 흐르지 않음 • 압축되지 않음	• 모양 변함 • 부피 일정 • 흐름 • 거의 압축되지 않음	• 모양 변함 • 부피 변함 • 흐름 • 압축됨

2. 상태 변화

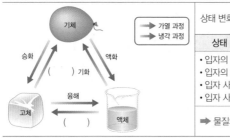

상태 변화 원인: 주로 온도에 의해 변함

상태 변화 시 변하는 것	상태 변화 시 변하지 않는 것
• 입자의 운동 • 입자의 배열 • 입자 사이의 거리 • 입자 사이의 잡아 당기는 힘	• 입자의 종류 • 입자의 질량 • 입자의 개수 • 입자의 크기
➡ 물질의 부피는 변함	➡ 물질의 질량, 성질은 변하지 않음

| 정답 | 보일 사를 승화 응고

3. 상태 변화와 열에너지

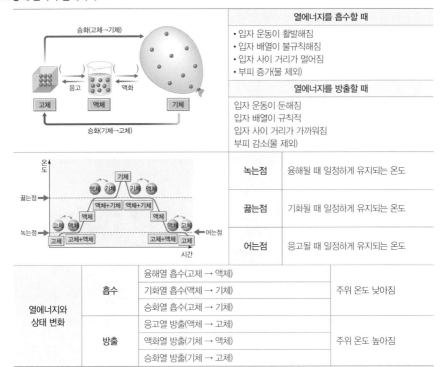

	열에너지를 흡수할 때	
	• 입자 운동이 활발해짐 • 입자 배열이 불규칙해짐 • 입자 사이 거리가 멀어짐 • 부피 증가(물 제외)	
	열에너지를 방출할 때	
	입자 운동이 둔해짐 입자 배열이 규칙적 입자 사이 거리가 가까워짐 부피 감소(물 제외)	
	녹는점	융해될 때 일정하게 유지되는 온도
	끓는점	기화될 때 일정하게 유지되는 온도
	어는점	응고될 때 일정하게 유지되는 온도

열에너지와 상태 변화	흡수	융해열 흡수(고체 → 액체)	주위 온도 낮아짐
		기화열 흡수(액체 → 기체)	
		승화열 흡수(고체 → 기체)	
	방출	응고열 방출(액체 → 고체)	주위 온도 높아짐
		액화열 방출(기체 → 액체)	
		승화열 방출(기체 → 고체)	

1. 원소

원소	더 이상 다른 종류의 물질로 분해되지 않는, 물질을 이루는 기본 성분							
원소 기호	수소	산소	질소	탄소	헬륨	나트륨	철	염소
	( )	( )	N	C	( )	Na	Fe	Cl
확인	불꽃 반응	**나트륨**	**리튬**	**칼륨**	**스트론튬**	**구리**	**칼슘**	
		노란색	빨간색	보라색	빨간색	청록색	주황색	
	선 스펙트럼	금속 원소의 불꽃색을 분광기로 관찰할 때 금속 원소의 종류에 따라 선의 색깔, 위치, 굵기, 개수가 다름						

2. 원자와 분자

원자	• 물질을 구성하는 기본 입자 • 원자핵의 (+)전하량=전자들의 (−)전하량 • 전기적으로 중성	
( )	물질의 성질을 나타내는 가장 작은 입자	
분자식	원소 기호를 이용하여 분자를 이루는 원자의 종류와 수를 나타낸 것	**예** $3H_2O$

24 이온

1. 이온

( )	• 원자가 전자를 잃어 (+)전하를 띠는 입자 • 원자핵의 (+)전하량 > 전자들의 총 (−)전하량	**예** 나트륨 이온 잃은 전자 수(1은 생략) ── 전하의 종류 원소 기호 $- Na^{\oplus}$
( )	• 원자가 전자를 얻어 (−)전하를 띠는 입자 • 원자핵의 (+)전하량 < 전자들의 총 (−)전하량	**예** 황화 이온 얻은 전자 수 ── 전하의 종류 원소 기호 $- S^{2\ominus}$

2. 앙금 생성 반응

① 서로 다른 전해질 수용액을 섞었을 때 양이온과 음이온이 결합하여 물에 녹지 않는 앙금을 생성하는 반응
② 수용액에 어떤 이온이 들어 있는지 알 수 있음

양이온	음이온	앙금	
Ca^{2+}(칼슘 이온)	$CO_3{}^{2-}$(탄산 이온)	$CaCO_3$(탄산 칼슘)	흰색
Ba^{2+}(바륨 이온)	$SO_4{}^{2-}$(황산 이온)	$BaSO_4$(황산 바륨)	흰색
Pb^{2+}(납 이온)	I^-(아이오딘화 이온)	PbI_2(아이오딘화 납)	노란색
	S^{2-}(황화 이온)	PbS(황화 납)	검은색
Cu^{2+}(구리 이온)	S^{2-}(황화 이온)	CuS(황화 구리)	검은색
Cd^{2+}(카드뮴 이온)	S^{2-}(황화 이온)	CdS(황화 카드뮴)	노란색

25 물질의 특성

1. 물질의 특성 - 끓는점, 녹는점, 어는점

끓는점	액체가 끓어서 기체가 되는 동안 일정하게 유지되는 온도	끓는점, 녹는점, 어는점은 물질의 종류에 따라 다름 ➡ 물질을 구별할 수 있는 특성임
녹는점	고체가 녹아서 액체가 되는 동안 일정하게 유지되는 온도	
어는점	액체가 얼어서 고체가 되는 동안 일정하게 유지되는 온도	

| 정답 | 분자   양이온   음이온

2. 물질의 특성 - 밀도, 용해도

밀도	밀도= $\dfrac{질량}{부피}$	• 밀도는 물질의 양에 관계없이 같은 물질에서는 일정하므로 물질의 특성임 • 밀도가 큰 물질은 밀도가 작은 물질 아래로 가라앉음
용해도	어떤 온도에서 용매 100g에 최대로 녹을 수 있는 용질의 g수	

	용질	용매	용액
	녹는 물질	녹이는 물질	용매와 용질이 섞인 물질

---

26 혼합물 분리

1. 순물질과 혼합물

( )	홑원소 물질	한 가지 원소로 이루어진 순물질	예 수소, 산소 등
	화합물	두 가지 이상의 원소로 이루어진 순물질	예 물, 설탕 등
( )	균일 혼합물	성분 물질이 고르게 섞인 혼합물	예 설탕물, 식초 등
	불균일 혼합물	성분 물질이 고르게 섞여 있지 않은 혼합물	예 흙탕물, 우유 등

2. 혼합물 분리

끓는점 차이	증류	• 액체 상태의 혼합물을 가열할 때 끓어 나오는 기체를 다시 냉각하여 순수한 액체 물질을 얻음 • 끓는점 차가 클수록 분리가 잘 됨 예 바닷물에서 식수 얻기
	물과 에탄올 분리	끓는점이 낮은 에탄올이 먼저 끓어서 나옴
	원유 분리	끓는점이 낮은 물질이 증류탑 위쪽에서 먼저 분리됨
거름		용매에 녹지 않는 불순물은 거름종이 위에 남음
재결정		• 두 물질의 온도에 따른 용해도 차를 이용하여 불순물을 제거함 • 염화 나트륨과 붕산을 물에 녹인 혼합물의 온도를 낮추면, 온도에 따른 용해도 차이가 큰 붕산이 석출됨
밀도 차이	고체	A물질 밀도<액체 밀도<B물질 밀도 ➡ A물질은 뜨고, B물질은 가라앉음
	액체	밀도가 다르고 서로 섞이지 않는 액체 혼합물은 분별 깔때기로 분리
( )		혼합물을 이루는 각 성분 물질이 용매를 따라 이동하는 속도가 다른 것을 이용

1. 물리 변화와 화학 변화

물리 변화	화학 변화
• 물질의 모양이나 크기 등의 겉모습만 달라질 뿐, 그 물질이 가진 고유한 성질은 유지되는 변화 • 분자 배열이 변함	• 어떤 물질이 처음과 성질이 변해 다른 새로운 종류의 물질로 바뀌는 변화 • 원자 배열이 변함

2. 화학 반응식

화학 반응식 만들기	(　　　) 물질을 왼쪽에, (　　　) 물질을 오른쪽에 쓰고 그 사이에 화살표를 넣음 → 반응 물질과 생성 물질을 화학식으로 나타냄 → 반응 전후에 원자의 종류와 개수가 같도록 계수를 맞춤	$2H_2 + O_2 \rightarrow$ (　　　)
알 수 있는 것	• 반응 물질과 생성 물질의 종류 • 분자의 종류와 개수 • 원자의 종류와 개수 • 화학 반응의 계수비는 각 물질의 분자 수 비를 나타냄	

1. 질량 보존 법칙

> • 화학 반응이 일어날 때 반응 물질의 총 질량과 생성 물질의 총 질량은 같음
> • 반응 전후에 원자가 새로 생기거나 없어지지 않기 때문임

2. 여러 가지 반응에서 질량 보존

앙금 생성 반응	• 앙금이 생성되는 반응에서 반응 전과 반응 후의 질량은 같음 예 염화 나트륨＋질산 은 → 질산 나트륨＋염화 은 　　(염화 나트륨＋질산 은)의 질량＝(질산 나트륨＋염화 은)의 질량	
기체 생성 반응	발생하는 기체의 질량을 포함하면 반응 전후의 질량은 같음	
	닫힌 용기	**열린 용기**
	밀폐된 용기에서 발생한 기체가 빠져나가지 못하므로 질량이 일정함	기체 발생 반응 시 생성된 기체가 날아가므로 질량이 감소
연소 반응	나무의 연소 : 나무＋산소 → 재＋수증기＋이산화 탄소	
	닫힌 공간	**열린 공간**
	발생한 이산화 탄소가 갇혀 있으므로 반응 전후 질량 일정	발생한 이산화 탄소가 날아가므로 질량 감소
	강철 솜의 연소 : 철＋산소 → 산화 철(III)	
	닫힌 공간	**열린 공간**
	반응 전 산소의 질량까지 측정되므로 반응 전후 질량 일정	결합한 산소의 질량만큼 반응 전보다 질량 증가

29 일정 성분비 법칙

1. 일정 성분비 법칙

① 화합물을 구성하는 성분 원소 사이에는 일정한 (　　　　)가 성립함
② 화합물을 이루는 원자가 항상 일정한 개수비로 결합함

	물	이산화 탄소	암모니아
원자의 개수비	수소 : 산소＝2 : 1	탄소 : 산소＝1 : 2	질소 : 수소＝1 : 3
질량비	수소 : 산소＝1 : 8	탄소 : 산소＝3 : 8	질소 : 수소＝14 : 3

2. 여러 가지 반응에서 일정 성분비 법칙

금속과 산소의 반응에서 질량비	구리를 공기 중에서 연소하면 구리와 산소가 4 : 1의 질량비로 결합하여 산화 구리(Ⅱ)를 형성함 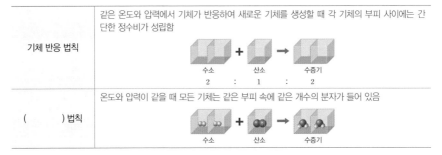
앙금 생성 반응에서 질량비	아이오딘화 이온과 납 이온은 2 : 1의 개수비로 결합

30 기체 반응 법칙

1. 기체 반응 법칙

기체 반응 법칙	같은 온도와 압력에서 기체가 반응하여 새로운 기체를 생성할 때 각 기체의 부피 사이에는 간단한 정수비가 성립함 수소 : 산소 : 수증기 2 : 1 : 2
(　　　　) 법칙	온도와 압력이 같을 때 모든 기체는 같은 부피 속에 같은 개수의 분자가 들어 있음 수소 산소 수증기

2. 화학 반응에서의 에너지 출입

(　　　) 반응	(　　　) 반응
열에너지를 방출하는 반응 → 주변 온도 높아짐 ⑩ 연소, 금속이 녹스는 반응, 금속과 산의 반응, 산과 염기의 반응 등	열에너지를 흡수하는 반응 → 주변 온도가 낮아짐 ⑩ 열분해, 광합성, 물의 전기 분해 등

핵심만 꾹 눌러 담은 꾹꾹이 노트

Ⅳ 지구과학

31 지구계와 지권

1. 지구계

- 지구계는 (   ), 수권, (   ), 생물권, 외권으로 이루어짐
- 지구계를 구성하는 요소들이 서로 영향을 주고 받으면서 다양한 자연 현상이 일어남

2. 지권의 구성

지각의 구성 물질	지각 ⊃ 암석 ⊃ 광물 ⊃ 원소		
광물	• 광물: 암석을 구성하는 작은 알갱이 • ( ): 지구의 암석을 구성하는 주된 광물 **예** 장석, 석영, 휘석, 각섬석, 흑운모, 감람석 등		
	광물의 성질	색	겉으로 보이는 색깔
		조흔색	• 조흔판에 긁었을 때 나오는 광물 가루 색 • 색이 같은 광물을 구별하는 데 이용
		굳기	• 단단하고 무른 정도 • 모스 굳기계: 표준 광물 10개의 굳기 순서를 상대적으로 정한 것
		자성	쇠붙이를 끌어당기는 성질 **예** 자철석
		염산 반응	염산과 반응하여 기체가 발생하는 성질 **예** 방해석

32 암석

1. 암석

암석	화성암	( )	마그마가 지표 부근에서 빨리 식음		
		( )	마그마가 지하 깊은 곳에서 천천히 식음		
	퇴적암	특징: 층리와 화석			
		구분	큰 ← 알갱이 크기 → 작음		
		퇴적물	자갈	모래	진흙
		퇴적암	역암	사암	셰일(이암)
	변성암	특징: 엽리와 원래의 암석보다 큰 결정			
		암석	화강암	석회암	사암	셰일(이암)
		변성암	편마암	대리암	규암	편암 → 편마암
암석의 순환	암석이 주위 환경에 따라 끊임없이 다른 암석으로 변하는 과정				

| 정답 | 지권   기권   조암 광물   화산암   심성암

2. 풍화와 토양의 생성

풍화	지표의 암석이 오랜 시간에 걸쳐 잘게 부서지거나 암석의 성분이 변하는 현상
토양	암석이 오랫동안 풍화를 받아 잘게 부서지고 성분이 변하여 만들어진 식물이 자랄 수 있는 흙

33 지권의 운동

1. 지구의 내부 구조

지구 내부 조사 방법	직접적인 방법	시추법, 화산 분출물 조사	
	간접적인 방법	지진파 분석, 운석 연구, 광물 합성 실험	
( )	지진에 의해 생긴 파동		
지구 내부의 구조	지각	• 암석으로 된 지구의 겉 부분 • 고체임 • 대륙 지각과 해양 지각	
	모호면	지각과 맨틀의 경계면	
	( )	고체임, 전체 부피의 약 80% 차지	
	외핵	• 액체임 • S파가 통과하지 못함	
	내핵	• 고체임 • 지구 내부 구조 중 온도와 압력이 가장 높음	

2. 지권의 운동

( )	• 과거에 하나로 붙어 있던 판게아를 형성하였다가 여러 대륙으로 분리되어 현재와 같은 모습이 되었다는 학설 • 대륙 이동의 증거: 해안선 모양 일치, 빙하의 흔적, 같은 종의 화석 분포	
판	• 지각＋맨틀의 상부 • 판은 맨틀의 움직임에 따라 서로 다른 방향과 속력으로 이동함	
	대륙판	대륙 지각이 있는 판
	해양판	해양 지각이 있는 판
지진대와 화산대	지진이 활발하게 일어나는 지역을 지진대, 화산 활동이 활발하게 일어나는 지역을 화산대라고 하며, 지진대와 화산대는 판의 경계와 일치함	

34 수권의 구성과 순환

1. 수권

• 수권의 물은 대부분 해수
• 해수＞빙하＞지하수＞하천수와 호수
• 수권의 역할: 기온 유지, 생명 활동 유지, 지형의 변화

2. 해수

해수		• 염분: 해수 1kg에 녹아 있는 염류의 총량을 g수로 나타낸 것 • 염분비 일정 법칙: 바다의 염분은 지역이나 계절에 따라 다르지만, 녹아 있는 염류 사이의 비율은 항상 일정함
해수의 수온	( )	수온이 높고 바람에 의해 해수가 섞여 수온이 일정
	수온 약층	수심이 깊을수록 수온이 급격히 낮아짐
	심해층	수온이 낮고 연중 일정
우리 나라	주변 난류	쿠로시오 해류, 동한 난류, 황해 난류
	주변 한류	리만 한류, 북한 한류
조석 현상		밀물과 썰물로 해수면이 주기적으로 높아졌다 다시 낮아지는 현상
	( )	밀물로 해수면이 가장 높을 때
	간조	썰물로 해수면이 가장 낮아졌을 때

35 기권

1. 기권

기권	대류권	• 공기의 대부분 • 높이 올라갈수록 기온이 낮아짐 • 대류 현상, 기상 현상
	( )	• 오존층이 있어 자외선을 흡수함 • 대기가 안정하기 때문에 비행기의 항로로 이용됨
	중간권	• 대류 현상 • 유성 관찰 가능
	( )	• 공기 희박, 밤낮의 기온 차 매우 큼 • 오로라가 관측됨
지구의 복사 평형		총 흡수하는 태양 복사 에너지 = 총 방출하는 지구 복사 에너지
	저위도	흡수하는 태양 복사 에너지>방출하는 지구 복사 에너지
	위도 38° 부근	흡수하는 태양 복사 에너지=방출하는 지구 복사 에너지
	고위도	흡수하는 태양 복사 에너지<방출하는 지구 복사 에너지
		➡ 저위도의 남는 에너지가 고위도로 이동하여 위도별 평균 기온 일정
온실 효과		• 온실 기체: 수증기, 이산화 탄소, 메테인 등 • 지구 온난화: 온실 기체 양이 증가하여 지구 평균 기온 상승

2. 포화 수증기량과 상대 습도

포화 수증기량	• 1kg의 공기가 최대로 포함할 수 있는 수증기의 양(g) • 기온이 높을수록 포화 수증기량 증가
이슬점	공기 중의 수증기가 응결하기 시작하는 온도
상대 습도	상대 습도(%)=$\dfrac{\text{현재 공기 중의 수증기량}}{\text{현재 온도에서의 포화 수증기량}} \times 100$

| 정답 | 혼합층   만조   성층권   열권

3. 구름

구름의 생성	공기 상승 → 단열 팽창 → 온도 하강 → 이슬점 도달 → 수증기 응결 → 구름 생성	
강수 과정	저위도 지방	구름 속의 크고 작은 물방울이 합쳐져서 커짐
	중위도, 고위도 지방	수증기가 얼음 알갱이에 달라붙어 커짐

36 기압과 날씨

1. 기압

- 단위 면적에 작용하는 공기의 무게에 의한 압력
- 모든 방향으로 동일하게 작용
- 수은 면에 작용하는 기압＝수은 기둥의 압력＝수은 기둥을 떠받치는 압력
- 기압이 일정할 때 유리관의 굵기나 기울기에 관계없이 수은 기둥의 높이가 일정
- 1기압＝76 cmHg＝1013 hPa＝약 10m 물기둥의 압력

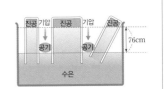

2. 바람

- 바람의 방향: 기압이 높은 곳 → 기압이 낮은 곳
- 두 지점의 기압 차가 클수록 강하게 바람이 붐

해륙풍	해풍	• 풍향: 바다 → 육지 • 온도: 육지 > 바다
	육풍	• 풍향: 육지 → 바다 • 온도: 육지 < 바다
계절풍	여름(남풍)	• 풍향: 해양 → 대륙 • 온도: 대륙 > 해양
	겨울(북서풍)	• 풍향: 대륙 → 해양 • 온도: 대륙 < 해양

3. 기단과 전선

우리 나라에 영향을 주는 기단	(　　) 기단	겨울(한랭 건조)
	북태평양 기단	여름(고온 다습)
	(　　) 기단	봄, 가을(온난 건조)
	오호츠크해 기단	봄, 가을(한랭 다습)
전선	(　　) 전선	• 찬 공기가 따뜻한 공기를 파고들 때 생기는 전선 • 적운형 구름, 전선 뒤쪽 좁은 지역에 강한 비 • 이동 속도 빠름
	(　　) 전선	• 따뜻한 공기가 찬 공기를 타고 오를 때 생기는 전선 • 층운형 구름, 전선 앞쪽 넓은 지역에 약한 비 • 이동 속도 느림

1. 지구와 달의 크기

지구 크기 측정	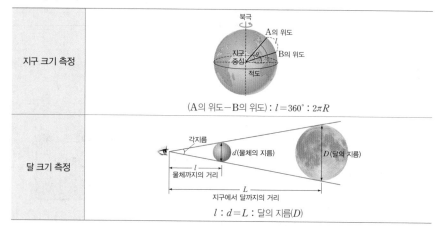 (A의 위도−B의 위도) : $l = 360° : 2\pi R$
달 크기 측정	$l : d = L :$ 달의 지름(D)

2. 지구의 자전

지구의 자전	지구가 자전축을 중심으로 하루에 한 바퀴씩 서쪽에서 동쪽으로 도는 운동
천체의 일주 운동	• 운동 방향: (　　　　)쪽 → (　　　　)쪽 • 운동 속도: 1시간에 약 15°

3. 지구의 공전

지구의 공전	지구가 태양을 중심으로 1년에 한 바퀴 (　　　　)쪽에서 (　　　　)쪽으로 도는 운동
태양의 연주 운동	• 운동 방향: 서쪽 → 동쪽 • 운동 속도: 하루에 약 1°
계절별 별자리	• 황도 12궁: 황도상에 있는 12개 별자리 • 별자리 이동 방향: 동쪽 → 서쪽 • 이동 속도: 하루에 약 1°

4. 달의 공전

달의 공전	달이 지구를 중심으로 약 한 달에 한 바퀴씩 도는 운동
달의 위치 변화	매일 약 13°씩 서쪽에서 동쪽으로 이동
달의 모양 변화	삭 → 초승달 → 상현달 → 보름달 → 하현달 → 그믐달 → 삭

|정답| 동　서　서　동

38 태양계

1. 태양

광구 (약 6000℃)	( )	주변보다 온도가 낮아 어둡게 보임(약 4000℃)
	쌀알 무늬	광구 아래의 대류 현상 때문에 생김
태양의 대기	채층	광구 바로 위 붉은 대기층
	( )	채층 위 청백색의 대기층
	홍염	흑점 부근에서 솟아올라서 생긴 불꽃 덩어리
	플레어	흑점 부근의 폭발로 많은 양의 에너지 방출 현상

2. 행성

지구형 행성	수성	• 태양계 행성 중 크기가 가장 작음 • 표면에 운석 구덩이가 많음 • 밤 낮 온도 차 매우 큼
	금성	이산화 탄소로 이루어진 두꺼운 대기가 있음
	지구	대기와 물, 생물체 존재
	화성	• 화산, 협곡, 물이 흐른 흔적 • 극관 존재
목성형 행성	목성	• 가장 큼 • 대기의 소용돌이인 대적반이 나타남 • 고리가 존재하고 많은 위성이 있음
	( )	• 두 번째로 큼 • 암석과 얼음으로 된 뚜렷한 고리가 존재하고 많은 위성이 있음
	천왕성	• 대기 중에 헬륨과 메테인 존재 • 자전축이 공전 궤도면과 거의 나란함
	해왕성	• 대흑점이 나타남 • 가는 고리 존재

39 별

1. 별까지의 거리

| 연주 시차 | $$별까지의\ 거리(pc) = \frac{1}{연주\ 시차('')}$$
• 별까지의 거리가 멀수록 연주 시차는 작음
• 연주 시차가 $1''$(초)인 별의 거리: 1 pc(파섹) |
| 밝기와 거리 | $$별의\ 밝기 \propto \frac{1}{별까지의\ 거리^2}$$
• 별까지의 거리가 2배, 3배, 4배가 되면 밝기는 $\frac{1}{4}$배, $\frac{1}{9}$배, $\frac{1}{16}$배로 줄어듦 |

| 정답 | 흑점 코로나 토성

2. 별의 밝기

( )등급	• 관측자에게 보이는 별의 밝기 • 등급의 숫자가 클수록 어둡게 보이는 별
( )등급	• 별이 10pc에 있다고 가정했을 때의 밝기 등급 • 등급의 숫자가 클수록 실제로 어두운 별(1등급 차 → 약 2.5배 밝기 차이)

40 은하와 우주

1. 우리 은하

우리 은하		• 태양계가 속한 은하 • 막대 모양 중심부＋주변 별들이 나선 모양 • 지름: 약 10만 광년 • 포함된 별의 수: 약 2000억 개 • 태양계의 위치: 은하 중심에서 약 3만 광년 떨어진 나선팔
은하수		지구에서 관측한 우리 은하 일부분
성단	( )성단	• 수십 ~ 수만 개의 별들이 일정한 모양 없이 엉성하게 모임 • 별의 색깔: 파란색(온도 높음) • 우리 은하의 나선팔에 주로 분포
	( )성단	• 수만 ~ 수십만 개의 별들이 공 모양으로 빽빽하게 모임 • 별의 색깔: 붉은색(온도 낮음) • 우리 은하 중심부, 원반 바깥 영역에 주로 분포
성운	방출 성운	주변에서 에너지를 받아 온도가 높아져 스스로 빛을 냄(붉은색)
	반사 성운	주변 별빛을 반사하여 밝게 보임(파란색)
	암흑 성운	뒤쪽에서 오는 별빛을 가려 검게 보임

2. 우주의 팽창

외부 은하	허블이 발견
우주의 팽창	중심 없이 모든 방향으로 균일하게 팽창
대폭발 우주론 (빅뱅 우주론)	• 먼 과거에 하나의 작은 점이 폭발하여 우주가 시작 • 점점 팽창하여 현재 우주가 됨

| 정답 | 겉보기 절대 산개 구상